MATHIAS MORGENTHALER

MARCO ZAUGG

AUSSTEIGEN – UMSTEIGEN

aussteigen umsteigen

MATHIAS MORGENTHALER
MARCO ZAUGG

WEGE ZWISCHEN JOB
UND BERUFUNG

ZYTGLOGGE

Bildnachweise
Andreas Agazzi, S. 60
Fotoatelier Haldemann, S. 133
Frederike Asael, S. 198
Sabina Bobst, S. 221
Jelena Gernert, S. 194
Daisy Gilardini, S. 123
Cordula von Martha, S. 111
Daniel Martinek, S. 231
Mathias Morgenthaler, S. 71
Adrian Moser, S. 160/161
Beat Mumenthaler, S. 175
Toni Suter, S. 203
Volker Umbreit, Leipzig, S. 37, 40, 51, 55, 264, 272, 289, 293, 300
Marco Zaugg, S. 23, 28, 30, 32, 35, 43, 46, 48, 53, 58, 255, 256, 266, 268, 271, 283, 291, 297, 298, 302, 305, 318
Alle anderen ZVG/PD

FSC www.fsc.org
MIX
Papier aus verantwortungsvollen Quellen
FSC® C014138

5., vollständig überarbeitete Auflage 2022

Lektorat: Hugo Ramseyer, Angelia Schwaller
Korrektorat: Monika Künzi, Jakob Salzmann
Umschlagfoto: fotolia.de
Gestaltung/Satz: Franziska Muster Schenk, Stefan Sossna
Druck: Finidr, Tschechische Republik
ISBN 978-3-7296-5085-5

www.zytglogge.ch

Inhalt

Vorbemerkung zur Neuausgabe

Die erste Ausgabe dieses Buches ist 2013 erschienen. Damals konnten sich die wenigsten vorstellen, dass Pandemien Europa und die Schweiz im nun erlebten Ausmass beeinträchtigen würden. Doch Covid ist nicht die einzige und bestimmt nicht die grösste Herausforderung, vor der die Menschheit heute steht.

Der Philosoph Markus Gabriel schrieb in der «Neuen Zürcher Zeitung»: «Inzwischen hat uns das Zivilisationsmodell der Moderne, das darin besteht, die Ressourcenprobleme, das Überleben unserer Spezies durch Naturwissenschaft und Technik unter Kontrolle zu bringen, an den Rand der Selbstausrottung gebracht. Unsere Instrumente der Natur- und Gesellschaftsbeherrschung wenden sich in ihrer Entfesselung gegen uns.»

Ist die Suche nach einer beruflichen Neuausrichtung in Westeuropa vor diesem Hintergrund nicht ein Luxusproblem? Sollten wir nicht einfach dankbar sein, wenn wir Arbeit und ein geregeltes Einkommen haben, statt uns mit Sinnfragen zu quälen? Wären wir nicht besser beraten, den Status quo zu bewahren und finanziell vorzusorgen, statt berufliche Aus- und Umstiege zu wagen? So argumentieren viele, die sich gegen eine Veränderung sträuben. Wir vertreten hier einen anderen Standpunkt: Gerade weil viele von uns privilegiert sind, sollten wir mutig vorangehen und anspruchsvoller werden in Bezug auf unsere Berufstätigkeit. Es gibt dafür mindestens zwei gute Gründe:

Erstens: Unsere Arbeit macht einen Grossteil unserer Lebenszeit aus. Wer acht Stunden und mehr pro Tag mit einer Tätigkeit verbringt, die er als sinnlos erlebt, die ihn auslaugt oder in innere Widersprüche verwickelt, vergeudet damit nicht nur seine Lebenszeit; solches Verhalten erhöht auch das Risiko, krank zu werden, weil permanenter Stress, Anpassungsdruck, Überdruss und mangelnde Wertschätzung irgendwann auf die Psyche und womöglich auf den Körper übergreifen. Wer sich im Beruf ohne Freude und Erleben von Selbstwirksamkeit abmüht, dem fehlt auch die Kraft, sich im privaten Umfeld, in der Gesellschaft oder in der Politik sinnvoll zu engagieren.

Zweitens: Die Art, wie wir arbeiten und was wir beruflich tun, hat sehr viel mit den Fragen zu tun, die uns heute alle umtreiben. Wenn wir die Sinnhaftigkeit und die Nachhaltigkeit unseres beruflichen Handelns nicht mehr sehen und deshalb nach Alternativen suchen, tun wir das nicht nur für uns persönlich, sondern wir leisten damit indirekt auch einen Dienst an der Gesellschaft. Wer seine Arbeit als stimmig und bedeutsam erlebt, ist friedlicher, empathischer und konstruktiver unterwegs als jene, die in einem sinnlosen Job ausharren. Zudem ermutigen positive Erfahrungen mit Aus- und Umstiegen dazu, neue gesellschaftliche Herausforderungen anzupacken, statt die Augen davor zu verschliessen.

> *Tatsächlich habe ich viel weniger Angst, seit ich mich den Ängsten stelle.*
> ANAÏS NIN

Seit Ausbruch der Corona-Krise sind viele Menschen stärker auf sich selber zurückgeworfen; wenn die Kontakt-, Freizeit- und Reiseangebote eingeschränkt sind, rücken Sinnfragen in den Vordergrund. Auch viele erfolgreiche Berufsleute haben sich im Homeoffice gefragt, welchem grösseren Ganzen ihr Tun eigentlich dient und warum sie all die Jahre so viel mehr Zeit mit Geschäftspartnern verbracht haben als mit der eigenen Familie. Viele haben davon geträumt, die Weichen neu zu stellen und konsequenter ihrer Berufung zu folgen.

Oft ist es allerdings beim Träumen geblieben, denn stärker als der Wunsch nach Aus- und Umsteigen ist in Krisenzeiten die Verunsicherung. Sollten wir nicht besser am Bestehenden festhalten, bis der Sturm vorüber ist? Riskieren wir andernfalls, zwischen Stuhl und Bank zu fallen?

Aus neurologischer Sicht ist solche Skepsis leicht nachvollziehbar: Wir sind aufgrund unseres Reptilienhirns so programmiert, dass wir bei Angst eher im Gewohnten verharren, als zu neuen Ufern aufzubrechen. Doch das instinktive Festhalten am Bestehenden ist fatal: Wenn rundherum alles in Bewegung ist, hilft Erstarren wenig; was heute sicher scheint, ist morgen mit einiger Wahrscheinlichkeit überholt. 85 Prozent der Berufe, die im Jahr 2030 wichtig sein werden, waren im Jahr 2017 noch gar nicht erfunden – so zumindest die Schätzung von 20 Sachverständigen des Institute for the Future in Kalifornien, das sich mit der Frage befasst, wie die digitale Revolution die Arbeitswelt verändern wird.

Es gibt also gute Gründe, unsere Aus- und Umsteigekompetenz zu trainieren. Oft besteht das grösste Risiko nicht in einer Veränderung, sondern darin, sich nicht zu bewegen. Hand aufs Herz: Wie wird Ihr Leben in einem Jahr, in fünf Jahren, in zehn Jahren aussehen, wenn Sie einfach im bekannten Trott weitermachen? Wie werden Sie auf Ihrem Sterbebett auf Ihr Leben zurückblicken?

Mit diesem Buch möchten wir Sie ermutigen, den Kopf nicht in den Sand zu stecken, sondern offen zu sein für Neues. Wer in bewegten Zeiten aktiv seinen Weg sucht, kann die Chancen ergreifen, die jede Krise bereithält.

Die vollständig überarbeitete Neuauflage von ‹Aussteigen – Umsteigen› soll Sie darin unterstützen, Ihr Schicksal in die eigene Hand zu nehmen und Ihre Veränderungswünsche in die Tat umzusetzen.

Mathias Morgenthaler und Marco Zaugg, im November 2021

Vorwort

Das Wichtigste im Leben ist, frei und glücklich zu sein – viele von uns würden das wahrscheinlich unterschreiben. Nicht wie alt wir werden, wie wichtig wir sind oder welche Hürden wir überwinden müssen, sondern dass wir glücklich sind. Und wir alle träumen, nachts, manchmal auch tags, vom Glück. Bewusst oder weniger bewusst. Träume brauchen eine gewisse Aussicht auf Erfüllung, sonst schmerzen sie uns und wir vergessen oder verdrängen sie früher oder später. Die Zuversicht, dass unsere Träume wahr werden können, ist nicht nur eine Frage des Selbstvertrauens, des Wissens um unsere Fähigkeiten und des festen Glaubens daran, sondern vor allem eine Frage unseres Muts, zu neuen Ufern aufzubrechen – unabhängig davon, was andere darüber denken mögen, wie lange wir suchen müssen und ob wir auch scheitern können. Frei von Ängsten.

Bedenken wie «Was denken andere darüber?», «Wie sehe ich dabei aus?», «Ich kann mich damit doch nicht outen!», «Das habe ich nicht gelernt!», «Jetzt ist es zu spät dafür!», «Das Risiko ist zu gross!» oder «Der Preis ist zu hoch!» blockieren uns. Sie hindern uns daran, unseren Träumen zu folgen und, wer weiss, unser Glück zu finden. Immer wieder, auch in kleinen Dingen im Alltag. Dabei haben wir häufig keine Ahnung, was für immense Fähigkeiten in uns stecken, was alles gelingen würde, wenn wir es nur probierten.

Ich selber habe geglaubt, die Welt erobern zu können, auf der Suche nach dem Glück. Als Medizinstudent, auf dem Weg zum Duathlon-Weltmeister, nebenbei Pianist und frisch verliebt. Ein Trainingsunfall hat auf einen Schlag alle meine Träume zerstört. Paraplegie, Rollstuhl für den Rest des Lebens, «die ultimative Herausforderung», wie ich es im Bewusstsein des totalen Verlusts nannte. Das Wieder-Aufstehen in dieser Situation, das Neuorientieren und Unter-Beweis-Stellen hat vor allem Mut gebraucht. Mut, es trotz allen Bedenken zu probieren. Und nochmals zu probieren. Und hartnäckig ein drittes Mal. Ich brauchte die feste Überzeugung, dass es Wege gab, auch wenn ich sie oft nicht sah. Den Glauben, dass es in den allermeisten Fällen eine Frage des Willens war, ob ich meine Träume realisieren konnte, und nicht eine Frage der Machbarkeit. Rückblickend kann ich mit Verwunderung feststellen, dass ich auch als sogenannt Behinderter praktisch alles erreichen konnte, was mir wirklich wichtig und was theoretisch machbar war: Wieder komplett selbständig zu werden, mich neu zu verlieben, als Arzt das volle Vertrauen der Patienten zu gewinnen, am Klavier mich selbst und andere zu berühren, mit dem Handbike Alpenpässe zu überqueren, Menschen Mut zu machen, ja sogar wieder ein wenig wie damals die Welt zu erobern.

Wo wäre ich heute, wenn ich damals nicht in den Hörsaal zurückgekehrt wäre? Es hat unendlich viel Überwindung gebraucht.

«Wo wäre ich, wenn ...?» Fragen Sie sich selbst einmal! Es sind häufig nicht grosse Barrieren, sondern unsichtbare, innere Hindernisse, die uns am stärksten behindern. Solche, die nüchtern betrachtet gar keine sind. Und umgekehrt macht uns kaum etwas glücklicher, als mit Mut und Hingabe ein grosses Hindernis überwunden zu haben. Hand aufs Herz: Bereuen Sie Dinge, die Sie gewagt haben? Oder ist es nicht vielmehr so, dass wir am meisten bereuen, wenn wir etwas gar nicht versucht haben, was wir im Herzen wirklich wollten?

Dieses Buch erzählt von ungewöhnlichen Lebensgeschichten, von Menschen, die kleine und grosse Hindernisse überwunden haben, und macht vor allem Mut. Lassen Sie sich mitreissen!

Christian Wenk

Einleitung

Karriereratgeber gibt es viele. Wie man aufsteigt in grösseren Organisationen, wie man mehr Lohn herausholt in zähen Verhandlungen, wie man dank einwandfreier Bewerbung, beharrlichem Networking und geschicktem Verhalten im Vorstellungsgespräch eine neue, bessere Stelle findet: All das ist hundertfach beschrieben, alle paar Wochen erscheint ein neues Buch mit altem Inhalt dazu.

Selbstverwirklichungs-Bücher gibt es vermutlich noch mehr. Sie tragen Titel wie «Tu was du willst, und du musst nie wieder arbeiten» und wollen uns glauben lassen, dass sich die Dinge ganz von selber arrangieren, wenn wir nur fest genug auf unser Bauchgefühl oder unsere innere Stimme hören. Wer zu seiner Mitte gefunden hat, so lautet der Tenor dieser Bücher, ist alle Sorgen los, alle Türen stehen ihm offen zum Paradies auf Erden.

Das Buch, das Sie hier in den Händen halten, ist weder ein Karriereratgeber noch ein Selbstverwirklichungs-Buch.

Denn mit Karriere allein ist nichts gewonnen – schon deshalb nicht, weil man nie die oberste Stufe der Leiter erreicht. Es gibt immer andere, die es weiter gebracht haben, die mehr verdienen, grössere Anerkennung bekommen. Und weil sich karrierebewusste Menschen eher gegen oben als gegen unten vergleichen, liegt die Frustration immer näher als die Befriedigung. Kommt dazu, dass Karriere nie umsonst zu haben ist. Vielen dämmert mit der Zeit, dass der Preis, den sie für ihren Aufstieg bezahlt haben und noch bezahlen, hoch ist. Manch glänzende Karriere ist mit Einsamkeit, Verzicht auf Freizeit und Hochstapelei erkauft worden – kein Wunder, melden sich früher oder später Zweifel, Ängste, Sinnfragen, Stress oder Krankheiten.

Auch die Selbstverwirklichung ist eine tückische Sache, denn sie führt leicht in versteckte Abhängigkeiten. Viele Trainer und Gurus, die uns zurufen, alles sei möglich, wenn wir nur genug auf unsere ureigenen Kräfte vertrauten, erreichen mit ihren suggestiven Botschaften genau das Gegenteil von dem, was sie propagieren: teuer bezahlte Gefolgschaft statt Eigenständigkeit. Zudem ist das Märchen, der Erfolg stelle sich von selber ein, wenn man seine wahre Berufung gefunden habe, zu schön, um wahr zu sein. Soll die Arbeit genug Geld für den Lebensunterhalt und Resonanz über den Freundeskreis hinaus einbringen, ist es mit Selbstverwirklichung allein selten getan.

Dieses Buch richtet sich an Menschen, die sich beruflich verändern wollen oder müssen und die auf diesem Weg Orientierung, Inspiration und Unterstützung gebrauchen können – ganz egal, ob Sie Ihre Stelle verloren haben, eine Erkrankung Sie zur Neuorientierung zwingt, Sie sich zunehmend schwertun, im gewohnten Umfeld zu funktionieren, oder Sie sich ohne akuten Leidensdruck mit der Frage auseinandersetzen, worauf es Ihnen ankommt im Leben.

Schliesslich richtet sich dieses Buch auch an jene, die sich zunächst vielleicht gar nicht angesprochen fühlen, weil bei ihnen scheinbar keine Veränderung ansteht. Gemeint sind die vielen Angestellten, die ständig am Jammern sind, obwohl sie einen Job haben und ihr Arbeitgeber sie anständig entlöhnt – nur wissen sie nicht so genau, wofür eigentlich. Sie stellen sich von Zeit zu Zeit die Frage, was ihre Arbeit am Ende bewirkt und ob sie nicht im falschen Film sitzen, weil sie im Grunde etwas ganz anderes machen möchten. Es ist nicht nötig, hier die Gallup-Studien zu zitieren, die uns Jahr für Jahr vorrechnen, wie viele Milliarden den Unternehmen durch unmotivierte Angestellte entgehen. Jeder kann in seinem Umfeld austesten, wie hoch der Anteil jener ist, die mit innerem Feuer zur Arbeit gehen – es sind in der Regel höchstens zwei von zehn Befragten. Bei den anderen acht stellt sich die Frage, ob sie wirklich zufrieden sind mit dem beruflichen Alltagstrott oder ob sie sich in ruhigen Momenten überlegen: War das schon alles? Hatte ich nicht einmal ganz andere Pläne? Wofür möchte ich mich mit ganzer Energie einsetzen? Und was müsste sich ändern, damit dies möglich wäre?

> *Die meisten Leute planen ihre Ferien besser als ihr Leben.*
>
> MARY KAY ASH

Bei Veränderungen hilft Theorie nur bedingt weiter. Man kann am Beckenrand noch so viele Bücher übers Schwimmen lesen – irgendwann muss man ins kalte Wasser springen, sonst lernt man es nie. Gleichwohl kann es hilfreich sein, die eigene Situation erst einmal von aussen zu betrachten und sich eine ungefähre Vorstellung davon zu machen, welche Phasen wir in Veränderungsprozessen durchlaufen, welche Ängste auftauchen können und wie wir das Ziel auch in kritischen Momenten im Auge behalten.

Teil 1 des Buches, der eine Einführung ins Thema vermittelt und Orientierung verschafft, beruht auf den Coaching-Erfahrungen, die wir in den letzten 20 Jahren bei der Begleitung von Klientinnen und Klienten in Veränderungsprozessen gesammelt haben. So unterschiedlich die Menschen und ihre Anliegen auch waren, manche Themen tauchten immer wieder auf. Deshalb schien es uns sinnvoll, sie im ersten Teil zu benennen und zu skizzieren, was uns bremst in Veränderungen, und welche Ressourcen uns voranbringen.

Teil 2 steht im Zeichen der Inspiration. Wer Stelleninserate liest, könnte meinen, es gebe nur diese engen Jobprofile und es komme darauf an, sich in so ein Profil zu zwängen oder sich die fehlenden Kompetenzen dafür anzueignen. Die 38 in diesem Buch versammelten Interviews und Porträts von Mathias Morgenthaler – eine Auswahl aus über 1200 Gesprächen, die er in den letzten 25 Jahren zu diesem Thema veröffentlicht hat – zeigen das Gegenteil: Da begegnen wir einem früheren Filmregisseur, der mit 60 Jahren den Bäckerberuf erlernt hat und heute Hamburgs bestes Brot backt. Wir lernen eine Immobilienmaklerin kennen, die heute in St. Moritz die luxuriösesten Objekte verkauft – an jenem Ort, wo sie vor Jahrzehnten als Putzfrau und alleinerziehende Mutter schwierige Startbedingungen vorfand. Und wir machen Bekanntschaft mit einem ehemaligen Flugbegleiter, der sich als Seifenmacher in Arosa einen Traum erfüllt hat. Die 38 Porträts zu lesen, ist ein Unterfangen mit Risiken und Nebenwirkungen. Es ist durchaus möglich, dass der Mut und die Leidenschaft dieser Aus- und Umsteiger auf Sie, liebe Leserinnen und Leser, abfärbt und Sie daran erinnert, was durch Sie noch alles in die Welt kommen könnte.

Wo aber anfangen, wenn das Ziel oder der Weg im Nebel liegen? In **Teil 3** des Buches stehen Sie dann im Mittelpunkt. Sie finden dort Fragen, Aufgaben und Empfehlungen, die Sie darin unterstützen, die nächsten Schritte jener Veränderung in Angriff zu nehmen, die bei Ihnen gerade ansteht. Diesen Teil nicht nur zu lesen, sondern wirklich durchzuarbeiten, ist anstrengender, als die Erfolgsgeschichten anderer zu lesen, aber der Effort kann sich lohnen. Wer sich nicht nur den Kopf darüber zerbricht, was er ändern möchte, sondern sein Vorhaben systematisch anpackt, riskiert, einiges zu bewegen: zunächst bei sich und bald auch in seinem Umfeld.

So ist es gut möglich, dass dieses Buch Ihre Karriere beflügelt und Ihre Selbstverwirklichung vorantreibt, gerade weil es weder auf das eine noch auf das andere abzielt. In erster Linie geht es uns darum, dass Sie ambitioniert unterwegs sind und Ihre Träume, Talente, Bedürfnisse und Werte ernst nehmen.

Wir wünschen Ihnen eine Lektüre voller Entdeckungen und gutes Gelingen in allem, was Ihnen wirklich wichtig ist.

Mathias Morgenthaler und Marco Zaugg, im April 2013
(aktualisiert im November 2021)

Man weiss nie, was daraus wird,
wenn die Dinge verändert werden.
Aber weiss man denn, was daraus wird,
wenn sie nicht verändert werden?
ELIAS CANETTI

Teil 1:
Zeit, etwas Neues zu beginnen

Der Auslöser für Veränderungen – Leidensdruck oder Sehnsucht?

Veränderungen sind etwas ganz Natürliches, sollte man meinen. Unser ganzes Leben besteht aus kleineren und grösseren Veränderungen, das können Biologen ebenso bezeugen wie Paartherapeuten oder Unternehmensberater. Ohne Veränderung kein Stoffwechsel, kein Wachstum, kein Leben. Auch Beziehungen bleiben nicht lebendig ohne Veränderung. Wer das gegenwärtige Glück krampfhaft festzuhalten versucht, riskiert die Erstarrung. Es gilt das Paradox: Wenn es gut läuft, muss man etwas verändern, damit es gut bleibt. Oder mit den Worten von *Tomasi di Lampedusa*: «Wenn wir wollen, dass alles bleibt, wie es ist, muss sich alles ändern.» Das zeigt sich auch in Unternehmen: Wenn ein Patron, der eine Firma aufgebaut und erfolgreich gemacht hat, zu lange am Bewährten festhält, zu stark nur auf die eigene Erfahrung hört statt auch auf die Impulse der nachrückenden Generation, dann krankt die Firma eher früher als später an mangelnder Veränderungsbereitschaft. Wer das Bewährte kopiert, verpasst die Erneuerung und findet sich irgendwann auf dem Abstellgleis wieder. Dort hat er zwar scheinbar die Kontrolle, aber keine Perspektiven.

Veränderungen sind etwas Natürliches, Alltägliches – und gleichzeitig sind sie etwas Bedrohliches, dem wir oft genug so lange als möglich aus dem Weg gehen. Denn Veränderungen bedeuten stets auch Abschied, Kontrollverlust, Verwirrung, Unsicherheit, Risiko. Wer sich verändert, exponiert sich, erfindet sich neu, im Kleinen oder im Grossen, und er begibt sich auf einen Weg, den er selber nicht kennt.

> *Nichts fürchtet der Mensch mehr als die Berührung durch Unbekanntes.*
> ELIAS CANETTI

Was also veranlasst uns, uns zu verändern, obwohl es riskant und oft schmerzhaft ist?

Am Anfang jeder Veränderung steht ein Leidensdruck oder eine Sehnsucht. Meistens ist das allerdings kein Entweder-Oder, sondern es sind zwei Seiten einer Medaille. Wer über längere Zeit einen starken Wunsch, eine unerfüllte Sehnsucht vernachlässigt, wird früher oder später daran leiden, unzufrieden, vielleicht sogar krank werden. Und wer sich permanent energielos fühlt, frustriert ist, keinen Sinn sieht in dem, was er tut, wird vielleicht irgendwann in sich hineinhorchen und sich fragen, was es sonst noch gäbe, von was er geträumt hat früher und was von diesen Träumen übrig geblieben ist. Leidensdruck und Sehnsucht sind keine Gegensätze, sondern unterschiedliche Erscheinungsformen desselben Unbehagens.

Oft ist es ein akuter Leidensdruck, der Menschen zum Handeln veranlasst und einen Coach, eine Beraterin oder einen Psychologen aufsuchen lässt. Jemand verliert die Stelle, einer wird krank, eine andere geht durch eine Beziehungskrise oder leidet unter depressiven Verstimmungen. Oder, nieder-

schwelliger: Jemand fühlt sich leer, sieht keinen Sinn in der Arbeit, ist gestresst und permanent unter Druck, leidet unter Schlaf- und Verdauungsproblemen, hat chronische Rückenschmerzen oder steigt jeden Morgen nur widerwillig und mit bleierner Müdigkeit aus dem Bett. Das sind handfeste Gründe, die nach Veränderungen rufen. Unsere Sehnsucht und unsere Träume dagegen nehmen wir meistens weniger ernst, speziell dann, wenn sie diffus sind – was zu Beginn meistens der Fall ist. Irgendwann manifestiert sich ein Wunsch, manchmal sogar erstaunlich klar und konkret, aber wir trauen ihm selber nicht und finden ohne viel Aufwand eine Handvoll Gründe, die dagegen sprechen, ihn ernst zu nehmen. «Träume sind Schäume», heisst es – kein Wunder, bekennt sich praktisch niemand gerne dazu, ein Träumer zu sein.

> *Die grösste Verführung im Leben ist, aus Angst nichts zu verändern, nichts zu fühlen, nichts zu riskieren, nicht zu leben.*
> UNBEKANNT

Ich, Marco Zaugg, spreche hier nicht nur aus meiner Erfahrung als Coach, sondern auch als Betroffener, der seine Träume lange abgewertet und weit von sich geschoben hat. Als Kind war ich das, was Eltern einen Träumer nennen, ich konnte nachmittagelang mit einem Buch draussen sitzen, Landschaft und Himmel betrachten und Tagträumen nachhängen. Obwohl ich spürte, wie gut mir das tat, schwörte ich dem Träumen später mehr und mehr ab, taxierte es als minderwertige Tätigkeit, als Zeitverlust. Dann studierte ich Rechtswissenschaften und machte so etwas wie Karriere als Jurist. Ich war am Ende stellvertretender Chef der Rechtsabteilung eines Bundesamts und stand vor der Frage, ob ich mittelfristig gerne den Chefposten meines sieben Jahre älteren Vorgesetzten übernehmen möchte. Vernünftig betrachtet war das eine Chance, aber gleichzeitig gab es einen nicht zu leugnenden Leidensdruck: Ich litt seit Jahren unter depressiven Verstimmungen, fühlte mich gelähmt, neigte zum Jammern und Lamentieren. Mein Leitsatz war: «Das passt mir zwar nicht, aber so ist das halt – da kann man nichts machen.» Meine Energie steckte ich mit Vorliebe in die Vorbereitung von Ferien: Ich tüftelte monatelang Reiserouten aus und lernte mit grossem Einsatz Fremdsprachen wie Norwegisch oder Schwedisch. Ich lachte selber über mich und beschimpfte mich im Stillen dafür, ein typischer kleinkarierter Jurist geworden zu sein.

Irgendwann hatte ich genug von diesem Zustand und wandte mich an einen Psychologen, den ich an einem Seminar über Entscheidungsfindung kennengelernt hatte. Er riet mir zu einer Standortbestimmung und schrieb mir vier Namen auf. Ein Jahr später kam mir der Zettel wieder in die Hand und ich rief kurz darauf jenen Berufsberater an, der mit den unkonventionellsten Methoden arbeitete. Durch die Standortbestimmung wurde mir bewusst, dass es mich in etwas Neues drängte und dass ausserhalb des vorgezeichneten Karrierewegs noch andere Möglichkeiten offenstanden. In kurzer Zeit weitete sich mein Blickfeld: Es ging nicht mehr um die Frage, ob ich entweder in der bisherigen Position bleibe oder Chef werde, sondern es gab auch die Alternative, selber etwas aufzubauen.

Für mich hatte dieser Gedanke gleichzeitig etwas Befreiendes und etwas Bedrohliches. Ich löste mich vom Bisherigen und spürte, wie mir ein Stein vom Herzen fiel. Und ich fiel zwischen Stuhl und Bank, da es offensichtlich keinen Weg zurück gab und das Neue noch nicht trug. Spätestens nachdem ich in einem Zeitungsartikel über ein Seminar des bekannten Coaches *Tim Gallwey* in Grindelwald gelesen hatte, wusste ich, dass ich Coach werden wollte – gleichzeitig war mir völlig unklar, wie ich das bewerkstelligen sollte und ob es funktionieren würde. Das ist das Verrückte in tief greifenden Veränderungsprozessen: Man schneidet Fäden durch, die einem Halt gegeben haben, und hat gleichzeitig keine Ahnung, wo der neu eingeschlagene Weg hinführt – so sehr man sich Orientierung wünschte in dieser Phase. Ich erzählte meinem Chef von meinen Plänen, verzichtete auf die Option, später Chef zu werden, und konnte in der Folge auf eine Teilzeitstelle wechseln. Das erleichterte mir den Übergang.

Erlaub dir zu sehen,
was du dir nicht zu sehen erlaubst.
MILTON ERICKSON

In den letzten 20 Jahren haben wir beide sehr viele Klienten in Umbruchsphasen begleitet. Immer wieder haben wir uns gefragt, wovon es abhängt, ob Veränderungen gelingen – ob Menschen diese im Gefühl erleben, sie beeinflussen zu können, oder ob sie sie primär erleiden oder sich sogar dagegen sträuben.

Der chilenische Coach *Julio Olalla* hat den Erfolg von Veränderungen in einer verblüffend einfachen Formel dargestellt:

Wille × Anziehungskraft × Zuversicht × Klarheit > Aufwand

Das Produkt aus Wille mal Anziehungskraft mal Zuversicht mal Klarheit muss grösser sein als der erforderliche Aufwand.

Entscheidend sind also vier Faktoren, die für Veränderungen unentbehrlich sind:
Der Wille, eine Sache anzugehen; die Anziehungskraft der Zielvorstellung; die Zuversicht in die Machbarkeit; und die Klarheit über die nächsten konkreten Schritte.

Wichtig ist, dass es sich um eine Mal-Verknüpfung handelt. Das bedeutet: Jeder einzelne Faktor muss eine gewisse Grösse aufweisen, damit das Resultat positiv ausfällt.

Beginnen wir mit dem letzten Punkt: die **Klarheit** über die nächsten konkreten Schritte. Sie geht oft vergessen, weil dieser Aspekt scheinbar unspektakulär ist. In Veränderungsprozessen stellt man sich tief schürfende Fragen, man möchte das Ziel kennen, beschäftigt sich mit grundsätzlichen Fragen, lässt sich abschrecken, weil vieles im Nebel liegt. Oder man überfordert sich mit dem Anspruch, sämtliche Schritte bis zum Ziel festgelegt haben zu müssen, bevor man sich auf den Weg macht. «Ich brauche einen Plan, ein klares Ziel», dieser Satz fällt oft, wenn Menschen erklären, warum sie noch nichts unternommen haben, um ihre Situation zu verändern.

Aber braucht es diesen exakten Plan wirklich? Zahlreiche Beispiele zeigen, dass sich etwas entscheidend verändert, sobald jemand die ersten paar

Schritte gemacht hat. Wer sich in Bewegung setzt, erste Schritte wagt und Fussabdrücke hinterlässt, sieht unverhofft klarer und gewinnt eine andere Sicht der Dinge. Sobald wir unterwegs sind, empfangen wir Zeichen, nehmen neue Möglichkeiten wahr, die vorher gar nicht vorstellbar waren, und begegnen der Umgebung mit einer neuen Offenheit. «Dem Gehenden schiebt sich der Weg unter die Füsse», hat der Schriftsteller *Martin Walser* so treffend formuliert.

Diese Form der Offenheit erlangt man meistens erst dann, wenn man bereit ist, vertraute Dinge wegzugeben. Das können alte Kleider sein, Bücher, Möbel oder andere Gegenstände, die nicht länger von Bedeutung sind, aber auch Gefühle, Gewohnheiten und Einstellungen. Entscheidend ist, dass wir unserem Hirn und unserer Umgebung ein Signal übermitteln, dass da Platz ist für Neues. Erst eine regelmässige «systematische Müllentsorgung», die *Fredmund Malik* Führungspersonen empfiehlt, macht den Weg frei für neue Ideen und Projekte.

Das Leben antwortet mit Zufällen, wenn ein Wunsch aufsteigt, der stark genug ist.
HANNA SCHYGULLA

Nicht weniger wichtig ist die **Anziehungskraft** der Zielvorstellung. Während die nächsten Schritte klar umrissen sein sollen, muss das Fernziel nicht in der gleichen Verbindlichkeit formuliert sein. Entscheidend ist, dass die Zielvorstellung eine hohe emotionale Qualität hat, eine Sogkraft, die uns bewegt. Sie muss eine innere Ausrichtung, einen Fokus ermöglichen. Hilfreich sind hier Imaginationsübungen: Stellen wir uns vor, alles sei möglich, malen wir uns den Idealzustand aus: Wie würde das aussehen, was würden wir fühlen, wenn wir dort angelangt wären? Welche Gerüche, welche Klänge, welche Farben sehen wir dann? Oder, prosaischer: Wie soll unsere Visitenkarte aussehen, wie unser Büro?

Hilfreich bei der Annäherung an die Zielvorstellung kann auch sein, sich auf folgendes Gedankenexperiment einzulassen: «Nehmen wir an, über Nacht geschieht ein Wunder; alles, womit wir uns schwertun, ist aus unserem Leben verschwunden, wir können uneingeschränkt aus dem Vollen schöpfen. Wer in unserem näheren Umfeld merkt etwas davon? Und woran ist die Veränderung am nächsten Morgen ersichtlich?

Solche Techniken werden im lösungsorientierten Coaching eingesetzt. Sie haben den Vorteil, dass sie den Fokus nicht auf die Probleme, sondern auf die Lösung, den erwünschten Zustand legen. Im Alltag tendieren viele von uns dazu, sich mit ihren Schwierigkeiten und Begrenzungen zu identifizieren. Es spricht nichts dagegen, Dinge zu analysieren, die schiefgelaufen sind. Wer aber zu sehr in seinen Problemen kreist, übersieht unter Umständen wichtige Entwicklungsmöglichkeiten. Wenn wir uns intensiv mit einem erwünschten Zustand auseinandersetzen, dann senden wir starke Signale an unser Hirn und an unsere Umgebung – wir sind auf Veränderung ausgerichtet.

Die glücklichen Sklaven sind die erbittertsten Feinde der Freiheit.
MARIE VON EBNER-ESCHENBACH

Der Psychiater *Roberto Assagioli* hat in seinen Schriften wiederholt darauf hingewiesen, wie wichtig die Entscheidung ist, wohin wir unsere Aufmerksamkeit lenken und mit welchen

Menschen wir uns umgeben. Jene, die sich schwer tun mit Veränderungen, neigen eher zum Jammern und suchen Gleichgesinnte, die sie in ihrer Haltung bestärkten. Wer hingegen regelmässig Neues wagt, legt den Fokus viel stärker auf Entwicklungsmöglichkeiten als auf Beschränkungen, und es ist kein Zufall, dass solchen Menschen in schöner Regelmässigkeit Gleichgesinnte begegnen, die eher zu den Mutmachern als zu den Bedenkenträgern gehören.

Es soll hier nicht wie in einigen Motivations-Seminaren der Eindruck erweckt werden, positives Denken sprenge alle Grenzen. Es ist unverantwortlich, den Leuten zuzurufen: «Wenn du fest genug daran glaubst, ist alles möglich!» Allerdings ist es unsere freie Entscheidung, auf was wir unsere Aufmerksamkeit lenken – ob eher auf die Probleme oder eher auf die Lösungen. Wer bewusst oder unbewusst die erste Perspektive wählt, neigt dazu, die Probleme grösser zu machen, als sie sind. Wer sich eher mit den Lösungen beschäftigt, riskiert, die Probleme ein wenig aus den Augen zu verlieren. Viele von ihnen lösen sich ohnehin auf, wenn wir einer Lösung einen Schritt näher gekommen sind.

Als dritter Faktor spielt die **Zuversicht** in die Machbarkeit eine wichtige Rolle. Diese wächst, sobald die ersten Schritte klar sind und die Anziehungskraft der Zielvorstellung spürbar wird. Darüber hinaus kommt hier unsere Fähigkeit zum Tragen, mit Ängsten konstruktiv umzugehen.

In Umbruchphasen werden wir früher oder später mit Widerständen konfrontiert, die uns herausfordern, zweifeln lassen, Angst machen. Auch hier hängt viel von der inneren Einstellung ab. Wer die erstbesten Schwierigkeiten als Zeichen deutet, dass das Unterfangen offensichtlich nicht zu bewerkstelligen ist, wird stets gute Gründe fürs Scheitern finden. Wer hingegen stark daran glaubt, am Ende sein Ziel zu erreichen, der lässt sich durch ein paar Rückschläge nicht entmutigen, sondern zusätzlich anspornen. Hilfreich ist, wenn man die Widerstände nicht ignoriert, sondern sich von Anfang an darauf einstellt, dass solche auftreten werden.

> *Während sie sich darauf einigten, dass es unmöglich sei, wurde es von anderen getan.*
>
> HELEN KELLER

Wohl nirgendwo erkennt man deutlicher, welche Bedeutung die Zuversicht in die Machbarkeit hat, als im Sport. Bei populären Sportarten wie

Tennis sind die Leistungsunterschiede zwischen den Besten minim. Gleichwohl ist es Roger Federer gelungen, während Jahren eine unglaubliche Dominanz auszuüben. Das hat nicht nur mit seiner Technik und Fitness zu tun (andere schlagen die Bälle härter und sind körperlich stärker), sondern mit seinem lange Zeit beinahe unerschütterlichen Glauben an die eigenen Fähigkeiten. In vielen gewonnenen Partien musste sich Federer von einem starken Gegner über längere Zeit dominieren lassen. Kam der Satz oder das Spiel in die entscheidende Phase, hob er fast immer sein Niveau an und machte praktisch keine Fehler mehr. Hatte er zuvor zehn Mal die einhändige Rückhand verschlagen, spielte er sie beim Satz- oder Matchball plötzlich traumhaft sicher der Linie

entlang ins Feld. Solche Spitzenleistungen sind nicht mehr in erster Linie eine Frage des Talents oder der Ausdauer, sondern der Zuversicht in die Machbarkeit und der konkreten Schritte beim Umgang mit schwierigen Situationen. Grosse Sportler und herausragende Unternehmer sind dafür bekannt, dass sie Herausforderungen lieben. Wenn sie in scheinbar ausweglose Situationen geraten, zeigen sie ihr ganzes Können. Alle grossen Champions wissen: Es kommt nicht darauf an, den Sieg zu lieben, sondern den Wettkampf.

Solche mentale Stärke ist bei Veränderungen unverzichtbar. Das gilt nicht nur für eine einzelne herausfordernde Phase, sondern auch für einen längeren Zeitraum. Bei beruflichen Neuausrichtungen ist es meistens schwieriger, das Ziel vor Augen zu sehen, als in einem Tennismatch. Oft irrt man durch ein Zwischenland – das Alte trägt nicht mehr, das Neue ist noch nicht klar erkennbar. In solchen Momenten kommt die Aushaltefähigkeit oder Resilienz zum Tragen. Vielen von uns fehlt eine wichtige Fähigkeit, die sich Sportler und Unternehmer früh aneignen müssen: der professionelle Umgang mit Rückschlägen und Niederlagen.

Wer sich auf seine nächsten Schritte konzentriert und von einem inspirierenden Ziel angezogen wird, der wird seine Zuversicht auch nach Misserfolgen nicht so leicht einbüssen.

Bleibt als vierter Faktor der **Wille**, eine Sache anzugehen, und die Beharrlichkeit, sie auch durchzuziehen. Wer die Geschichte der wichtigsten Erfindungen studiert, findet zahlreiche Beispiele von beeindruckender Willensstärke, aber auch solche, die sich scheinbar zufällig oder auf Umwegen ergeben haben. Thomas Edison, der Erfinder der Glühbirne, galt in seinem Umfeld längst als ziemlich verrückt, als ihm der Durchbruch gelang – so soll er ungefähr 2000 Substanzen ausprobiert haben, ehe er den Kohlendraht für seine elektrische Birne fand. Es hätte sicher gute Gründe gegeben, nach dem 500. oder 1000. Mal aufzugeben. Am Ende wurde aber seine Beharrlichkeit von einer glänzenden Erfindung gekrönt. Als Jules Verne, der Science-Fiction-Pionier, als 25-Jähriger seinen ersten Roman vollen-

> *Mut brüllt nicht immer nur.*
> *Mut kann auch die leise Stimme*
> *am Ende des Tages sein, die sagt:*
> *Morgen versuche ich es nochmal.*
> MARY ANNE RADMACHER

det hatte, klopfte er mit dem Manuskript unter dem Arm bei 14 Verlegern an – und alle lachten ihn aus. Der 15. war endlich bereit, das Manuskript zu lesen. Nach zehn Tagen versprach er Verne nicht nur, den Roman zu verlegen, sondern bot ihm einen Vertrag an mit einem Buch pro Jahr. Sein Vermögen und auch dasjenige von Verne waren gesichert.

Angesichts solcher Vorbilder kommt man sich selber leicht ziemlich willensschwach vor. Und auch hier stellt sich die Frage, ob wir uns eher auf unsere Stärken oder Schwächen konzentrieren. Unser Wille ist keine einheitliche feste Grösse, er ist aus mehreren Teilaspekten zusammengesetzt, die alle Wesentliches bewegen können. *Roberto Assagioli* unterscheidet acht Dimensionen des Willens. Wir haben in den letzten 20 Jahren keinen einzigen Klienten kennengelernt, der nicht in einigen dieser Teilaspekte grosses Potenzial gehabt hätte. Eine genaue Betrachtung der verschiedenen Teilaspekte des Willens kann die Selbsteinschätzung verändern und damit die Intensität des Willens verstärken (mehr dazu im dritten Teil auf S. 317).

Das Produkt der vier Faktoren Wille, Anziehungskraft, Zuversicht und Klarheit muss also grösser sein als der Aufwand, wenn Veränderungen gelingen sollen. Worin dieser Aufwand im Einzelnen besteht, welche Hürden sich Veränderungsprozessen in den Weg stellen, wird im Folgenden genauer beleuchtet.

Vorerst ist auf ein Missverständnis hinzuweisen, das viele Veränderungen erschwert. Es zeigt sich nie deutlicher als jeweils zum Jahreswechsel. Regelmässig fassen Menschen in dieser Zeit zahlreiche Vorsätze, was sie im neuen Jahr alles anders machen möchten: mehr Sport, weniger rauchen, mehr Zeit mit der Familie, weniger Süssigkeiten, mehr lesen, weniger TV schauen etc. Doch allzu schnell stellt sich bei den meisten die Ernüchterung ein: Man hat es nicht geschafft, der Wille war nicht stark genug, man bleibt inkonsequent und unfähig, sich ernsthaft zu verändern. Das Missverständnis besteht hier darin, dass wir Veränderung als Folge eines Ausnahmebeschlusses erwarten: Wir fällen eine mutige Entscheidung und machen es fortan besser. Es gibt Menschen, bei denen das funktioniert, die etwas dauerhaft verändern infolge eines plötzlichen Entscheids.

Bei vielen anderen jedoch bedarf es einer längeren Gärzeit, eines Prozesses, der aus vielen kleinen bewussten und unbewussten Entscheiden besteht. Sie brüten an einer Sache herum, lange passiert scheinbar nichts, und plötzlich – niemand weiss, warum gerade jetzt – schlägt etwas um und die Veränderung kommt in Gang.

Manchmal ist im Coaching spürbar, dass sich eine Kundin gelähmt fühlt wie das Kaninchen vor der Schlange. Es sollte eine Entscheidung her, für oder gegen eine Stelle, aber die Betroffene ist nicht in der Lage, einen Schritt in die eine oder andere Richtung zu machen. In solchen Situationen ist es entscheidend, dass jemand überhaupt einmal in Bewegung kommt, sich öffnet, sich austauscht, schon nur im Gespräch verschiedene Möglichkeiten ausprobiert. Über das Gespräch und über Kontakte eröffnen sich meistens neue Wege, die man allein im stillen Kämmerchen nie gefunden hätte. Deswegen ist es gefährlich, sich vor schwierigen Entscheidungen zurückzuziehen und womöglich ins Grübeln zu verfallen. Nichts gegen intensives Nachdenken, aber unter Druck haben wir meistens ein stark eingeschränktes Blickfeld.

Deshalb ist es hilfreich, sich nicht zu sehr unter Druck setzen zu lassen und die Situation mit Distanz neu zu betrachten. Ein früherer Lehrer hat es so formuliert: «Mache dich weiter als deine Probleme!» Das bedeutet zum Beispiel, sich nicht einfach von einem Ultimatum nach dem Motto «Wähle jetzt A oder B!» unter Druck setzen zu lassen. Wer – vielleicht mit professioneller Hilfe – die Situation in Ruhe betrachtet, sieht meistens: Es gibt viel mehr Möglichkeiten, sobald sich das Blickfeld öffnet. Nicht nur das Eine oder das Andere, sondern auch «weder noch», «beides» oder sogar «das ganz Andere». Wer sich in einem ultimativen Entweder-Oder festgebissen hat, setzt sich derart unter Druck, dass er gar nicht mehr handlungsfähig ist. In solchen Momenten rufen gelegentlich Kunden an und sagen: «Ich muss mich in drei Tagen entscheiden, ob ich den Job will oder nicht.» Manchmal ist das möglich, oft jedoch müssen sich die unter Entscheidungsdruck stehenden Personen erst einmal Luft verschaffen, damit sie wieder atmen und die Situation in Ruhe betrachten können.

> *Unerschrockenheit heisst nicht, dass man keine Angst hat. Es bedeutet, mit der Angst umzugehen, wieder aufzustehen, wenn man gefallen ist.*
> ARIANNA HUFFINGTON

Roberto Assagioli hat beschrieben, wie sehr wir dazu neigen, uns mit unseren jeweiligen Zuständen zu identifizieren – mit Stressgefühlen, mit Angst, mit Problemen, mit Krankheiten. Doch wer sich Raum gibt und gelegentlich einen Schritt zurücktritt, kann feststellen: «Ich habe Angst, aber ich bin nicht meine Angst.» Diese einfache Unterscheidung verhilft zu Distanz und verschafft Entscheidungsspielraum. Ohne diesen inneren Freiraum ist es schwierig, die ersten Schritte in Richtung Veränderung zu gehen.

Wie laufen Veränderungen ab?

Obwohl Veränderungen unser Leben prägen, mobilisieren wir immer wieder erstaunliche Kräfte, um uns dagegen zu wehren. Erstaunlicherweise halten viele lieber an einem bekannten Unglück fest, als im Unbekannten das Glück zu suchen. Das mag bis zu einem gewissen Grad eine Frage des Charakters sein. Ein Bertrand Piccard oder ein Nick Hayek haben den Entdecker- und Unternehmergeist quasi mit der Muttermilch aufgesogen. Die Neugier war in diesen Familien traditionell viel grösser als die Angst. Sicherheit und Kontrolle waren nie die dominierenden Faktoren. Es wäre unsinnig, aus jedem Menschen einen Piccard oder einen Hayek machen zu wollen. Umgekehrt ist es schade, wenn viele Menschen im Gewohnten verharren, obwohl sie darunter leiden und ihre Talente dabei verkümmern.

Oft hat das damit zu tun, dass sie sich falsche Vorstellungen machen von Veränderungen und dass sie sich in wichtigen Momenten abkapseln und keine Unterstützung suchen.

> *Mancher ertrinkt lieber, als dass er um Hilfe ruft.*
> WILHELM BUSCH

Gibt es so etwas wie Gesetzmässigkeiten, nach denen Veränderungen ablaufen?

Veränderungsprozesse verlaufen selten gradlinig. Man kann sie deshalb nur bedingt managen oder planen. Trotzdem haben sie eine innere Logik. Sie durchlaufen Phasen, die wir stark vereinfacht als *vier Zimmer der Veränderung* darstellen können:

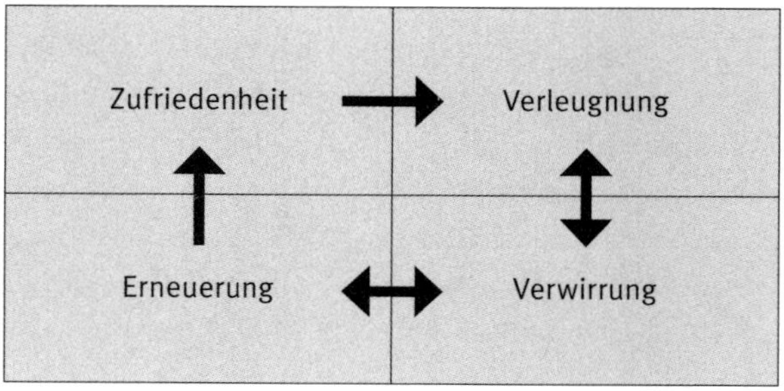

Dieses Modell, ursprünglich vom Berater *Hansueli Eugster* entwickelt, erleichtert das Verständnis privater Veränderungen ebenso wie jenes komplexer Veränderungen in Firmen und Organisationen. Wer diese innere Logik versteht, tut sich leichter damit, auch die schwierigen Momente auszuhalten, ohne den Sinn des Ganzen in Frage zu stellen.

Zu Beginn befinden wir uns im **Zimmer der Zufriedenheit** (oben links in der Abbildung). Dort hat alles seinen Platz, seine Ordnung. Wir wissen, wie es läuft und was wir zu tun haben. Nicht immer herrscht in diesem Zimmer wirkliche Zufriedenheit, aber es dominiert in jedem Fall die Sicherheit des Gewohnten und Bekannten. Man könnte auch vom Zimmer der Routine oder der Selbstverständlichkeit sprechen.

Eines Tages wirft uns ein Ereignis aus dem Zimmer der Zufriedenheit hinaus. Meist kommt dieses Ereignis unvermittelt von aussen – als würde

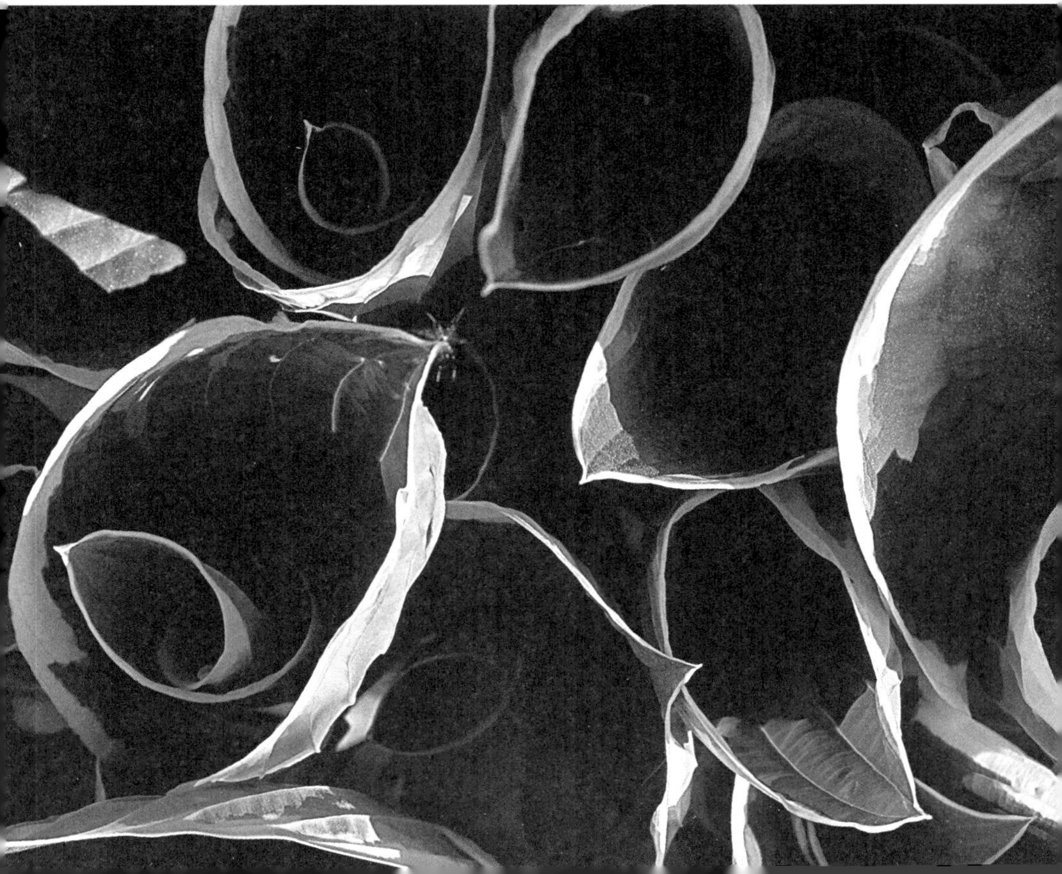

plötzlich aus heiterem Himmel ein Blitz einschlagen. So legen wir es uns zumindest zurecht. In Wirklichkeit hätten wir schon vorher Anzeichen für ein heraufziehendes Gewitter sehen können. Und doch trifft es uns unvorbereitet, weil wir uns sicher fühlten im Gewohnten. Der Blitz kann viele Formen haben: ein neuer Chef, ein dramatischer Umsatzrückgang, neue Spielregeln oder Technologien, eine Fusion, eine negative Mitarbeiterbeurteilung, ein Unfall oder eine schwere Krankheit, die Entlassung, Arbeitsunfähigkeit wegen akuter Erschöpfung oder Burn-out, der Tod einer nahestehenden Person, Trennung oder Scheidung.

Klar ist in allen Fällen: Sobald der Blitz eingeschlagen hat, ist nichts mehr wie vorher. Wir werden unweigerlich in das nächste Zimmer gestossen, ins **Zimmer der Verleugnung**. Je heftiger die Umstände, desto stärker fällt unsere Reaktion aus. Wir wehren uns, ignorieren die neue Situation, lehnen alles, was damit zu tun hat, instinktiv ab und versuchen, am Gewohnten festzuhalten. Wut, Aggression, Schuldzuweisungen und Eifersucht dominieren. Wir wollen nicht wahrhaben, dass das Vertraute und Gewohnte nicht mehr funktioniert, wir wünschen uns das Alte zurück, müssen aber feststellen, dass die Tür zum Zimmer der Zufriedenheit vom Zimmer der Verleugnung aus nicht zu öffnen ist. Es gibt also kein Zurück, aber einen Ausweg: Eine Drehtür erlaubt uns, ins **Zimmer der Verwirrung** zu treten.

> *Manchmal können wir erst durch Dinge, die wir vermeintlich ‹falsch› gemacht haben, lernen, das Richtige entschiedener zu tun.*
>
> ANNA SCHREIBER

Wir können dieses Zimmer betreten, wenn wir eingesehen haben, dass es keinen Sinn hat, sich gegen das Unabänderliche zu sträuben. Hier gilt das Motto: Es ist wie es ist, auch wenn uns das nicht passt. Besonders angenehm ist es im Zimmer der Verwirrung aber nicht, wir sind zwischen Stuhl und Bank, haben keinen Boden unter den Füssen und keine Ahnung, wie es weitergehen soll. Wir sind voller Angst, Ambivalenz, Misstrauen und Unsicherheit, die Wände sind voller Fragezeichen, wir hören widersprüchliche Stimmen, sind ratlos, unsicher, ohne klare Perspektive. In dieser qualvollen Situation ist die Versuchung gross, durch die Drehtür wieder zurück ins Zimmer der Verleugnung zu gehen. Dort gibt es wenigstens ein Feindbild. Manche richten sich darin dauerhaft ein in Resignation, Jammern und Verbitterung.

Wer es im Zimmer der Verwirrung aushält, übt sich im Abschiednehmen, im Trauern und in Akzeptanz. Er lernt, sich mit der Tatsache anzufreunden, dass es niemals mehr so sein wird, wie es war. Mit der Zeit tauchen dann neue Ideen auf, verwirrend auch sie, unzählige Puzzleteilchen, die sich zunächst nicht zu einem sinnvollen Ganzen zusammenfügen lassen. Das Zimmer der Verwirrung ist der beste Ort zum Fantasieren, Brainstormen, Staunen, Träumen, Planen, wieder Verwerfen. Alles hat Platz, nichts wird bewertet.

Wie oft sind es erst die Ruinen, die den Blick freigeben auf den Himmel.
VIKTOR E. FRANKL

Die Türfalle zum **Zimmer der Erneuerung** ist versteckt. Lange sieht es so aus, als sei die Tür nicht zu öffnen. Erst wenn das Alte wirklich verabschiedet ist und das Neue ausreichend gegärt hat, können wir die Tür aufstossen, und es zeigt sich ein Silberstreifen am Horizont. Oft wechseln sich Erneuerung und Verwirrung zunächst ab, auch diese Tür kann in beiden Richtungen wiederholt durchschritten werden. Ist jemand aber richtig angekommen im Zimmer der Erneuerung, wirkt das wie ein Zauber. Das Selbstvertrauen kehrt zurück, mit ihm Energie und Tatkraft. Was vorher mühsam und anstrengend war, wird jetzt ganz leicht, wir kommen zielstrebig und zügig voran, die Zweifel treten in den Hintergrund.

Und plötzlich weisst du: Es ist Zeit, etwas Neues zu beginnen und dem Zauber des Anfangs zu vertrauen.
MEISTER ECKHART

So gerne wir für immer in diesem Zimmer bleiben würden, auch hier ist die Aufenthaltsdauer beschränkt. Früher oder später finden wir uns im

Zimmer der Zufriedenheit wieder, das Neue ist zur Gewohnheit geworden. Und irgendwann schlägt wieder ein Blitz ein, der bedrohlich, aber gleichzeitig auch heilsam sein kann. Er entwurzelt uns und setzt uns erneut in Bewegung.

Warum ist dieses simple Modell so wichtig für das Verständnis von Veränderungen?

Wer schon Change-Prozesse in Organisationen miterlebt hat, weiss, dass Führungskräfte am liebsten den direkten Weg vom Zimmer der Zufriedenheit ins Zimmer der Erneuerung nehmen würden. Viele von ihnen empfinden die Phasen der Verleugnung und Verwirrung als Zeitverschwendung und Zumutung, statt sie als notwendigen Teil der Veränderung zu begreifen. Sie täten gut daran, sich an das afrikanische Sprichwort zu erinnern, das besagt: «Das Gras wächst nicht schneller, wenn man daran zieht.» Denn wenn wir nicht Abschied nehmen können vom liebgewordenen Alten, wenn kein Platz da ist für Trauer und Wut, keine Zeit für Verwirrung, Chaos und Kreativität, ist auch keine echte Erneuerung möglich.

Es gibt also in Veränderungsprozessen keine Abkürzungen, das gilt für Organisationen ebenso wie für Individuen.

In der Coaching-Arbeit zeigt sich immer wieder, wie sehr die Klienten das Zimmer der Verwirrung fürchten, obwohl darin der Grundstein zur Erneuerung gelegt wird. Viele verweilen lieber im Zimmer der Verleugnung, bei ihrer Wut, die wenigstens einen klaren Adressaten hat. Statt sich dem Unbe-

kannten zu öffnen, steigen einige gar über eine Treppe in den Keller unter dem Zimmer der Verleugnung hinab, wo sie sich in der Opferrolle einrichten, resignieren und depressiv oder zynisch werden.

Andere versuchen, durchs Zimmer der Verwirrung zu stürmen und direkt zur Erneuerung zu gelangen. Wenn Menschen, die sich durch äussere Umstände ungerechtfertigterweise aus dem Zimmer der Zufriedenheit gestossen fühlen, den Fokus einseitig darauf richten, möglichst rasch einen neuen Job zu finden, hat das oft damit zu tun, dass sie die Verwirrung nicht aushalten. Oft findet bei solchem Aktivismus keine Erneuerung statt, sondern es kommt nur zu einer Schein-Veränderung, die zu schmerzhaften Wiederholungen des gleichen Musters führt.

Manchmal müssen erst unangenehme Dinge passieren, um uns daran zu erinnern, dass es an der Zeit ist, etwas zu ändern.

UNBEKANNT

Sich auf eine Veränderung einlassen bedeutet deshalb auch: Abschied nehmen vom Bestreben, alles zu managen; das Tempo drosseln, den Blick gegen innen richten und Neues wahrnehmen statt krampfhaft versuchen, alles im Griff zu haben. In der Hektik des Alltags und unter grossem Druck gelingen selten tief greifende Veränderungen. Und doch wünschen viele Klienten genau das, wenn sie in die Coaching-Praxis kommen: einen Ratschlag, der zu einer schnellen Lösung führt, zu einem Ausweg aus dem aktuellen Dilemma.

Den grössten Fehler, den man im Leben machen kann, ist, immer Angst zu haben, einen Fehler zu machen.

DIETRICH BONHOEFFER

Es braucht deshalb oft zunächst eine Art Stopp-Tafel, um zu signalisieren: «Nehmen wir uns Zeit, genau hinzuschauen. Wenn wir uns dieser Aufgabe stellen, kommen wir nachher schneller und besser voran.» Nur ein Stopp ermöglicht uns, aus den Automatismen des Überlebensmodus, die in unserem Reptilienhirn gespeichert sind, herauszutreten. Denn oft funktionieren wir rein reaktiv: Wir nehmen einen Impuls auf und reagieren aufgrund unserer automatisierten Verhaltensmuster, nach denen wir äussere Impulse blitzschnell beurteilen (gut oder schlecht für mich?). Dieser Überlebensmodus, der im entwicklungsgeschichtlich ältesten Teil unseres Hirns abläuft, kommt vor allem bei Druck und

Stress zum Tragen. Genaues Hinschauen hingegen ermöglicht bewusste Veränderung. In diesem Fall müssen zwischen den Neuronen im Hirn neue Synapsen gebildet werden, vergleichbar den Verschaltungen in einem Stromkreis. Nicht von ungefähr reden die Hirnforscher davon, dass es beim Lernen darum geht, neue Synapsen zu «pfaden». Bis eine neue Synapse wirklich die alten Pfade ersetzen kann, also ein neues Verhalten wirklich integriert ist, muss die neue Verschaltung wiederholt gepfadet werden. Das allein erklärt, warum Veränderungen nicht von heute auf morgen gelingen. Beim Lernen einer Sprache ist uns klar, dass Fortschritt nicht ohne Wiederholung zu erzielen ist. Bei Verhaltens- oder Einstellungsänderungen vergessen wir oft, dass auch diese Wiederholung brauchen, bis sie sich gefestigt haben.

Meist kommen die Klienten mit eigenen Theorien, mit Erklärungsmustern und Glaubenssätzen. Dann ist es die Aufgabe des Coaches, diese scheinbaren Gewissheiten zu hinterfragen, den Klienten mitzunehmen auf eine Reise zu sich selber.

In der Mythologie gibt es das Motiv der Heldenreise: Wenn der junge Held die Komfortzone von Häuslichkeit, Gewohnheit und Bequemlichkeit verlässt, muss er zunächst buchstäblich durch die Asche gehen und sich in vielen gefährlichen Situationen bewähren, bevor er als strahlender Held zurückkehren kann.

Hier geht es nicht darum, Helden zu formen, aber es ist eminent wichtig, auch die Verwirrung und den scheinbaren Stillstand auszuhalten. Denn die Verwirrung ist ein ebenso qualvoller wie produktiver Zustand. Unterschwellig passiert viel, auch wenn sich zunächst nichts davon an der Oberfläche zeigt. Oft kommt es dann wie aus dem Nichts zu einem erstaunlichen Wandel: War lange Zeit alles mühsam und unklar, ist man plötzlich mit erstaunlicher innerer Sicherheit unterwegs. Und nicht nur das: Haben wir den Wendepunkt erreicht, ziehen wir die unglaublichsten Zufälle an, die Ideen und Angebote fallen uns buchstäblich zu. Spätestens dann wissen wir: Das vorher war keine Stagnation, sondern die Vorbereitung auf die Erneuerung.

> *Wir scheinen festzusitzen, aber in Wirklichkeit bewegen wir uns, und Fantasien über unsere Wahrnehmungen gleiten durch uns wie Ideen durch Vorhänge.*
> RUMI

Was hält uns zurück?

Das Modell der vier Zimmer macht klar, warum Veränderungen selten gradlinig verlaufen. Was hält Menschen davon ab, ein Ziel mit aller Entschlossenheit anzupeilen oder einen lange gehegten Traum zu verwirklichen? Die Gründe fürs Zögern, Zaudern und Verschieben sind individuell sehr verschieden, aber es gibt einen gemeinsamen Nenner: die Angst.

> *Wenn du denkst, dass du zu klein bist, um einen Einfluss zu haben, dann versuch mal mit einem Moskito ins Bett zu gehen.*
> ANITA RODDICK

Die Angst kann sich auf vieles beziehen: Angst vor dem Verlust an Sicherheit und Ordnung, Angst vor Verarmung, Angst vor dem Versagen, Angst vor Spott und Ablehnung, Angst vor dem Alleinsein, Angst vor dem Unbekannten, Fremden, ja sogar Angst vor dem Tod – und sei es nur das Abschiednehmen von überholten Selbstbildern, mit denen wir uns lange identifiziert haben. Jeder und jede hat seine Objekte der Angst, hinter denen sich meistens eine tiefer liegende Angst verbirgt. Im Coaching zeigt sich oft früher oder später die Grundangst, dass sich eine schmerzhafte Erfahrung aus der Vergangenheit wiederholen könnte. Ein Klient wurde in einer Cheffunktion entlassen und arbeitet nun in seiner neuen Stelle ohne Pause und in grossem Stress. Er versucht, sich unersetzlich zu machen aus Angst, die Erfahrung des Nicht-mehr-gebraucht-Werdens könnte ihn noch einmal einholen.

Es ist wichtig, die eigenen Ängste wahrzunehmen und zu benennen, damit wir in der Folge konstruktiv mit ihnen umgehen können. Ängste haben verschiedene Funktionen: Es gibt die schützende Angst, die überlebenswichtig sein kann, und die einschränkende, entwicklungshemmende Angst. Leider neigen wir dazu, sehr viele Ängste der ersten Kategorie zuzuordnen, obwohl kein echtes Risiko besteht und wir uns aus einem diffusen Gefühl heraus bremsen lassen: zum Beispiel aus der Angst vor der Angst, die uns weismachen will, es sei generell besser, im geschützten Rahmen zu bleiben. Wir leben in einer Gesellschaft der extremen Absicherung, der Über-Versicherung, und halten die Unsicherheit entsprechend schlecht aus. Es gibt zwar weniger starre gesellschaftliche Restriktionen als zur Zeit unserer Grosseltern, aber sehr viele unsichtbare Barrieren in unseren Köpfen.

Aus diesen Gründen ist es für Veränderungswillige wichtig, möglichst früh in die konkrete Erfahrung hineinzugehen, statt aufgrund negativer Kopfszenarien einfach nur abzuwarten. Wachstum und Entwicklung finden im Grenzbereich statt, dort, wo wir weder vor unseren Ängsten flüchten noch sie zu ignorieren und überspringen versuchen, sondern uns ihnen behutsam annähern. Erst wenn wir eine konkrete Erfahrung machen – vielleicht auch die, dass alles viel weniger schlimm ist als in unseren Projektionen und Befürchtungen –, finden wir heraus, ob die Angst tatsächlich begründet ist.

> *Und es kam der Tag, da das Risiko, in der Knospe zu verharren, schmerzlicher wurde als das Risiko, zu blühen.*
> ANAÏS NIN

Immer wieder zeigt sich, wie stark Menschen von Glaubenssätzen geprägt werden. Eine Kundin aus bäuerlicher Herkunftsfamilie hat von ihren Eltern oft Sätze gehört in der Art von: «Das ist nichts für unsereinen.» Oder: «Wer den Rappen nicht ehrt, ist des Frankens nicht wert.» Es war für sie als Erwachsene völlig klar, was sich gehört, was ihr nicht zusteht und dass das Sparen eine der wichtigsten Tugenden ist. Diese Prägungen behinderten sie mehrfach in ihrem Veränderungsprozess. Sie musste sich ihrer Prägungen bewusst werden und sie relativieren, um sich neue Felder zu erschliessen, grosszügig zu sich selber sein und Risiken eingehen zu können. Diese Emanzipation ist wichtig. Denn in Entwicklungsphasen sollte man sich mehr daran orientieren, was einem gut tut, als daran, was einem zugestanden wird vom Umfeld. Da kann es zum Beispiel wichtig sein, Geld auszugeben im Vertrauen darauf, dass diese Form der Energie wieder zurückkommt. Und es ist entscheidend, sich und seine Wünsche in den Mittelpunkt zu stellen, auch wenn man noch so sehr zu Bescheidenheit und Anpassung erzogen wurde.

> *Mögen hätten wir schon wollen, aber trauen haben wir uns nicht dürfen.*
> KARL VALENTIN

Wer sich verändern will, tut gut daran, auf Distanz zu gehen zu einengenden Selbstbildern. Oft geht es dabei im Wesentlichen um die fünf Antreibersätze:

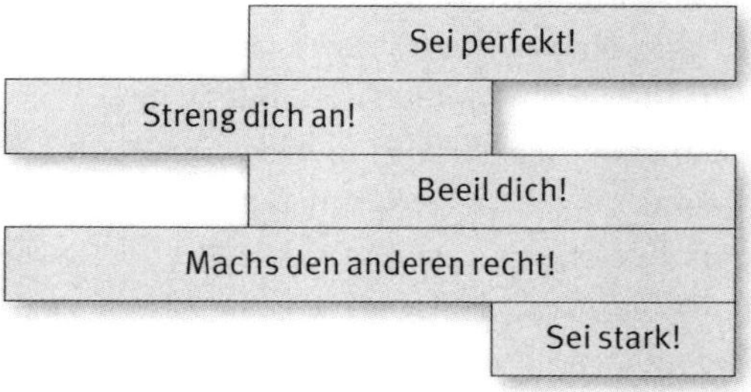

Die meisten Menschen sind mehr oder weniger stark auf einen oder mehrere dieser Imperative programmiert. Sie wirken unglaublich stark, gerade dann, wenn wir uns ihrer nicht bewusst sind, weil sie für die Art und Weise stehen, wie wir gelernt haben, uns Anerkennung zu holen. In Veränderungsprozessen sind diese Antreiber oft kontraproduktiv, weil sie immer dann stark greifen, wenn wir unter Stress sind (mehr dazu im dritten Teil S. 315).

Das lässt sich deutlich am Antreiber «Machs den anderen recht!» zeigen. Viele tun sich schwer mit gewünschten Veränderungen, weil sie sich immer wieder von der einen Frage bremsen lassen, die lautet: «Was denken da die Leute über mich?»

> *Ich kenne keinen sicheren Weg zum Erfolg, nur einen zum sicheren Misserfolg – es jedem recht machen zu wollen.*
> PLATON

Dass wir so gemocht werden, wie wir sind, ist normalerweise ein Zeichen guter Beziehungen. Es bedeutet aber auch: Wenn wir aus dem gewohnten Verhalten ausscheren und nicht mehr den Erwartungen entsprechen, bringt uns das meistens nicht in erster Linie Anerkennung, sondern es sorgt für Irritation. Vielleicht bekommen wir gar zu hören, wir seien nicht mehr der Alte, nicht mehr uns selbst. Lassen wir uns dadurch bremsen, gewichten wir die Gedanken anderer, die wir ohnehin nicht kontrollieren können, höher als unsere eigene Wahrnehmung. Letztlich läuft es auch auf die Frage hinaus, wofür wir Anerkennung bekommen wollen: dafür, uns mustergültig allen anderen anzupassen? Oder dafür, dass wir unseren Weg gehen? Wir werden weiter unten nochmals darauf zurückkommen, wie wichtig es in Veränderungsphasen sein kann, auch mal jemanden vor den Kopf zu stossen.

Es ist hilfreich, zu den Antreibersätzen Erlaubnissätze zu formulieren. Statt «Beeil dich!» also: «Du darfst dir Zeit nehmen.» Oder statt «Machs den anderen recht!»: «Du darfst deinen Weg gehen, auch wenn das nicht allen passt.» Oft zeigt sich, dass die befürchtete Ablehnung in der Wirklichkeit ausbleibt. Der Chef eines KMU, der kurz vor einem Burn-out ins Coaching kam, erklärte dezidiert, dass es in seiner schnelllebigen Branche unmöglich sei, Mails länger als 30 Minuten unbeantwortet zu lassen. Seine Angst vor dem Verlust an Anerkennung, vor abwandernden Kunden und finanziellen Problemen war deutlich spürbar. Schliesslich vereinbarten wir doch die Regel, dass die Mails fortan noch drei Mal pro Tag gecheckt und alle Kunden darüber informiert werden. Es gab nicht nur keine Proteste und keine Auftragseinbussen, sondern sehr positive Rückmeldungen von den wichtigsten Kunden.

Dieses Beispiel zeigt, wie fatal es ist, sich zu stark von den vermuteten Erwartungen anderer abhängig zu machen. Darüber hinaus illustriert es noch etwas anderes: Es hat stark mit unserem Sicherheitsgefühl zu tun, wie viel Freiheiten wir uns herausnehmen können. Der Firmenchef fühlte sich unsicher, weil er fürchtete, er könnte Kunden verlieren. Er lebte in einem Gefühl des Mangels und wurde so zum Getriebenen.

Mit seiner Entscheidung, dem entgegenzuwirken, signalisierte er Stärke – und so wurde die Veränderung bei den Kunden auch wahrgenommen.

Die Belohnung für Anpassung ist, dass jeder dich mag, ausser du dich selbst.

GEORGE BERNHARD SHAW

Es lohnt sich in diesem Zusammenhang auch, das eigene Verhältnis zum Geld etwas genauer anzuschauen. Bei tief greifenden Veränderungen wird Geld fast immer früher oder später zum Thema. Im Umgang mit Geld zeigt sich sehr deutlich, wie es um unser Grundvertrauen steht. Man kann ein Leben lang sparen, Millionen anhäufen und trotzdem permanent in einem Mangelgefühl leben. Andere haben praktisch nichts und fühlen sich trotzdem sicher und reich. Gerade Klienten, die sich aus einem gut bezahlten Angestelltenverhältnis lösen und sich selbständig machen möchten, sind oft unsicher, ob sie finanziell über die Runden kommen. Manche stellen fest, dass sie grösste Mühe haben, einen ähnlichen Betrag per Rechnung einzufordern wie den, den sie vorher als Lohn selbstverständlich bezogen haben.

Natürlich sind bei der beruflichen Neuausrichtung auch die Finanzen ein Thema. Das Argument, man würde sich schon verändern wollen, könne sich dies finanziell aber gerade nicht leisten, ist jedoch trügerisch. Geld ist eine immense Projektionsfläche, wir sollten daher nicht jede Aussage darüber für bare Münze nehmen. Oft neigen wir dazu, den Einfluss von materieller Sicherheit auf unsere Zufriedenheit zu überschätzen. Stark ausgeprägtes Sicherheitsstreben – auch im Finanziellen – ist der grösste Feind des Neuen.

Kommen wir noch auf einen weiteren Faktor zu sprechen, der viele Menschen davon abhält, Veränderungsprojekte in die Tat umzusetzen: die Illusion, die Umstände seien im Moment gerade nicht besonders günstig, aber wenn erst einmal der perfekte Zeitpunkt gekommen sei, gehe alles ganz leicht. Leider gibt es den perfekten Zeitpunkt nicht, und unser Leben ist – auch wenn wir das gerne verdrängen – endlich. Das Modell «Nach der Pensionierung mache ich alles, wozu ich nie gekommen bin» bewährt sich in der Regel nicht. Manche sterben vor oder unmittelbar nach der Pensionierung, viele andere stellen fest, dass man mit 65 Jahren sein Leben nicht mehr so leicht auf den Kopf stellt, wenn man das vorher nie getan hat. Beginnen wir also besser frühzeitig damit. Suchen wir nicht nach Ausreden, zeigen wir nicht auf die Eltern, den Partner, die Kinder, die Wirtschaftslage oder sonst etwas, um unsere geringe Veränderungsbereitschaft zu rechtfertigen, sondern richten wir den Blick zuerst einmal nach innen. Und erlauben wir uns ganz bewusst, uns für einmal nicht darum zu kümmern, was andere über uns denken.

Es gibt zwar kein Rezept für erfolgreiche Veränderungen, aber eines für das Misslingen von Veränderungen. Es lautet kurz und knapp: «Versuche, es möglichst allen recht zu machen!» Oft sind es gar nicht konkrete Erwartungen anderer, von denen wir uns bremsen lassen, sondern unsere eigenen Vorstellungen, was andere über dies oder jenes denken würden. Diese Bedenken sind in der Regel übertrieben oder sogar gänzlich unbegründet, denn die anderen interessieren sich meistens viel weniger für das, was wir machen, als wir meinen. Was für uns ein bedeutender Schritt ist, nehmen andere kaum zur Kenntnis.

> *Zu träumen ist auch eine Art des Planens.*
> GLORIA STEINEM

Und von jenen, die tatsächlich fixe Vorstellungen haben, was wir tun oder unterlassen sollten, können wir uns in Veränderungsphasen emanzipieren. Die Kunst, die eigenen Eltern zu enttäuschen, ist eine Schlüsselaufgabe auf dem eigenen Entwicklungsweg. Wir werden im dritten Teil dieses Buchs darauf zurückkommen.

Was bringt uns in Bewegung?

Es sind in den letzten Jahren mehrere Bücher über die Bedürfnisse und die Lebensbilanz sterbenskranker Patienten erschienen. Oft kam dabei zur Sprache, was Menschen vor dem Sterben am meisten beschäftigt. Erstaunlicherweise bereuen nur ganz wenige etwas, das sie getan haben und mit dem sie vielleicht gescheitert sind. Bedeutend mehr hadern damit, gewisse Dinge nicht versucht, nicht in Angriff genommen zu haben. Auf dem Sterbebett lässt sich das nicht mehr ändern, da kann man höchstens noch Frieden schliessen mit dem, was war.

Stellen wir uns vor, wir sind am Ende unseres Lebens, schauen zurück und fragen uns: Was war mir wichtig? Worauf war ich stolz? Was haben andere in mir gesehen? Was hätte ich gerne getan und habe es nie gewagt? Oder wir sind zu Gast an unserer eigenen Beerdigung und hören unsere Grabrede: Welches sind die wichtigsten Elemente dieses Nachrufs? Wie möchten wir erinnert

werden? Oder stellen wir uns vor, wir hätten noch ein Jahr zu leben: Was würden wir auf jeden Fall noch machen? Was wäre uns wichtig, welche Dinge würden komplett an Bedeutung verlieren? Eine Volksweisheit besagt, dass heute der erste Tag vom Rest unseres Lebens ist. Wir wissen nicht, wie viel Zeit uns bleibt – besinnen wir uns also frühzeitig auf die wichtigen Dinge, und machen wir uns auf den Weg.

> *Zukunft, das ist die Zeit, in der du bereust, dass du das, was du heute tun kannst, nicht getan hast.*
> ARTHUR LASSEN

Menschen, die sich erfolgreich auf Neues einlassen, verbindet eine Eigenschaft: Sie sind bereit, Verantwortung zu übernehmen für das, was ihnen widerfährt. Denn auch wenn Veränderungen Geduld und Demut erfordern, so ist es doch entscheidend, sein Leben in die Hand zu nehmen, sich als gestaltenden Akteur zu verstehen und nicht als machtloses Opfer. Man kann sich mit Jammern und Schuldzuweisungen gegen andere und die widrigen Umstände als bedauernswertes Opfer darstellen oder mit Anwälten auf juristischem Parkett gegen unliebsame Veränderungen zur Wehr setzen, aber oft sind das Nebenschauplätze, die vom eigentlichen Problem ablenken: dass jemand reaktiv statt aktiv durchs Leben geht, dass er nicht bereit ist, als Unternehmerin in eigener Sache aufzutreten (mehr dazu im dritten Teil S. 262).

Was hilft uns also, mit Veränderungen aktiv umzugehen, statt sie bloss zu erleiden?

Am Anfang steht oft ein spezifisches Problem im Vordergrund, ein akuter Leidensdruck. Jemand kommt ins Coaching und möchte beispielsweise wissen, wie er seine Zeit besser einteilen kann. Nicht selten weitet sich dann die Fragestellung aus, das Problem erweist sich als Indiz eines grösseren Unbehagens, und bald geht es um die viel grundlegendere Frage: «Was will ich überhaupt im Leben? Was ist stimmig für mich?» Der Coach ist dabei Begleiter und Katalysator, der dort andockt, wo die Energie des Klienten spürbar wird. Oft ist das an einem anderen Ort, als der Klient meint. Oder jemand redet stundenlang von einem Problem, um dann in einem Nebensatz, dem er selber keine Bedeutung schenkt, den Kern der Sache zu streifen. Es geht nicht darum, Ratschläge zu erteilen, sondern darum, einen Raum zu schaffen, in dem ein

Mensch erst einmal wahrnehmen kann, was ist. Schon das allein ist für viele sehr hilfreich und kann eine Dynamik in Gang setzen.

Oft hilft es in einer frühen Phase, Druck wegzunehmen und sich von der fixen Idee zu lösen, es müssten sofort spektakuläre Resultate sichtbar werden. Veränderungsprozesse laufen nicht linear ab, und ein radikaler Bruch mit dem Gewohnten ist nicht für alle der richtige Weg. Diese Alles-oder-Nichts-Erwartung blockiert viele. Sie erwarten den grossen Befreiungsschlag, und wenn dieser ausbleibt, deuten sie das als Zeichen ihrer Unfähigkeit.

Mehr Erfolg verspricht die Strategie der kleinen Schritte. Es braucht deshalb nebst Ausdauer vor allem bewusstes Selbstmanagement und ein positives Selbstbild. Im dritten Teil dieses Buches (vgl. S. 247) sind zahlreiche Fragen und Übungen aufgeführt, die sich in Umbruchphasen als hilfreich erwiesen haben. Deshalb nennen wir an dieser Stelle lediglich knapp die wichtigsten Katalysatoren:

Der Schlüssel zum Erfolg ist, zu starten bevor du bereit bist.
MARIA FORLEO

- **Bewusstheit gegen innen:** Vielen fällt es zunächst schwer, einfach wahrzunehmen, was ist. Sie sind getrieben von Hektik, fühlen sich unter Druck, gefangen im starren System ihrer Bewertungen. So ist es schwierig, mit sich selber, auch mit dem unbewussten Teil, in Kontakt zu kommen. Es ist deshalb wichtig, neu hinzuschauen, mit einer phänomenologischen Aufmerksamkeit, die möglichst viele Eindrücke registriert, ohne zu werten. Dabei sind scheinbar simple Fragen hilfreich wie «Was fühle ich gerade jetzt?», «Was tut mir gut?» oder «Wo schöpfe ich Kraft?», aber auch «Was beschäftigt mich im Moment?» oder «Welche Menschen, Themen und Sachen sind wichtig für mich?» Es kommt nicht auf die einzelne Antwort an, sondern auf die Haltung.
- **Bewusstheit gegen aussen:** Wenn wir den Dingen nur durch Nachdenken auf den Grund zu kommen versuchen, laufen wir Gefahr, immer in die gleichen Bahnen abzudriften und Probleme zu wälzen ohne Ergebnis. Die bessere Strategie ist, sich ein Heft anzuschaffen und es permanent auf sich zu tragen. Es geht nicht darum, Tagebuch zu führen im klassischen Sinn, sondern jene Eindrücke festzuhalten, die uns anspringen: Gedanken, Gefühle, Träume, Sinneseindrücke, Personen, die uns beeindrucken oder nerven, verrückte Ideen, auch völlig unpassend Scheinendes, das unsere Aufmerksamkeit erregt. So erfahren wir mehr darüber, wo wir stehen, jenseits aller Pflichten und Selbstbilder. Manchmal erkennen wir in der Reaktion auf Äusseres, was uns innerlich bewegt. Wenn wir diese Eindrücke handschriftlich festhalten, können wir uns besser damit auseinandersetzen, ganz im Sinne von *Max Frisch,* der als Tagebuch-Schreiber wusste: «Schreiben heisst, sich selber lesen.»
- **Würdigung:** Es ist wichtig, auch kleine Schritte zu benennen und damit zu würdigen. Die meisten von uns sind Meister darin, sich klein zu machen – wir messen uns an anderen oder an unserer Idealvorstellung und bleiben stets hinter diesen Ansprüchen zurück. So entsteht leicht der Eindruck, wir würden an Ort treten und es sei sinnlos, weitere Schritte zu wagen. Umso wichtiger ist es, wie mit einer Lupe auf die kleinen Bewegungen zu schauen. Coaches fragen in der Regel nach der zweiten oder dritten Sitzung ihre Klienten, was sich denn verändert

> *Die meisten Menschen geben ihre Macht auf, indem sie denken, sie hätten keine.*
> ALICE WALKER

habe. Überaus oft lautet die erste spontane Antwort: «Gar nichts!» Erst nach mehrmaligem Nachhaken, kommen kleine Fortschritte zur Sprache: Jemand hat sich besser abgegrenzt, eine Frau hat sich gewehrt, statt wie sonst zu verstummen, ein Dritter hat sich eine halbe Stunde für einen Spaziergang Zeit genommen. Meist kommt dann gleich der Nachsatz: «Aber sonst ist alles noch beim Alten.» Doch solche kleinen Schritte sind oft Vorboten einer grösseren Veränderung, die in Bewegung kommt. Es ist, wie wenn Holzspäne Feuer fangen, so dass man bald schwerere Scheite nachlegen kann. Es hilft, sich im Kleinen auf Veränderung einzustimmen: andere Wege zu gehen, wieder einmal ein Instrument zu spielen, eine neue Sportart auszuprobieren. Es sind wichtige Signale an unser Unbewusstes, dass es keinen Grund gibt für übertriebene Ängstlichkeit.

- **Vernetzung:** Sich zu verändern, kann harte Arbeit sein. Sie gelingt eher, wenn man dabei nicht alleine ist. Verbringen Sie Ihre Zeit möglichst mit Menschen, die Ihnen gut tun. Das klingt selbstverständlich, aber nicht selten legen uns gerade die Menschen, die uns sehr lange kennen, Steine in den Weg, weil sie von uns Erklärungen oder Rechtfertigungen wollen zur Unzeit oder uns umstimmen wollen, weil sie selber sich vor Veränderung fürchten. Oft ziehen Ver-

änderungen schmerzhafte Trennungen nach sich, gleichzeitig ergeben sich Kontakte zu neuen Freunden und Mentoren, die uns mehr an unserem Potenzial messen als an dem, was wir bis zu diesem Tag waren. Gehen Sie auf neue Leute zu, holen Sie sich Inspiration und Unterstützung, seien Sie wählerisch!

> *Auf Reisen hol dir Auskünfte von Reisenden und nicht von einem, dessen Lahmheit ihn an einem Platz festhält.*
> RUMI

- **Stille:** Wir werden pausenlos von Reizen überflutet, konsumieren News ohne Ende, kommunizieren auf allen Kanälen. Höchste Zeit, sich nicht länger gewohnheitsmässig berieseln zu lassen, sondern bewusst zu entscheiden, welchen Reizen wir uns aussetzen. Gerade wenn wichtige Entscheidungen anstehen oder wir unter grossem Druck stehen, ist es nicht einfach, Stille auszuhalten. Es lohnt sich aber, denn die Momente wirklicher Ruhe sind x-fach wertvoller als jede neue Nachricht und jedes Agieren im Alltagstrott. Erkannt ist das relativ rasch, die Umsetzung ist schwieriger. Organisieren Sie sich solche Auszeiten! Das können Wanderungen in der Natur sein, eine Visionssuche nach schamanistischer Tradition oder auch nur Termine in eigener Sache, die ihren festen Platz im Kalender bekommen.
- **Egoismus:** Manche Menschen geben zu bedenken, es sei doch egoistisch, mehr auf die eigenen Gefühle und Wünsche zu hören und sich nicht länger an dem zu orientieren, was als «normal» gilt. Und viele fragen, ob dieses oder jenes, was sie empfinden, eigentlich normal sei – so als wäre unsere wichtigste Aufgabe, nicht aus der Norm zu fallen, schön den Durchschnitt zu verkörpern. Es ist grundsätzlich unsere eigene Entscheidung, ob wir die Ziele anderer verwirklichen oder unsere eigenen. Auf uns zu achten und dafür zu sorgen, dass wir gesund und in Balance sind, ist kein schädlicher Egoismus, sondern unsere wichtigste Aufgabe. Nur wenn wir sie ernst nehmen, können wir dauerhaft Sinnvolles und Gutes bewirken – auch für andere. Dazu gehört, dass wir immer wieder der Durchschnittsfalle entgehen und uns trauen, von der Norm abzuweichen. Die Norm ist sowieso eine Fiktion und die normale, lineare Karriere ist ein Auslaufmodell.

> *Die Normalität ist*
> *eine gepflasterte Strasse;*
> *man kann gut darauf gehen –*
> *doch es wachsen*
> *keine Blumen auf ihr.*
> VINCENT VAN GOGH

Kaum jemand wendet heute noch das, was er gelernt hat, ein Leben lang an. Arbeit wird zunehmend ausserhalb von Unternehmens- und Branchengrenzen organisiert, Aus- und Umstiege werden normal. Noch nie war die Zeit günstiger für Quereinsteigerinnen und Quereinsteiger, noch nie war lebenslange Lernbereitschaft mehr gefordert als heute. Umso wichtiger ist es, offen und beweglich zu sein, die Antennen auf Empfang zu haben und die Tür zu öffnen, wenn ein Zufall anklopft.

- **Inspiration:** Die Einflüsse, denen wir uns aussetzen, hinterlassen Spuren in unserem Gedächtnis und im Unbewussten. Sie prägen unser Weltbild und beeinflussen unser Selbstbild. In Veränderungsphasen reagieren wir noch sensibler darauf. Es ist also hilfreich, sich auf Menschen und Geschichten zu konzentrieren, die Mut machen, weil solche Vorbilder uns in Bewegung bringen und zu einer Art virtuellem Netzwerk werden, das uns vor den Kritikern und inneren Saboteuren schützt oder ihre Stimmen relativiert. Wichtig ist aber, die Vorbildfiguren als Inspiration zu nutzen und sich nicht mit ihnen zu messen. Erinnern wir uns daran, dass es keinen objektiven Gradmesser für das Gelingen von Veränderungen gibt. Der Angestellte, der nach einer Krise wieder in seinen Job zurückkehrt, ihm aber mit anderer Einstellung und mit grösserer Befriedigung nachgeht, hat einen weiteren Weg zurückgelegt und mehr verändert als seine Kollegin, die regelmässig Job und Wohnung kündigt und die Partner wechselt, aber Gefangene ihrer Verhaltensmuster bleibt.
- **Träumen ohne Zensur:** Wenn Menschen sagen, sie hätten keine Ideen oder keine Träume für ein besseres Leben, ist das meist nur die halbe Wahrheit. In der Regel sind sie einfach stark darin, sich ihre Ideen und Träume selber auszureden. Kreative Menschen haben nicht zwingend mehr Ideen als andere, aber sie schützen ihre Ideen und Träume besser. Eine einfache Technik, wie das gelingt, hat der Berater und NLP-Trainer Robert B. Dilts entwickelt. Seine Disney-Methode, benannt nach dem Zeichentrickfilmpionier Walt Disney, bietet eine gute Struktur für Innovationsprozesse. Dilts empfiehlt, ein Thema – zum Beispiel die berufliche Neuorientierung – aus drei Perspektiven zu betrachten: Jener des Träumers, jener des Realisten und jener des Kritikers. Entscheidend ist, die drei Perspektiven nicht zu vermischen. Wenn der Träumer redet, haben der Realist und der Kritiker nichts zu sagen. Sie kommen erst später bei der Umsetzung und kritischen Prüfung zum Zug.

- **Tun:** «Tun ist wie Wollen, nur krasser» – dieser in Unternehmerkreisen verbreitete Spruch bringt ganz gut auf den Punkt, warum man sich an Wendepunkten nicht endlos den Kopf zerbrechen sollte. Es hilft selten weiter, sich im stillen Kämmerlein endlos mit Fragen zu quälen wie «Wer bin ich? Was will ich eigentlich? Was ist mir wichtig?». Hilfreicher ist es, möglichst schnell ins Tun zu kommen. Nur durch das Handeln und durch das Annehmen der Herausforderungen, vor die uns das Leben stellt, machen wir neue Erfahrungen und erfahren dadurch auch, wer wir sind. Gemeint ist nicht blinder Aktivismus, sondern ein Handeln, das uns in Berührung mit unseren Grenzen bringt. Denn an unseren Grenzen können wir wachsen. Wer immer nur tut, was er schon kann, beraubt sich der Chance, über sich hinauszuwachsen. Es lohnt sich deshalb, immer wieder den eigenen Impulsen zu folgen, auf Menschen zuzugehen, Dinge auszuprobieren, Versuchsballone zu starten. Entscheidend ist nicht, dass alles gelingt, sondern dass wir mit der Magie des Handelns in Berührung kommen.

> *Du kannst nicht auf einer Klaviertastatur schwimmen lernen.*
> MILTON ERICKSON

- **Gestalten statt Planen:** Veränderungen machen auch deshalb oft Angst, weil sie uns der Illusion berauben, wir könnten die Dinge planen und im Griff haben. Die meisten Unternehmen wenden viel Zeit und Energie auf für die Erstellung von Budgets – und stellen dann ernüchtert fest, dass sich die Realität selten an die Pläne hält. Gerade in instabilen Zeiten macht es keinen Sinn, einen immensen Planungsaufwand zu betreiben. Wichtiger ist vielmehr die Fähigkeit zum Gestalten und Improvisieren. Im Rahmen einer Studie der Universität Virginia ist untersucht worden, was erfolgreiche Mehrfachgründer besonders auszeichnet. Das Fazit lautet knapp zusammengefasst: «Handeln schlägt Planen.» Erfolgreiche Unternehmerpersönlichkeiten sind keine Perfektionisten, sondern sie holen aus den vorhandenen Ressourcen und Rahmenbedingungen ein Maximum heraus. Bildhaft gesprochen: Sie suchen vor dem Kochen nicht das perfekte Rezept, kaufen alle Zutaten ein, kochen Schritt für Schritt nach Anleitung und bewirten dann die eingeladenen Gäste. Vielmehr dünsten sie erst mal Zwiebeln an, schauen dann, was noch im Kühlschrank ist, improvisieren damit und klopfen vielleicht noch bei den Nachbarn an, um zu fragen, wer etwas beisteuern und mitessen will. Wissenschaftler bezeichnen dies als Effectuation-Ansatz. Auf Veränderungssituationen übertragen könnte das heissen: Es braucht nicht immer eine zusätzliche Ausbildung oder einen perfekten Businessplan. Manchmal ist es erfolgversprechender, aus den bereits vorhandenen Ressourcen zu schöpfen und mit Gleichgesinnten etwas auf die Beine zu stellen.

Wie viel Veränderung braucht es, wie viel ist wünschenswert und wie viel realistisch? Die Antworten auf diese Fragen fallen sehr unterschiedlich aus, je nachdem, wen man fragt. Im zweiten Teil dieses Buches stellen wir Ihnen 38 Menschen vor, die aus- und umgestiegen sind. Einige von ihnen haben Tellerwäscherkarrieren gemacht, andere haben Verdienst- und Statuseinbussen in Kauf genommen, wieder andere sind zunächst einmal ganz ausgestiegen und gehen heute einer Tätigkeit nach, von der sie gar nicht wussten, dass man damit seinen Lebensunterhalt verdienen kann. Eines ist aber allen Porträtierten gemeinsam: Sie haben mehr in sich als um sich geschaut – massgebend war nicht, was andere machen, sondern was sie selber begeistert. Und sie haben den Mut aufgebracht, wenn nötig den beschwerlichen Weg durchs Dickicht einzuschlagen, statt auf der gut beschilderten Strasse im gewohnten Trott weiterzugehen. Über die Strapazen beschwert hat sich keiner von ihnen, ganz im Gegenteil. Es sieht so aus, als setzten Veränderungen neue Kräfte frei.

Ich habe verrückte Träume und eine riesige Lust, einige davon zu verwirklichen.

JACQUES BREL

aus steigen

Teil 2: Interviews und Porträts

um steigen

ADELMANN HANS
Der Aussteiger, der glücklich statt reich werden wollte

23.2.2013

«Hat man wenig Geld und viel Zeit, ist schon viel gewonnen»

Er war der erste Mitarbeiter seines Halbbruders Frank Stronach, der es später zu Reichtum und Ruhm brachte, doch Hans Adelmann spürte bald, dass er nicht Erfolg anstrebte, sondern stilles Glück. 50 Jahre später hat Adelmann ein Loblied auf das einfache Leben und die vielen Wunder am Wegrand verfasst. Sein Bruder kämpft derweil mit 25 Millionen Euro um die Wählergunst in Österreich.

Herr Adelmann, Sie haben ein Buch geschrieben über das einfache Leben und das Glück in der Stille. Nun eilen Sie seit drei Wochen von Medientermin zu Medientermin. Fühlen Sie sich nicht im falschen Film?

HANS ADELMANN: Für einen Laien im Umgang mit Medien ist das eine sehr interessante Erfahrung, in kurzer Zeit mit über 40 Print-, Radio- und Fernsehjournalisten zu tun zu haben. Erstaunlicherweise war ich sogar vor den TV-Auftritten ganz ruhig, mein Puls lag 10 Schläge tiefer als im Normalfall.

Wie wäre das Echo ausgefallen, wenn Sie nicht der Halbbruder des Unternehmers und Multimilliardärs Frank Stronach wären, der gerade die österreichische Politik aufmischt?

Dann hätte kaum jemand von meinem Büchlein Notiz genommen. Ich werde immer das Anhängsel meines Bruders sein, dessen bin ich mir bewusst. Ohne ihn wäre ich nicht von Interesse für die Medien. Einmal hat mich eine Journalistin um 23 Uhr angerufen, um mich zu fragen, ob mein Bruder schon einmal fremdgegangen sei. Frank polarisiert, aber ich habe nicht die Absicht, Öl ins Feuer zu giessen. Ich war immer stolz auf Frank, der in seinem Leben 300 Firmen gegründet und mit Magna den grössten Autozulieferer der Welt aufgebaut hat. Und Frank war immer gut zu uns, hat uns unterstützt.

Gleichwohl könnten Sie und Ihr Halbbruder kaum gegensätzlicher sein. Hier der pensionierte Schulhausabwart mit einer Vorliebe für die Einsiedelei, dort der 80-jährige Milliardär, der 25 Millionen Euro in den Wahlkampf steckt und mit dem Privatjet durch die Welt jettet. Wie oft sehen Sie sich?
Wir haben uns mehr als 20 Jahre nicht mehr gesehen. Immer, wenn ich anrief, um etwas abzumachen, sagte seine Frau, Frank sei gerade in Tokio oder in Brasilien oder sonst wo in der weiten Welt. Selbst wenn er ans WEF nach Davos kommt, hat er so viele Termine mit wichtigen Leuten, dass er nicht einfach einen Abstecher nach St. Gallen machen kann. Wir telefonieren ein paar Mal pro Jahr und bleiben so in Kontakt.

Haben Sie gemeinsame Themen?
Wir reden über die Familie, die Gesundheit. Über Geschäftliches oder Politik unterhalten wir uns kaum. Ausser einmal, da fragte ich, warum er sich das noch antut in seinem Alter, dieses schmutzige Geschäft der Politik. Er sagte, er habe nichts zu verlieren ausser Geld, und davon habe er genug. Frank war zeitlebens extrem ehrgeizig, ein Workaholic, und jetzt ist er halt in politischer Mission unterwegs. Natürlich hat er auch die Erfahrung gemacht, dass man mit Geld viel verändern kann. Macht macht Geld und Geld verleiht Macht.

Sie waren Frank Stronachs erster Mitarbeiter, als er in Toronto seine Autozulieferfirma aufbaute. Warum haben Sie es dort nicht lange ausgehalten?
Wir waren einfach zu verschieden. Frank war ein Perfektionist, besessen davon, der Beste zu sein. Man konnte die Arbeit nie gut genug machen für ihn. Einmal fertigte ich an der Drehmaschine einen Bolzen, mit dem man Löcher in die Pleuelstangen schlagen konnte. Ich hatte den Bolzen schon poliert, aber Frank war unzufrieden, er verlangte eine zweite, dritte, vierte Version. In die-

ser Zeit überlegte ich, was ich vom Leben wollte, ob es wirklich mein Ziel war, mich hier abzurackern, um mir dann 3 TV-Geräte und ein Luxusauto leisten zu können. «Frank», sagte ich, «ich will nicht reich werden, ich will glücklich sein.» Er entgegnete: «Wie kannst du glücklich sein, wenn du faul bist?» «Ein Ochse ist auch fleissig», sagte ich. «Trotzdem ist er niemals glücklich. Er ist kastriert und der Bauer treibt ihn beim Pflügen mit einem Stachel an.» Frank sagte nur: «Ich habe nicht vor, ein Ochse zu sein. Einmal werde ich den besten Champagner trinken.»

Sie haben dann mit Ihrer Frau viele Reisen gemacht und ein einfaches Leben geführt. Haben Sie Reichtum und Glück als Gegensätze empfunden?
Wer immer der Beste sein will, verdient viel Geld, aber er bleibt unter Umständen der Gefangene dieses Bestrebens. Mir war klar: Um glücklich zu sein, muss ich frei sein. Das gelingt eher, wenn ich ein einfaches Leben führe. Der wahre Luxus ist doch, Zeit zu haben und bewusst unterwegs zu sein. Vor 20 Jahren fragte mich Frank, ob ich nicht in einem seiner Betriebe in den Rocky Mountains Hauswart werden möchte. Ich wusste sofort, dass ich – wie alle seine Mitarbeiter – sehr viel verdienen und sehr viel arbeiten würde. Ich hätte also keine Zeit mehr gehabt für alles, was mir wichtig ist, die Berge, die Tiere, die Natur. Ich sage nicht, dass mein Weg richtig ist und seiner falsch, aber ich glaube, jeder Mensch tut gut daran, intensiv darüber nachzudenken, was er braucht, um glücklich zu sein. Geld wird oft mit Freiheit in Verbindung gebracht. Ich habe die Erfahrung gemacht: Eigentum belastet. Ich besitze fast nichts und habe deshalb auch keine Verlustängste.

> *Wir bereuen immer nur das, was wir nicht getan haben.*
> MARCEL PROUST

Deshalb macht ein einfaches Leben glücklicher?
Hat man wenig Geld und viel Zeit, ist schon viel gewonnen. Die Reisen, die ich als junger Mann praktisch ohne Geld mit Rucksack und Schlafsack unternommen habe, gehören zu meinen schönsten Erinnerungen. Die viele Zeit, die ich in der Natur verbringen durfte, hat mich sehr geerdet. Ich bin über 2000 Mal auf die Hundwiler Höhe gestiegen, habe den Berg und den Wald und das Firmament gesehen und gefühlt, dass ich nicht alleine bin. Das Glück

liegt am Wegrand, man muss es nur sehen. Wer einfach lebt, hat einen besseren Blick für das Wesentliche.

Nach Ihrer Pensionierung gingen Sie als Pilger auf den Jakobsweg. Das machen inzwischen auch Manager ganz gerne.

Tatsächlich, ich war während dreier Tage mit einem deutschen Siemens-Manager unterwegs, der 5000 Leute unter sich hatte. Er sagte mir später, das sei die beste Erfahrung seines Lebens gewesen, unendlich viel wertvoller als Luxusferien auf den Malediven. Ich bin in zwei Tranchen 3400 Kilometer gewandert, von St. Gallen bis ans Kap Finisterre. Die ersten drei Wochen waren zum Heulen, alles tat weh, man ist auf sich selber und seine Probleme zurückgeworfen. Irgendwann wird es unbeschreiblich schön. Auf der Meseta-Hochebene beobachtete ich längere Zeit eine Lerche. Schliesslich begleitete der Vogel mich über mehrere Kilometer. Es war ein sehr seltsames Erlebnis, weil ich das bestimmte Gefühl hatte, es könnte mein 1968 verstorbener Vater sein, der mir da zur Seite stand. So etwas ist in der Alltagshektik nicht möglich.

Sie sind nun 73-jährig und seit einem Hirnschlag 2005 auf Blutverdünner angewiesen. Was wünschen Sie sich noch für Ihr Leben?

Ich bin sehr dankbar für alles und habe keine Angst vor dem Tod. Es wäre schön, auf einer Wanderung zu sterben und dann auf der Hundwiler Höhe am Waldrand begraben zu werden. Ich brauche kein Monument. Mit dem Abschied eilt es mir aber nicht, denn ich würde zu gerne meine Enkelkinder noch aufwachsen sehen. Bis vor kurzem gab es in unserer Familie ausschliesslich Mädchen, jetzt hat meine Tochter im letzten Herbst einen Sohn zur Welt gebracht. Seither wünsche ich mir, meinen Enkel später zum Pilzsuchen mitzunehmen, ihm zu zeigen, wo man die schönsten Steinpilze findet, welche Blumen und Tiere es gibt. Wer weiss, vielleicht werde ich ja 95-jährig mit Blutverdünner. Dank meinem Buch wird in jedem Fall etwas von meinen Erfahrungen an die nächsten Generationen weitergegeben. ■

Kontakt: *adelmann@hispeed.ch*

Literatur: *Hans Adelmann ‹Einfacher leben›, Edition A, Wien 2013*

AEBY CHRISTIAN
Vom Werbefilmer zum Bäcker

30.8.2021

Das Brot seiner Kindheit

Christian Aeby rückte als Werbefilmer die Swiss oder BMW ins beste Licht. Mit sechzig legte er die Kamera beiseite und nahm den Sauerteig zur Hand. Nun macht der Basler als Bäcker in Hamburg von sich reden.

Nein, brotlos war sein Job nicht gewesen. Als Regisseur hatte der Basler Christian Aeby jahrelang die Werbefilme von Weltmarken verantwortet. 100 000 Euro und mehr kostete ein Drehtag mit ihm, für aufwendige Werbeclips zahlten die Kunden bis 2,5 Millionen Euro. Unvergessen bleibt für Aeby der Imagefilm «Campari Soda» für die Swiss, welcher der neuen Fluggesellschaft nach dem Debakel der Swissair ein positives Image verleihen sollte. Wenn Aeby in seiner Hamburger Wohnung darüber spricht, wie er das Wolkenmeer und andere Schlüsselszenen eingefangen hat, spürt man nochmals seine Passion für das Filmmetier.

Aber eigentlich ist das gefühlt schon ewig her. Denn nach jahrzehntelang erfolgreicher Arbeit hat Aeby der Branche mit gut sechzig den Rücken zugekehrt. Er sei schlicht «aus der Zeit gefallen», sagt er lakonisch und präzisiert dann, der Kostendruck habe massiv zugenommen, weil nach der Erfindung der Smartphones der Eindruck aufgekommen sei, jeder könne Filme machen und teure Fachleute seien entbehrlich. Der erfahrene Profi fühlte, wie die

Wertschätzung für seine Arbeit abnahm, und als bei einem Dreh mit einem Kleinkind die Produktionsleitung zur Unzeit reinfunkte und Aeby just in dem Moment stoppte, als er die gewünschte Stimmung filmisch hätte festhalten können, da wurde ihm schlagartig klar: Es war höchste Zeit, noch einmal etwas Neues in Angriff zu nehmen.

Der Wahlhamburger Christian Aeby lancierte seine zweite Karriere mit einem selbst gezimmerten Marktstand, der halb so gross war wie die kleinste im Handel erhältliche Version. Klein, aber fein – so lautete seine Maxime, und folgerichtig hatte er nur ein einziges Brot im Angebot und verteilte kleine Stücke davon veredelt mit gesalzener bretonischer Butter an die Passanten. Und siehe da, viele von ihnen machten nach einigen Schritten kehrt, kamen zurück an den kleinsten Marktstand Hamburgs und wollten wissen, was das für ein Brot sei.

Es gab darauf eine sachliche und eine emotionale Antwort. Die emotionale ging so, dass der Basler Aeby nach seinem Umzug in die Medienstadt Hamburg wenig vermisste, eines aber schmerzhaft: das dunkel gebackene, knusprige Sauerteigbrot aus der Heimat. Er erinnere sich noch genau, wie er als 5-Jähriger die Bäckerei Trautwein in Riehen betreten habe, erzählt der 63-jährige weitgereiste Unternehmer, er höre noch heute den Klang der Türglocke, das Knarren des Bodens, das Rascheln des Papiers, in das die Bäckerin das Brot eingepackt habe. In den ersten Jahren in Hamburg zu Beginn der Neunzigerjahre habe er das Brot seiner Kindheit so sehr vermisst, dass er seine Mutter regelmässig beauftragt habe, ihm welches zukommen zu lassen. Als Kurier diente jeweils der ICE-Zug Basel–Hamburg, der die wertvolle Fracht zuverlässig transportierte, ohne dass jemand davon wusste, erzählt Aeby lachend. Seine Mutter stellte die mit Brot gefüllte Tasche in Basel in den Zug, der Sohn holte sie acht Stunden später in Hamburg glücklich heraus.

> *Wenn es einen Glauben gibt, der Berge versetzen kann, so ist es der Glaube an die eigene Kraft.*
> MARIE VON EBNER-ESCHENBACH

Das Essen hat in Christian Aebys Leben immer eine wichtige Rolle gespielt; er gehört zu jenen Menschen, die Kochen als Kunstform verstehen und problemlos sechs Stunden in der Küche stehen können für ein besonderes Gericht. Als dann sein älterer Bruder erzählte, er habe sich in einem Kurs in die Kunst der Sauerteigkultivierung einführen lassen, begann auch Christian Aeby zu pröbeln und zu backen, vorerst in Randstunden und dann immer exzessiver. Was er beim Bäcker Nino Ardilio am Genfersee schliesslich gelernt und perfektioniert hatte, funktionierte in Hamburg mit deutschem Bio-Mehl zunächst nicht, aber nach Jahren des Tüftelns und Testens war das perfekte Mehl gefunden, die Ascorbinsäure durch Acerola-Kirschenpulver ersetzt, kurz: Aeby hatte eine Formel gefunden, die so gut war, dass er nicht anders konnte, als in einen Holzkohle-Ofen zu investieren und zu Markt zu fahren mit seinem Brot.

Als die Schlange vor seinem Marktstand dann immer länger wurde und immer mehr Brotliebhaber sich erkundigten, wo er seinen Laden habe, wurde aus dem Liebhaberprojekt endgültig sein neuer Broterwerb. Aeby fand ein kleines Ladenlokal in Hamburg-Eimsbüttel unweit seines Wohnortes, richtete es – Werbeprofi bleibt Werbeprofi – puristisch ein, gab ihm den simplen Namen «bread.» und fand auf abenteuerlichen Wegen einen Lieferanten für das Seidenpapier in leuchtend pinker Farbe, das er sich in den Kopf gesetzt hatte und das im Kontrast mit dem schwarzen Interieur, dem schwarzen Tresen und der dunklen Brotkruste ein hervorragender Werbebotschafter wurde.

Darüber hinaus musste sich der Werber Aeby nicht um die Bewerbung seines Brots kümmern. Die Geschichte wurde zum Selbstläufer. Eines Morgens streckte ihm eine Stammkundin am Marktstand begeistert die neuste Ausgabe der Hamburger Morgenpost entgegen und Aeby stellte verwundert fest, dass er selber es war, der da von der Titelseite jener Zeitung grüsste, die er seit fast 30 Jahren las. Das Gourmetmagazin Falstaff hatte ihn mit der Auszeichnung «Hamburgs bester Bäcker» geadelt, ihn, den Quereinsteiger, der von sich sagt, er sei ja gar kein Profi, sondern ein Liebhaber, der nur ein einziges Brot in vier Varianten herstellen kann: die Baguette-ähnlichen Formen Flûte und Stange, den 3,6-Kilo-Brotlaib «Hammer» und vier miteinander verbundene Bürli, alles mit weichem, luftigem Kern und dunkler, knuspriger, aromatischer Kruste.

Diese Konzentration auf ein einziges Produkt und dessen Perfektionierung hat ihren eigenen Reiz. Als Aeby in seiner Wohnung zu einem Exkurs über die Launen des Sauerteigs ansetzen will, wird er durch einen Anruf unterbrochen. Ein Google-Angestellter, der offenbar genug hat vom täglichen Umgang mit Algorithmen, möchte von Aeby wissen, wie er vorgehen soll, wenn er in Berlin eine eigene Bäckerei eröffnen möchte. Er vertröstet ihn auf später und führt seinen Gedanken zu Ende: Man müsse «den Sauerteig täglich füttern und bei Laune halten wie ein Haustier». Neuerdings füttere er ihn sogar zweimal pro Tag, das erhöhe die Triebkraft. «Man lernt nie aus, es geht immer noch besser», sagt Aeby mit dem Strahlen eines kleinen Jungen, und man kann sich in diesem Moment gut vorstellen, warum er nicht nur einen gelernten Bäcker, sondern auch einen Mathematiker und einen Philosophen beschäftigt in seiner Bäckerei. Und warum er so gerne selber in der Backstube steht und Schichten übernimmt, die manch einen Jüngeren abschrecken würden. «Wenn man ein Blech mit gut geratenen Broten aus dem Ofen zieht, ist alle Müdigkeit vergessen», sagt Aeby. Die neuste Innovation in Sachen Produktentwicklung: Die Flûtes werden seit wenigen Wochen gezwirbelt, weil sie dann besser aufgehen.

Es ist nicht unbedingt schlecht, wenn dein Leben mal kopfsteht. Das ist wie bei Shampoo-Flaschen: Manchmal kommt dann mehr raus.
UNBEKANNT

Doch nun stehen grössere Schritte an: Nach der Expansion nach Berlin, wo Aebys Sohn Giani und Neffe Lucas das Bread-Brot backen und auf dem Markt verkaufen, will der Basler sein Brot nun in seine Heimat zurückbringen. Eine Bäckerei mit geeigneten Öfen, die in seinem Auftrag backen wird, hat er schon vor längerer Zeit gefunden. Nun hat Aeby auch den Mietvertrag für ein eigenes Ladenlokal am Rhein unterzeichnet: Ab September wird das Brot seiner Kindheit auch in Basel wieder verkauft. Besonders seine Mutter, die im Alter von 86 Jahren noch mit der Drohne Felder überfliegt, um Rehkitze zu retten, wird sich darüber freuen.

***Information:** www.bread.love*

7.4.2012

ASSIG DOROTHEA **ECHTER DOROTHEE**

Warum Leistung nicht bei der Profilierung hilft

«Die besten Jobs sind niemals ausgeschrieben»

Welche Faktoren entscheiden darüber, ob jemand Mitläufer oder Leitfigur wird? Gibt es Bausteine für eine grosse Karriere? Die Topmanagement-Beraterinnen Dorothea Assig und Dorothee Echter gehen dieser Frage seit 15 Jahren nach. In ihrem Buch zeigen sie, weshalb viele Menschen unter ihren Möglichkeiten bleiben und warum wir uns leichter mit Misserfolg als mit Erfolg identifizieren.

Frau Assig, Frau Echter, Sie haben ein Buch darüber geschrieben, wie grosse Karrieren gelingen. Was ist das eigentlich, eine grosse Karriere?

DOROTHEA ASSIG: Das zeigt sich immer in dem Feld, in dem jemand herausragt. Wir beraten seit über 20 Jahren exponierte Persönlichkeiten in der ganzen Welt, Manager, Künstler, Wissenschaftler, Politiker, Sportler und andere Berufsleute. Seit 15 Jahren beschäftigen wir uns mit der Frage: Worin unterscheiden sich jene, die in ihrem Umfeld als Leitfiguren gelten, von den vielen anderen, die eher Mitläufer sind? Was zeichnet die aus, welche die Richtung vorgeben? Wir sind zum Schluss gekommmen: Es ist nicht die Leistung, die den Unterschied ausmacht. Leistung wird heute vorausgesetzt, das ist auf hohem Niveau kein Profilierungskriterium.

DOROTHEE ECHTER: Es geht auch nicht um Zufall oder Glück, auch wenn viele Erfolgreiche das selber glauben. Alle grossen Karrieren folgen einer universellen inneren Dynamik. Wir haben die fünf entscheidenden Dimensionen entdeckt, mit denen Menschen ein Maximum aus ihren Möglichkeiten herausholen können. Es gibt so viele Mythen und trügerische Ratgeber zum Thema Karriere – hier tut mehr Klarheit not.

Könnte es sein, dass viele der sehr Erfolgreichen nie ein Buch gelesen haben über die Frage, wie man Karriere macht?

ECHTER: Das ist gut möglich, jedenfalls sagen viele von ihnen verwirrende Sachen, wenn sie nach den Gründen ihres Erfolgs gefragt werden. Manche machen tatsächlich eine grosse Karriere, ohne die Regeln zu kennen. Viele andere aber stagnieren frühzeitig, weil sie sich komplett falsche Vorstellungen von den entscheidenden Faktoren machen. Sie denken, eine grosse Karriere mache einsam, man müsse sich dafür verbiegen, müsse andere ausnutzen und zum Egomanen werden.

ASSIG: Oder sie glauben, es zahle sich aus, sich über Kritik an anderen zu profilieren. Tatsächlich gewinnt der Aufmerksamkeit, der andere kritisiert, aber er erhält dafür weder Wertschätzung noch Gefolgschaft. Kritik ist immer ein Karrierekiller, eine Zeitverschwendung. Besser ist es, den Fokus darauf zu richten, wofür man steht und wie man die Welt verbessern möchte. Es ist eine folgenschwere Grundsatzentscheidung, ob man ein Problemvergrösserer oder ein Problemlöser sein will.

> *Der Gefahr aus dem Weg zu gehen ist auf lange Sicht nicht sicherer als sich ihr zu stellen.*
>
> HELEN KELLER

Am Anfang vieler grosser Karrieren steht doch nicht der Drang zur Weltverbesserung, sondern das Bedürfnis nach Profilierung und Anerkennung.

ASSIG: Entscheidend sind die fünf folgenden Kompetenzen: Die Ambition wachsen lassen – Das Können entwickeln – Die Psyche stabilisieren – Positive Resonanz erzeugen – Die eigene Bühne gestalten. Zu Beginn einer Karriere geht es tatsächlich oft darum, das eigene Ego aufzuladen und zu stärken. Wer in einem Konzern aufsteigen will, braucht eine Portion Selbstüberhöhung.

Kein Mensch kann sich auf gänzlich realistischer Grundlage einbilden, er sei in der Lage, eine grosse Organisation zu führen. Nur wenn er sich diese Fähigkeit selber zuschreibt, sind auch die Angestellten dazu bereit.
ECHTER: In einer zweiten Karrierephase ist dann allerdings nicht mehr Egomanie gefragt, sondern psychische Disziplin und Kontrolle des Egos. Nachhaltig gelingende Karrieren sind immer stark wertegetrieben. Nur so lösen sie dauerhaft positive Resonanz aus.

Inwiefern unterscheidet sich die Ambition, die Sie als Fundament jeder Karriere bezeichnen, vom simplen beruflichen Ehrgeiz?
ASSIG: Ambitioniert bedeutet anspruchsvoll – bezogen auf die eigenen Ziele, aber auch auf das Umfeld. Ambition will etwas in die Welt bringen, etwas schaffen, was über die eigene Person hinausreicht und andere beflügelt. Ehrgeiz dagegen kann sich auf Äusserlichkeiten wie Geld, Macht oder Berühmtheit beschränken.

Wie entsteht Ambition?
ASSIG: Die Frage ist vielleicht eher, wie Ambition verkümmert. Kinder sind angetrieben von Lerneifer, saugen das Neue auf wie ein Schwamm, wollen alles wissen. Dann werden sie darauf getrimmt, keine Fehler zu machen, ihre Fertigkeiten in einem Bereich zu perfektionieren, einen sicheren Job zu finden. Viele Menschen bauen zu stark auf die Pfeiler Geld und Sicherheit und geben sich mit einem Bruchteil dessen zufrieden, was möglich wäre. Ich kenne zahlreiche Manager, die in der Zufriedenheitsfalle stecken. Sie beugen sich fremden Erwartungen und werden so fürstlich für ihre Anpassung entlöhnt, dass sie lieber ihr Gesicht verlieren, als auf die Belohnung zu verzichten. So machen sie mittelprächtige statt grosse Karrieren.
ECHTER: Es gibt eine einfache Frage, die hilft, den eigenen Antrieb besser zu verstehen: Dominiert der Wunsch, etwas zu bekommen, oder das Bedürfnis, etwas in die Welt zu bringen?

Sie betonen die Bedeutung einer stabilen Psyche. Dabei gibt es viele Beispiele von psychisch labilen Persönlichkeiten, die Grossartiges geschaffen haben.
ECHTER: Wir sagen damit nicht, sehr erfolgreiche Menschen dürften keine

Hochs und Tiefs durchleben. Aber Menschen, die eine grosse Karriere machen, verstehen es, ihre Emotionen zu regulieren. Wichtig ist, zu verstehen, dass unsere Psyche grundsätzlich nicht auf eine grosse Karriere vorbereitet ist und sich das Unbewusste deshalb oft gegen Erfolg wehrt. Es weiss, dass es viel bequemer ist, von Ruhm zu träumen, als sich wirklich auf die grosse Bühne zu stellen. Den meisten Menschen fällt es leichter, sich mit Misserfolg als mit grossem Erfolg zu identifizieren.

ASSIG: Es gibt viele Beispiele, die zeigen, dass Menschen im Moment des Durchbruchs eine Art Erfolgsschock erleiden: Das kann von plötzlichem Leistungsabfall bis hin zu Erstarrung, Depression oder Grössenwahn reichen. Wer sich unbewusst vor Erfolg fürchtet, nimmt Zuflucht zu Glaubenssätzen wie: «Als Künstler lebe ich am Existenzminimum, es sei denn, jemand entdeckt mich.» Oder: «Als Frau schaffe ich es nicht bis ins Topmanagement, weil das Unternehmen männlich geprägt ist.» Oder bei Sportlern: «Ich bin vom Verletzungspech verfolgt.»

> *Lass dich nicht davon abbringen, was du unbedingt tun willst. Wenn Liebe und Inspiration vorhanden sind, kann nichts schiefgehen.*
>
> ELLA FITZGERALD

Manche dieser Sätze sind ja nicht a priori falsch.

ASSIG: Aber sie unterliegen einem grundsätzlichen Missverständnis. Es ist nämlich nicht so, dass sehr erfolgreiche Menschen eines Tages auf die perfekte Bühne gebeten würden – sie schaffen sich diese Bühne selber. Sehr viele Menschen arbeiten nicht in dem Umfeld, in dem sie sich ideal entfalten können. Es ist deshalb eine ebenso schwierige wie wichtige Aufgabe, zu spüren, welches die richtige Bühne ist, und trotz ungewissem Ausgang alles daran zu setzen, diese Bühne zu betreten. Die besten Jobs sind niemals ausgeschrieben – sie werden von den Erfolgreichen selbst geschaffen. ■

Kontakt und Information: *AssigundEchter@topmanagement-seminare.com, www.topmanagement-seminare.com*

Literatur: *Dorothea Assig / Dorothee Echter ‹Ambition. Wie große Karrieren gelingen›, Campus Verlag 2012*

BANGERTER YVES
One-Way-Ticket nach Chile
statt Karriere in Zürich

10.12.2011

«Wer nie etwas probiert, gibt dem Glück keine Chance»

Andere wandern kurz vor der Pensionierung aus, Yves Bangerter kündigte in seinem 30. Lebensjahr den gut dotierten Job in Zürich und kaufte sich ein Flugticket nach Santiago de Chile. Dass er nebst Sonne, Strand und Surfgelegenheiten auch rasch den perfekten Beruf finden würde, ahnte er damals nicht. Heute, knapp zwei Jahre später, möchte er nicht mehr tauschen.

Herr Bangerter, Sie haben vor knapp zwei Jahren ohne Not Ihre Stelle in Zürich gekündigt und ein Flugticket nach Santiago de Chile gelöst. Mussten Sie fliehen?

YVES BANGERTER: (Lacht) Wenn es eine Flucht war, dann war sie von langer Hand geplant. Im Ernst: Ich bin schon mit meinen Eltern viel gereist und habe so meine Liebe zu fremden Kulturen und Sprachen entdeckt. Während des Gymnasiums absolvierte ich ein Austauschjahr in St. Louis, USA. Ein Erasmusjahr während des Studiums brachte mich auf die französische Insel La Réunion, später kamen weitere Reisen und Sprachaufenthalte dazu. Als ich dann nach dem Studium in Zürich bei einer international tätigen IT-Firma arbeitete, hoffte ich darauf, für diese Firma ins Ausland gehen zu können. Leider zeichnete sich keine Gelegenheit ab, und als ich auf die dreissig zuging, sagte ich mir: «Jetzt musst du gehen, sonst schlägst du hier Wurzeln und richtest es dir gemütlich ein mit deinem schönen Schweizer Gehalt.»

Fällen Sie immer Bauchentscheide bei so wichtigen Fragen?
Wenn man als Schweizer seine Stelle kündigt und ein Projekt im Ausland in Angriff nimmt, geht man kein sehr hohes Risiko ein. Ich spürte einfach, dass die Zeit reif war. Also ging ich am 2. Januar 2010 zu meinem Chef ins Büro und kündigte. Dann kaufte ich ein Flugticket nach Santiago de Chile, ohne zu wissen, was ich dort arbeiten werde – «into the wild» sozusagen. Ich sehnte mich einfach nach Sonne, Meer, Surfen und einer neuen beruflichen Herausforderung in unvertrauter Umgebung.

Und Sie flogen nach Chile, ohne zu wissen, was Sie dort arbeiten werden?
So war es geplant, ja. Natürlich erzählte ich im Kollegenkreis von meinem Entscheid, und so erhielt ich im Februar von einer Kollegin via Mail die Nachricht, eine Sprachreiseagentur in Chile suche Verstärkung. Zwei Schweizer hatten Yalea Sprachreisen gegründet, um weltweit Sprachaufenthalte anzubieten. Noch vor meinem Abflug traf ich den Geschäftsführer in der Schweiz und wir einigten uns darauf, dass ich ein halbes Jahr für das Unternehmen in Chile arbeiten würde. So hatte ich wider Erwarten doch schon einen Job, als ich Ende März 2010 den gebuchten Flug antrat.

Wie rasch fanden Sie sich zurecht in der neuen Umgebung?
Die letzten Wochen in der Schweiz waren turbulent. Einen Monat vor dem Flug wurde Chile von einem der heftigsten Erdbeben erschüttert – ein Steilpass für meine Kollegen, die ohnehin fanden, ich sei verrückt, einfach so die Zelte abzubrechen in der Schweiz. Ich ging dann relativ unvorbereitet nach Chile, fand mich aber dank meinen Spanisch-Kenntnissen und der Hilfe meines neuen Arbeitgebers vor Ort rasch zurecht. Als ich nach sechs Monaten wie geplant für ein paar Wochen in die Schweiz zurückkehrte, war mir jedenfalls klar: Mich zieht es wieder nach

> *Was du heute kannst verschieben, bleibt auch morgen wieder liegen.*
> UNBEKANNT

Santiago. Da ich bei Yalea in die Geschäftsleitung aufsteigen konnte, war es auch beruflich reizvoll für mich.

Unterscheidet sich die Arbeitswelt in Chile fundamental von jener in der Schweiz?
Chile hat neben Brasilien sicher den höchsten Standard in Südamerika, die Firmen sind gut aufgestellt, die meisten Angestellten sind ehrgeizig und fleissig. Auffallend sind die sehr hierarchischen Strukturen. In einem chilenischen Unternehmen geht keiner, solange der Chef noch da ist, jeder Entscheid braucht den Segen von ganz oben. Als ich in Santiago in eine neue Wohnung zog, wollte ich in einem Supermarkt ein paar Plastiktüten holen für meine Kleider. Ich rannte in vier Läden an, niemand wollte das Risiko eingehen, mir ohne Erlaubnis von oben etwas rauszugeben. Im fünften Anlauf gelang das Unterfangen – der Warenhauschef persönlich gab grünes Licht.

Warum sitzt Yalea Sprachreisen mit den rund 20 Angestellten eigentlich in Santiago de Chile und bearbeitet den Schweizer Markt von dort aus?
Die Schweiz ist zwar unser grösster Markt, aber da wir anfänglich nur Spanisch-Sprachaufenthalte anboten, war es entscheidend, dass wir die Destination perfekt kennen. Wir organisieren die Aufenthalte sehr individuell, kümmern uns um Visa, Flüge, Unterkunft, Freizeitgestaltung, Notfallbetreuung. Dazu kommt, dass die Lohn- und Lebenskosten in Chile deutlich tiefer sind als in der Schweiz, die Auswahl an qualifizierten Mitarbeitern aber ähnlich gross ist. Wir bieten inzwischen acht Sprachen und über 100 Destinationen an, einen Grossteil der Dienstleistungen erbringen wir via Internet. 60 Fachlehrer betreuen mittels Online-Training unsere Kunden – E-Learning wird immer wichtiger für die Vor- und Nachbereitung von Sprachaufenthalten.

Sind Sie auch im chilenischen Markt tätig?
Ja, Englisch-Kurse sind hier sehr gefragt. Eine Sekretärin, die Englisch beherrscht, verdient rasch einmal doppelt so viel wie ihre Kollegin ohne entsprechende Kenntnisse. Weil die USA und Europa wichtige Handelspartner von Chile sind, ist Englisch ab einer gewissen Hierarchiestufe unentbehrlich. Einen Standortvorteil habe ich übrigens vergessen: Da wir zeitlich gegenüber

Mitteleuropa vier bis sechs Stunden zurückversetzt sind, können uns Schweizer Kunden bis 22 Uhr erreichen. Das ist in diesem hart umkämpften Schweizer Sprachaufenthalt-Markt nicht ganz unwichtig.

Das klingt so, als würden Sie nicht so bald wieder in die Schweiz zurückkehren.

Ich geniesse es sehr, hier mit jungen Kollegen ein Unternehmen aufzubauen und täglich vier Sprachen zu sprechen. Ein bis zwei Monate pro Jahr bin ich in der Schweiz, um Partner, Kunden, Familie und Freunde zu besuchen. Man kann ein Business nicht ausschliesslich übers Internet betreiben. Mein Lebensmittelpunkt ist aber vorderhand in Chile. Mein Bruder und ich haben uns sogar ein Stück Land am Strand gekauft. Vielleicht bauen wir hier einen sanften Surftourismus auf, kombiniert mit kulinarischen Angeboten. Ich sehe hier jeden Tag Möglichkeiten, ein neues Geschäft zu lancieren.

> *Es ist sehr wichtig, in Bewegung zu sein, ein Ziel zu haben, das zu tun, was wirklich von Bedeutung ist. Wenn du das Gefühl hast, dass etwas getan werden muss, dann musst du es tun.*
>
> MARIJA GIMBUTAS

Wie hat sich Ihr Blick auf die Schweiz verändert in den knapp zwei Jahren?

Wenn ich sehe, wie chaotisch sich die Leute hier in die Selbständigkeit stürzen, wundere ich mich schon, wie sicherheitsbesessen wir in der Schweiz sind. Wir realisieren gar nicht, welch immense Startvorteile wir haben – uns stehen alle Türen offen, wir können alles ausprobieren, ohne viel zu riskieren. Viele zögern so lange, bis drei andere ihre Idee umgesetzt haben. Wer nie etwas probiert, gibt dem Glück keine Chance, es gut mit einem zu meinen. Ich glaube, manchmal wissen wir Schweizer gar nicht genau, wovor wir uns eigentlich fürchten. Selbst wenn man etwas wagt und es nicht hinhaut, hat man viel gelernt und erfahren. ■

***Kontakt und Information:** yves@yalea.com, www.yalea.com/sprachreisen*

BÄR ELSBETH
Von der Materialausgabe zur nächtlichen Malerei

20.10.2011

Wenn die Talent-Managerin im Keller fündig wird

Beate Heller hatte sich bei der Swisscom um die hundert besten Führungskräfte und den hoffnungsvollen Nachwuchs zu kümmern. Doch eines Tages machte die Talent-Managerin im Keller bei der Materialausgabe eine Entdeckung der ganz anderen Art: Elsbeth Bär hat nie eine Ausbildung absolvieren dürfen, schafft mit viel Fleiss und Talent in Nachtschichten aber Aussergewöhnliches.

Nachdem Beate Heller vor 16 Monaten bei der Swisscom als Talent-Managerin begonnen hatte, landete sie auf der Suche nach Glückwunsch- und Trauerkarten sowie Schreibmaterial bald einmal im Untergeschoss des Swisscom-Hauptgebäudes in Worblaufen. Dort lernte sie die 58-jährige Elsbeth Bär kennen, die für den Büromaterialeinkauf und die Ausgabe an die Angestellten zuständig war. «Ihre Persönlichkeit hat mich sofort beeindruckt», erinnert sich Heller, «es dauerte aber eine Weile, bis ich sah, dass die schönen Karten, die sie auf Wunsch verkaufte, den Namen Bär trugen.»
Die Frauen kamen ins Gespräch, und so erfuhr Beate Heller, dass Elsbeth Bär nebst ihrer Tätigkeit in der Abteilung «Document Solutions» abends kleine Kunstwerke schuf und den Verkaufserlös Hilfsprojekten spendete. Mit der Zeit

ging Beate Heller öfter in den Keller, als ihr Büromaterialbedarf es gerechtfertigt hätte – aus Freude an der noch unentdeckten Perle. Als Elsbeth Bär dann mit einem ganzen Stapel selbst gefertigter Zeichnungen aus den Sommerferien zurückkehrte, war für die beiden Frauen klar, dass daraus ein Kinderbuch werden sollte. Beate Heller verkuppelte die Berner Zeichnerin mit der pensionierten Hamburger Sprachwissenschaftlerin Hanne Steinbuch, die sich nach Erhalt der ersten Tierzeichnungen von Elsbeth Bär sogleich ans Reimen machte.

Frau Bär, wie wichtig ist das Zeichnen und Malen für Sie?

ELSBETH BÄR: Ohne die Malerei wäre mein Leben viel ärmer. Sie ist ein grosser Aufsteller und ein wichtiger Ausgleich für mich, der mir Ruhe und Befriedigung gibt. Es gibt kaum einen Abend, an dem ich die Malutensilien nicht hervorhole.

Sie bestreiten ein Vollzeitpensum in der Materialabteilung – woher nehmen Sie die Energie und die Disziplin, abends noch zu malen?

Ich muss mich nie dazu zwingen, sondern ich tauche in eine Welt ein, in der ich mich wohl fühle. Ich stehe zwar um 5.45 Uhr auf, um frühzeitig bereit zu sein für meinen 8-Stunden-Bürotag, aber eigentlich bin ich ein Nachtmensch. Deswegen male ich gerne bis gegen Mitternacht oder auch mal darüber hinaus.

Warum haben Sie diese Leidenschaft nicht zu Ihrem Beruf gemacht?

Das kam damals nicht in Frage. Ich hatte zwar im Zeichnen immer die besten Noten und bewunderte meinen Vater immer für die Skizzen, die er als Möbelschreiner machte, aber ich durfte keinen Beruf erlernen. Mein Vater fand, das lohne sich nicht, ich werde ohnehin bald heiraten. Dazu kam es nie, und bei der Stellensuche hatte ich von da an ein Handicap.

> *Man möchte die Zeit festhalten, aber wir müssen sie ausgeben, um mit uns selbst bekannt zu werden.*
>
> CHRISTA WOLF

War es schwierig, ohne Abschluss Arbeit zu finden?
Ich fand immer etwas, aber ich fühlte mich mindestens 15 Jahre lang minderwertig. Wenn man nichts gelernt hat, ist man niemand – ich schämte mich dafür. Erst als ich über 30-jährig war, lernte ich, mit dieser Situation umzugehen. Als ich mich nicht mehr versteckte, sah ich auch Vorteile in meiner Situation. Ich sah in viele Betriebe hinein, arbeitete in der Kreistelefondirektion, verkaufte Ravioli, wurde als Prüftelefonistin angelernt, arbeitete in einem Zeichnungsbüro und vieles mehr. Ich fand immer wieder neue Jobs und habe vielleicht auf diesem abenteuerlichen Weg mehr gelernt über das Leben als andere, denen eine gute formale Bildung geschenkt wurde.

Das klingt, als hätten Sie mehr und mehr Freude an Ihrer Vielseitigkeit bekommen.
Ja. Ich bin im Grunde ein spontaner Mensch, wenn ich unterwegs bin, komme ich meistens mit wildfremden Menschen ins Gespräch. Mein Selbstvertrauen wurde mit den Jahren grösser. Sonst hätte ich nicht mit 53 Jahren noch die Töffprüfung und mit 54 den Autoausweis gemacht. Das war ja auch höchste Zeit. Auto fahren muss man einfach können, gerade heute, wo kein Job mehr sicher ist. Der wirkliche Antreiber war aber ein anderer: Ich hatte mich erst in eine alte Vespa und dann in einen schönen Oldtimer, einen Fiat 1500 Berlina mit Baujahr 1967, verliebt.

Haben Sie nie mit dem Gedanken gespielt, die Kunst noch zum Beruf zu machen?
Ich habe mir das nie ganz zugetraut. Zudem musste ich ja arbeiten, um meinen Lebensunterhalt zu verdienen. Erst durch meine Tätigkeit bei der Swisscom und den Kartenverkauf wurde mir bewusst, dass andere diese Zeichnungen von Fabelwesen und die abstrakten Kartensujets für Kunst halten und/oder jedenfalls mögen. Der Verkauf motivierte mich sehr, immer mehr Mitarbeiter kamen vorbei, und ich konnte den Hilfsorganisationen immer grössere Beträge überweisen – zuerst verschiedenen Tierheimen, später diesem Polizisten, der sich für Kinder auf den Philippinen einsetzt, die Leim schnüffeln. Insgesamt kamen so in 4 Jahren gegen 5000 Franken zusammen.

Wie kommen Ihre Sujets zustande?
Es ist eine Mischung aus eigenen Ideen und der Überlegung, was für Todesanzeigen, Geburts- und Geburtstagskarten gefragt sein könnte. Ich habe auch schon auf Bestellung gearbeitet, einmal kurzfristig fünf Karten für den Swisscom-Verwaltungsrat bis morgens um 1 Uhr. Das ist sicher das Schwierigste, wenn ich auf Kommando kreativ sein muss.

Warum machen Sie sich nicht selbständig?
Einige Bekannte haben mir das schon empfohlen, aber es ist immer leichter, es jemand anderem ans Herz zu legen, als selber diesen Schritt zu wagen. Es gibt viele Illustratoren und Grafiker, die sehr gute Arbeit machen und nicht davon leben können. Mein Pensum kann ich derzeit nicht reduzieren – vielleicht finde ich einen Weg, nebenbei noch eine Ausbildung zu machen, die mich weiterbringt in meinen Möglichkeiten. Ich habe mir ja alles selber beigebracht und nichts von Grund auf gelernt. Und bis in vier Jahren kann ich mich vielleicht frühpensionieren lassen und ganz der Malerei widmen. Derzeit betrachte ich einfach die Abende, Wochenenden und Ferien als geschenkte Arbeitszeit. Jetzt stehen dann die Weihnachts- und Osterkarten an, das gibt wieder viel zu tun. Und für das Kinderbuch, das entstanden ist, müssen wir einen Verlag finden, der das schön herausgibt. Bereits haben mir über 30 Personen gesagt, sie möchten es unbedingt kaufen. ■

Ganz in der Nähe des Lebens, in dem man zufällig gelandet ist, befindet sich ein anderes, das man genauso gut hätte führen können.
MARGRIET DE MOOR

Kontakt: *elsbeth.baer@gmx.ch; beate.heller@fgi-mail.com*

10.12.2011

BAUKE JAN
Vom habilitierten Theologen zum Feuerwehrmann

Ein Feuerwehrkommandant mit gutem Draht nach oben

Er sollte Arzt werden, entschied sich für ein Theologiestudium und wechselte nach der Habilitation zur Feuerwehr. Dort lernte er, Klartext statt Fachchinesisch zu reden. Jan Bauke hat den mutigen Schritt bis heute nicht bereut. «Es gibt kaum einen zweiten Beruf mit einem so hohen Vertrauensbonus», sagt der 48-jährige Kommandant der Berufsfeuerwehr Nord der Stadt Zürich.

Herr Bauke, Sie standen als Theologe vor einer akademischen Karriere und wurden dann Feuerwehrkommandant. Wie kam es dazu?

JAN BAUKE: Das sind wohl die Launen des Zufalls. Eigentlich war es ausgemacht, dass ich Arzt werde. Mein Vater, mein Grossvater, mein Urgrossvater, mein Ururgrossvater und meine Mutter waren alle Mediziner. Als Kind spielte ich mit Fotoabzügen von X- und Y-Chromosomen, die mir mein Vater nach Hause brachte. Ein guter Freund meines Vaters war Notarzt, ich lauschte immer ganz gebannt seinen Geschichten. Ich war also auf guten Wegen zum Arzt, aber dann kam mir Gott in die Quere.

Wie das?

Wir gingen immer en famille in die Skiferien. Dann beendeten meine Eltern diese Tradition und ich musste mich selber organisieren. So meldete ich mich fürs Skilager mit der christlichen Jugendbewegung CEVI an. Ich kannte den Hintergrund nicht, aber ich fand es spannend, dass da über Gott und die Welt diskutiert wurde. Wenn die Argumente zu plump oder die Gespräche zu stark belehrend wurden, wehrte ich mich – und wurde bald zum CEVI-Leiter ernannt. Im Gymnasium versorgte mich meine Griechisch-Lehrerin mit theologischer Literatur, da hat es mir den Ärmel richtig reingenommen. Als ich dann eines Tages verkündete, ich würde Theologie studieren, fragten meine Eltern: «Haben wir etwas falsch gemacht?» Meine Freunde erkundigten sich besorgt: «Seid ihr jetzt alle fromm?» Verständnis zeigte mein Onkel, der sich als Germanistik-Professor so exzessiv der Barockforschung widmete, dass man ihn als heimlichen Theologen bezeichnen musste.

Sie haben nach dem Studienabschluss promoviert und eine Habilitation erlangt. Warum wurden Sie nicht Theologie-Professor?

Das kann man schlecht planen. Auf jede offene Stelle gibt es so viele Bewerbungen, dass man ohne Vitamin B kaum zum Zug kommt. Zudem tat ich mich während meiner Assistenzzeit zunehmend schwer mit der akademischen Kunstsprache. Ich hatte vermehrt das Gefühl, es legten es alle darauf an, sich so kompliziert auszudrücken, dass möglichst wenige folgen konnten. Die ehrenamtliche Tätigkeit in der Feuerwehr war da ein schöner Kontrast. Da sagten mir die Kollegen ganz unverblümt, es sei keine Schande, auch mal deutsch statt in Fremdwörtern zu sprechen. «Rede doch nicht so gescheit, sondern sag uns, was Sache ist» – das bekam ich öfter zu hören.

Heute sind Sie vermutlich der einzige habilitierte Berufsfeuerwehrkommandant der Welt. Wie kamen Sie zur Feuerwehr?

Als gebürtiger Deutscher wurde ich in der Schweiz zum Zivilschutz aufgeboten. Mein damaliger Schwiegervater sagte zu mir: «Mach bloss keinen Zivilschutz, geh besser zur Feuerwehr!» Dort traute man einem Theologen nicht viel zu; man teilte mich in der Sanitätsabteilung ein und schickte mich in die Grundausbildung. Was ich in diesem einwöchigen Kurs an Methodik mitbekam, war sehr beeindruckend. Da könnte die Universität einiges lernen. Ich war so begeistert, dass ich mich auf der Gemeinde erkundigte, wann der nächste Kurs stattfindet. Erst im Nachhinein begriff ich, dass ich mich damit

quasi selber zum Unteroffizier befördert hatte. Dann wurde ich bald Offizier, später Instruktor. Und eines Tages bewarb ich mich als Ausbildungschef bei der Berufsfeuerwehr des Flughafens Zürich.

Vom Hörsaal in die Feuerwehruniform – wie haben Sie den Wechsel erlebt?
Es war ein Sprung ins kalte Wasser, denn ich hatte wenig Ahnung vom Flughafenbetrieb. Zudem gab es natürlich Sprüche bei den neuen Kollegen, ob sie jetzt alle gemeinsam beten müssten am Morgen und im Brandfall. Mir gefiel die Arbeit sofort. Es gibt kaum einen zweiten Beruf mit einem so hohen Vertrauensbonus und so augenfällig sinnvollen Arbeitsinhalten. Egal ob jemand einen Schlüssel verliert, ein Kleinkind irrtümlich einsperrt, einen Bienenschwarm vor der Haustür oder ein Haustier auf dem Baum sitzen hat, er meldet sich bei der Feuerwehr. Ebenso bei Verkehrsunfällen oder Problemen mit Chemikalien und natürlich bei Bränden. Es ist eine sehr praktische und abwechslungsreiche Arbeit. Aber wenn ich daran denke, wie ich als Kind panische Angst vor dem Feuer hatte, muss ich selber schmunzeln, dass ich heute Feuerwehrkommandant bin.

Heute kennen Sie keine Angst mehr?
Nein, heute mag ich es, knifflige Aufgaben zu lösen. Ich spüre keine Angst, sondern gesunden Respekt. Man muss in unserem Beruf nicht nur gegen die Flammen kämpfen, sondern auch mit verschiedenen Anspruchsgruppen ge-

schickt kommunizieren. Vor einigen Wochen hat es in der Roten Fabrik am Zürichsee gebrannt. Als Einsatzleiter merkte ich rasch, dass das ein sehr schwieriges Objekt ist. Wir brauchten neun Stunden, um den Brand zu löschen. Es war ein sehr emotionaler Einsatz, weil viele der Künstler in grosser Sorge um ihr Werk waren. Oder wenn wir sogenannte Hochrisiko-Fussballspiele sichern, müssen wir mit Fans, Sportlern, Security-Organisationen und VIPs gut umgehen können. Das sind sehr verschiedene Welten.

> *Es ist nie zu spät, um das zu sein, was du sein könntest.*
>
> GEORGE ELIOT

Hat die Theologie noch einen Platz in Ihrem Schaffen?
Sie ist in den Hintergrund getreten, aber natürlich prägt sie mein Menschenbild. Ich bin sicher kein lauter Polterer, aber ich kann inzwischen recht resolut führen, das ist ja auch eine Form der Nächstenliebe. Gelegentlich gestalte ich Trauungen, Abdankungen oder Sonntags-Gottesdienste. Am Feuerwehrfest in Interlaken konnte ich in Feuerwehruniform einen Gottesdienst leiten.

Möchten Sie Wissenschaft und Feuerwehrarbeit künftig verbinden?
Meine Arbeit bei der Feuerwehr kommt dem Traumberuf sehr nahe. Aber ich kann mir auch gut vorstellen, dereinst eine Akademie für die Ausbildung von Sicherheitspersonal zu leiten oder irgendwo in den Bergen als Tourismusdirektor zu arbeiten. Hauptsache, die Tätigkeit hat einen Praxisbezug. Ich mag diese Reduktion aufs Wesentliche. Nicht endlos debattieren, sondern rasch das Richtige tun. Das geht nur … (Pause) jetzt ist hier am Flughafen gerade der Alarm losgegangen. Mal schauen, ob meine Leute in 20 Sekunden ausrücken und schnell beim betroffenen Flugzeug sind. (18 Sekunden später:) Jetzt kreuzen sie die Piste und nähern sich der Maschine. Vielleicht Rauch im Cockpit oder im Triebwerk oder heisse Bremsen. Oder es ist etwas im Frachtraum ausgelaufen. Wo waren wir gerade? Eben: Langweilig wird es hier nie. ■

Kontakt: *jan.bauke@zuerich.ch*

Literatur: *Matthias A. Weiss ‹Sprung über den Kirchenrand. 21 Theologinnen und Theologen ausserhalb der Kirche›, Eigenverlag*

12.2.2011

BOSSHART OLIVIA
Von der Bankerin
zur Event-Organisatorin

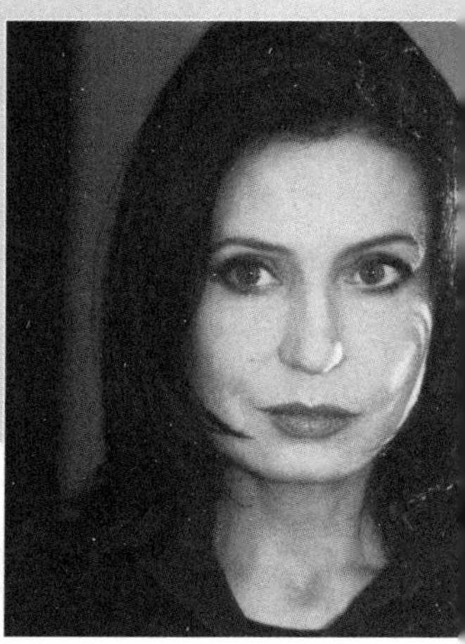

«Seither mache ich keine Frustkäufe nach Feierabend mehr»

Olivia Bossharts Karriere verlief nach Drehbuch: Studium und Doktortitel an der HSG, Unternehmensberatung, Kundenberatung in einer Privatbank. Dann stieg sie aus und begann das zu tun, was sie wirklich interessiert: Menschen vernetzen und Veranstaltungen organisieren. Auf Luxus, Status und Ferien verzichtet sie gerne, solange sie jeden Tag neue Ideen umsetzen kann.

Frau Bosshart, geraten Sie in Verlegenheit, wenn jemand Sie nach Ihrem Beruf fragt?

OLIVIA BOSSHART: Allmählich hab ich es besser im Griff. Vor einiger Zeit sagte ich jeweils: «Hast du eine halbe Stunde Zeit? Dann erklär ichs dir!» Inzwischen bekomme ich es in drei Sätzen hin: Ich betreibe eine Veranstaltungsplattform für Zeitgeistthemen. Ich bin aber keine Eventmanagerin, sondern gehe die Sache von der Inhaltsseite an. Teilweise bespiele ich die Plattform selber, zu einem anderen Teil organisiere ich Podien, Paneldiskussionen, Referate und Debatten für andere. Dank eines grossen Verteilers und guter Kontakte kommen meistens viele Leute. (Hält inne) O.k., das waren vier Sätze.

Eine Frage ist trotzdem noch nicht beantwortet: Warum müht sich eine HSG-Ökonomin mit Doktortitel als Ein-Frau-Unternehmen damit ab, Anlässe zu organisieren?

Normalerweise rechtfertige ich mich auch sofort, wenn jemand auf der Visitenkarte den Doktortitel der Uni St. Gallen sieht. Damit die Leute nicht denken, ich sei ein Freak, sage ich: Früher habe ich bei Unternehmensberatungen und Banken gearbeitet; heute bevorzuge ich aber eine Arbeit, bei der ich einen Drittel verdiene, drei Mal so viel arbeite und zehn Mal mehr Befriedigung empfinde. Dann denken die Leute meistens: «Die hat gut reden, sicher ist sie reich von Haus aus.» Das trifft nicht zu. Ich finde nur, dass kein noch so hohes Salär einen eklatanten Mangel an Freude, Freiheit und Unabhängigkeit kompensiert.

> *Freiheit ist kein Synonym für Glück, sondern eher für schwierige Entscheidungen.*
> EMMA BONINO

War es so schlimm bei den Banken?

Wie stellen Sie sich das Klima vor in Unternehmen, wo wöchentlich in Ranglisten publiziert wird, wer wie gut gearbeitet, sprich: wie viel Geld hereingebracht hat? Für mich war das schrecklich. Am Ende war ich so weit, dass ich auf so absurde Gedanken kam wie: «Wenn du dich jetzt ohne Jacke draussen in den Regen stellst, wirst du mit ein wenig Glück krank. Oder du lässt dich von einem Auto anfahren ...» Am Anfang wollte ich einiges bewegen. Das Problem ist: Wenn ich als Anlageberaterin eine etwas unkonventionelle Marketing-Idee hatte, musste ich einen Antrag stellen, dann ausführlich begründen, dann einen Budgetplan machen, dann x-fach alles verteidigen – und mit viel Glück konnte ich nach einem Jahr 20 Prozent davon umsetzen.

Dafür hat man Privilegien. Man trifft einflussreiche Leute, verwaltet Geld, kann sich selber etwas leisten.

Für mich fällt am meisten ins Gewicht, dass ich heute eine Idee, die mich mitten in der Nacht heimsucht, am nächsten Tag umsetzen kann. Bei der Bank ging ich oft mit ungutem Gefühl in die Kundengespräche. Erstens wollte ich jemanden nur beraten, wenn ich sicher war, dass ich wesentlich mehr wusste als der Kunde. Zweitens wollte ich seine Situation verstehen und nicht einfach nur Geld hereinholen. Ein Kollege sagte mir einmal: «Du bist so anständig, dass es fast schon anstrengend ist.» Als Beraterin und Bankerin fühlte ich mich mitunter wie eine Hochstaplerin, obwohl ich ja eine solide Ausbildung hatte. Jetzt knüpfe ich viel leichter Kontakte, weil ich ganz hinter dem stehen kann, was ich tue. Ich spreche heute mit grosser Lockerheit auch vermögende Menschen für eine Panel-Teilnahme an, um die ich als Bankerin einen grossen Bogen gemacht hätte.

Und dass Sie mit wesentlich weniger Geld auskommen müssen, hat Sie nie gestört?
Es war nicht sehr schwierig, den Lebensstil anzupassen – manches ergibt sich von selber, weil man gar nicht mehr die Zeit hat, für Blödsinn viel Geld auszugeben. Seit ich selbständig bin, habe ich zum Beispiel keine Frustkäufe mehr nach Feierabend gemacht – aus dem einfachen Grund, dass es keinen Frust mehr gibt und eigentlich auch keinen Feierabend. Heute verzichte ich weitgehend auf Luxusgüter und leiste mir dafür den Luxus, in aller Freiheit einen Job zu machen, den es so noch gar nicht gibt.

Wie gross ist diese Freiheit, wenn Sie keinen Feierabend mehr haben?
Wenn man sich entscheidet, das zu tun, was einem am Herzen liegt, wachsen Arbeit und Freizeit zusammen. Ich kann zum Beispiel keine Zeitung lesen, ohne mir Themen oder Namen von interessanten Personen aufzuschreiben. Die Ideen sprudeln, auch in der Nacht oder beim Abendessen, das kann ich gar nicht ausschalten.

Können Sie wenigstens in den Ferien ein bisschen abschalten?
Ferien? Bis jetzt lag das nicht drin. Ich habe sie allerdings nicht vermisst, weil der Alltag so spannend war. (Überlegt) O.k., manchmal ist es auch anstrengend, alles selber am Laufen zu halten. Man ist nie fertig, hat immer zu wenig Zeit, darf sich keine Krankheit, kein arbeitsfreies Wochenende leisten. Manche Kollegen haben sich schon beklagt, dass ich sie am Wochenende anrufe, um Arbeitsdinge zu besprechen. Das passiert mir immer wieder, weil ich unter der Woche einfach keine Zeit finde. Ich bräuchte dreissig Stunden pro Tag. Hätte ich Geld, ich würde Zeit kaufen.

Wollen Sie so weiterrennen, bis der Körper streikt?
Es ist eine Gratwanderung. Ein guter Anlass gibt mir unheimlich viel Energie. Es ist wunderbar, Leute zusammenzubringen und zu erleben, wie da etwas Neues entsteht. Manchmal gehe ich spät nach Hause und finde keinen Schlaf, weil ich so beglückt bin. Aber natürlich bräuchte ich mal ein wenig Regeneration. Vermutlich muss mich jemand bremsen. Ich bin nicht besonders gut darin, mir Sorge zu tragen. Ich gehe gerne bis hart an die Grenzen, wenn ich etwas realisieren will, und ignoriere körperliche Störsignale. Ich muss lernen, haushälterischer mit den Kräften umzugehen. Dazu gehört auch, gewisse Dinge nicht mehr gratis zu machen. Natürlich gibt es immer wieder Leute, die von meinem Kontaktnetz, das über 6500 Adressen aus allen Gesellschaftsbereichen enthält, profitieren möchten. Aber das geht nur über gemeinsame Anlässe, und die brauchen wieder Zeit und Kapazität.

> *Wenn du nicht motiviert bist, liegt das wahrscheinlich daran, dass deine Ziele zu klein, zu langweilig, zu wenig herausfordernd sind.*
> UNBEKANNT

Spielen Sie manchmal mit dem Gedanken, wieder in ein Grossunternehmen zurückzukehren?
Nein, nie, ich frage mich eher, warum ich 40-jährig werden und vier Reorganisationen erleben musste, bis mir klar wurde, dass es auch in Beratungsfirmen und Banken keine Sicherheit gibt. Kurz vor meinem 40. Geburtstag gestand ich mir ein: Ich kann das unmöglich weitere 25 oder 27 Jahre machen. Daran hat sich nichts geändert. Ich übernehme gerne verschiedenste Mandate, aber ich möchte nie meine Seele verkaufen. ■

Kontakt und Information: *www.kion.ch*

BUCHER PATRIK
Vom Allrounder zum Kapitän mit eigenem Schiff

23.11.2019

«Ich habe mich entschieden, keinen Job mehr zu suchen»

Patrik Bucher hat schon in jungen Jahren aus seinen Interessen Jobs kreiert. An seinem 40. Geburtstag fragte er sich, ob er nicht doch eine gut dotierte Stelle suchen sollte. Stattdessen kaufte er ein ausgemustertes Kursschiff und verwandelte es in 30-monatiger Arbeit in ein Bijou.

Herr Bucher, wir treffen uns hier im Hafen in Biel auf Ihrem Salonschiff. Haben Sie schon als Bub davon geträumt, Schiffskapitän zu werden?

PATRIK BUCHER: Ich war oft auf dem See, weil meine Eltern ein Motorboot hatten, aber ich hatte damals ehrlich gesagt keinen Plan, was aus mir werden sollte. Ich absolvierte das Wirtschaftsgymnasium und die Lehrerausbildung mit Schwerpunkt Sport und Sprachen. Ich dachte, so hätte ich gute Chancen auf dem Arbeitsmarkt. Aber es gab dann gar keinen klassischen Berufseinstieg in einem Anstellungsverhältnis. Ich kreierte mir aus meinen damaligen Interessen heraus meine eigenen Jobs.

> *Es ist gut zu wissen, dass man eigentlich alles machen kann. Man muss nur damit anfangen.*
> JULIE DEANE

Zum Beispiel?

Was mich wirklich interessierte in jungen Jahren, war das Trial-Radfahren,

also das Überwinden von Hindernissen. Als Leistungssportler nahm ich im In- und Ausland an Wettkämpfen teil, später organisierte ich Showveranstaltungen und gründete meine erste eigene Firma. Ich war einer der Treiber bei der Einführung der Disziplin Mountainbike an der Sportschule Magglingen und entwickelte ein Verkehrssicherheits- und Suchtpräventionsprojekt für die Oberstufe, einen Verkehrsunterricht ohne Mahnfinger. Später wurde ich dank einem Auftrag der Expo.02 zum Veloverleiher mit 20 Mitarbeitenden. Ich machte eigentlich immer, was sich zufällig ergab und gut anfühlte, alles mit der

Haltung: Eines Tages werde ich einen richtigen Job haben. Dann feierte ich plötzlich meinen 40. Geburtstag und realisierte: Die Hälfte des Erwerbslebens ist jetzt vorbei, und ich bin noch immer nirgends angestellt.

Wie kamen Sie mit der Schifffahrt in Berührung?
Ich verkaufte meine Firma, weil grosse Player in das Veloverleihgeschäft eingestiegen waren und weil ich als Kleinunternehmer so viel arbeitete, dass ich kaum noch Zeit fürs Velofahren hatte. Ich entschied mich, ein einjähriges Sabbatical zu machen, um Klarheit zu gewinnen über meine künftige Tätigkeit. Da tauchte das Bild auf, dass ich mein Büro gerne auf einem Schiff hätte. Ich fand keine solche Gelegenheit, wurde aber auf das Kursschiff «Romandie 1» aufmerksam, das in den 1950er-Jahren auf dem Murten-, Neuenburger- und Bielersee unterwegs gewesen war und seit 1960 auf dem Hallwilersee verkehrte. Ich ahnte, dass es dort bald ausgemustert werden würde, und teilte den Besitzern mit, dass ich es gerne übernehmen und in sein Heimatgewässer zurückbringen möchte.

Hatten Sie einen Plan, was Sie damit machen möchten?
Ich hatte die Idee, ein edles Salonschiff für Privat- und Firmenkunden mit einem neuartigen Betriebskonzept daraus zu machen. Aber was das im Detail bedeutet, begriff ich erst, als ich das Schiff im November 2009 übernehmen und nach Biel überführen konnte. Mir wurde bald klar, dass es nicht mit ein wenig Kosmetik getan war, sondern dass ich das Schiff komplett zerlegen und wieder neu zusammenbauen musste. So arbeitete ich ein Jahr lang auf dem Hafengelände unter einem Vordach daran und anschliessend noch 1,5 Jahre auf dem Wasser, als es schon hier vor Anker lag. Statt eines einjährigen Sabbaticals absolvierte ich eine 2,5 Jahre lange Durchhalteübung, die sich anfühlte wie 17 Bike-Marathons am Stück. Ich war kein gelernter Schiffbauer, aber ich wollte alles selber in der Hand halten und zusammen mit Spezialisten Lösungen finden.

Hat sich die ganze Mühe ausbezahlt?
Ich habe sehr viel Herzblut, viel Zeit und mein ganzes Erspartes in dieses Projekt gesteckt und war nach den 2,5 Jahren nicht nur erschöpft, sondern auch

sehr stolz und glücklich. Früher bot das Schiff 130 Personen Platz, nach dem Umbau empfangen wir nun Gruppen bis maximal 35 Gäste. Es ist alles so eingerichtet, dass Menschen ungezwungen miteinander ins Gespräch kommen und der Genuss im Vordergrund steht. Aber paradoxerweise habe ich mich dann selber ein wenig um die Früchte meiner Arbeit gebracht. Oder anders gesagt: Als ich praktisch fertig war und die ersten Buchungen eintrafen, kam ein Unternehmer auf mich zu und sagte: «Wir haben beobachtet, was du hier tust – einen wie dich könnten wir gut gebrauchen.» Und ich dachte: Jetzt kommt er doch noch, der richtige Job.

Wie sah er aus, dieser Job?
Ich durfte Konzepte für private Kinos entwickeln und umsetzen für gut betuchte Privatkundschaft, in Chalets in Gstaad zum Beispiel oder auf den grössten Jachten am Mittelmeer. Wie bei meinem Schiff ging es darum, die perfekte Symbiose von Ästhetik und Technik zu erreichen. Viele der Kinos sehen ja vor allem bei Tageslicht imposant aus, sobald aber ein Film abgespielt wird, zeigt sich zum Beispiel, dass die schönen roten Plüschsessel das Licht reflektieren und so das Seherlebnis beeinträchtigen. Mit unseren Ingenieuren entwickelte ich ein neuartiges Design- und Lichtkonzept. Aber mein Engagement hatte zur Folge, dass mein eigenes Schiffprojekt zu kurz kam, weil die Wochenenden und Ferien nicht ausreichten für Betrieb und Unterhalt.

Und dann entschieden Sie sich, alles auf eine Karte zu setzen?
Das war ein längerer Prozess. Ich suchte immer wieder nach Anstellungen, die sich mit meinem Projekt hätten vereinbaren lassen, aber mit der Zeit wurde mir klar, dass ich in kein Stellenprofil passte. Und dass mein eigenes Schiff mir die Gelegenheit gibt, sehr unterschiedliche Talente zu leben. Ich bin hier Geschäftsführer, Kapitän, Gastgeber, Manager, Handwerker, Tüftler, Organisator und Dramaturg in einem. Lange hatte ich Zweifel, ob das etwas Rechtes ist, mehr als ein Hobby; ob es trägt, auch finanziell. Vielleicht waren die Zweifel auch deshalb so gross, weil ich so viel reingesteckt habe, weil alles so deutlich meine Handschrift trägt, weil es eben nicht nur ein Job ist, sondern ein Herzensprojekt. Aber nun habe ich mich entschieden, keinen Job mehr zu suchen, sondern meine ganze Energie hier zu kanalisieren.

Neben Hochzeitsfahrten und Kundenanlässen mit Sterneküche bieten Sie auch Trauerfahrten an und sind auch im Winter unterwegs. Ist diese Vielseitigkeit Ihr Markenzeichen?

Ja, so wie ich mich nie in ein enges Jobprofil zwängen mochte, will ich mich auch hier nicht auf eine Sache einschränken. Das Schiff ist aktuell auch ein schwimmendes Labor für modernste Hybrid-Technologie. Es ist ein Wohlfühlort mit hochwertigem Design, beispielsweise einer indirekten Innenbeleuchtung, die gedimmt werden kann und es erlaubt, in der Nacht die Landschaft zu betrachten. Wir sind in der Lage, ganzjährig in fünf Kantonen, auf drei Seen und drei Kanälen zwischen Solothurn und Yverdon respektive Murten ab- oder anzulegen. Wir können an Sommertagen auf der Aare an verborgenen Badeplätzen ankern, mitten in der Nacht auf dem Bielersee Fische angeln und in der Bordküche zubereiten oder in einer Bucht bei ruhendem Motor eine Trauerzeremonie abhalten. Und ich habe eine Crew gefunden, die Erfahrung hat mit First-Class-Service und gerne anspruchsvolle Kundschaft verwöhnt. So habe ich zwar noch immer keine Anstellung, aber nun die richtige Tätigkeit gefunden, bei der ich meine Vielseitigkeit einbringen kann.

> *Solange man redet, erfährt man nichts.*
> MARIE VON EBNER-ESCHENBACH

Kontakt und Information: *www.kulturschiff.ch oder office@kulturschiff.ch*

Wie jeder passionierte Handwerker gibt sich Patrik Bucher nicht mit dem Erreichten zufrieden. Zum 70. Geburtstag des Boots im Jahr 2022 hat der 53-Jährige sein Kulturschiff zum ersten elektrisch angetriebenen Oldtimer-Charterschiff der Schweiz umgebaut. Dank einem batteriebetriebenen U-Boot-Motor ist das Kulturschiff neuerdings lautlos mit ökologischem Solarstrom unterwegs.

DEKEYSER BOBBY
Vom Bundesliga-Torhüter
zum Gartenmöbel-Marktleader

«Ich liebe Krisen, weil sie Energie freisetzen»

Er war ein notorischer Schulversager, stand später im Tor des FC Bayern München, wurde mit 26 Jahren Unternehmer und scheiterte im ersten Anlauf kläglich. Heute sind die Design-Gartenmöbel, die Bobby Dekeyser vor 20 Jahren lancierte, in 80 Ländern erhältlich. «Ich war nie besonders begabt im Nachdenken, aber im Nachspüren bin ich gut», sagt Dekeyser.

Herr Dekeyser, Sie steigen innert 30 Tagen in 20 Ländern ab. Halten Sie es nirgendwo länger aus?

BOBBY DEKEYSER: Ich empfinde es als befreiend, nirgendwo zu sehr verwurzelt zu sein, keine Villa zu haben und kein Büro, sondern überall zu Gast zu sein. Meine Passion sind die Menschen, ansonsten hänge ich an nichts. Mein Leben passt in zwei Koffer. So bleibe ich leicht und flexibel. Als Kind habe ich nie länger als zwei Jahre an einem Ort gelebt und 13 Mal die Schule gewechselt. Meine Kindheit war sehr chaotisch, ich musste früh lernen, mit einem Übermass an Freiheit umzugehen und mir selber Leitplanken zu setzen. Bis heute kann ich nichts besonders gut.

> *Sicherheit ist meist ein Irrglaube. Sie kommt in der Natur nicht vor. Das Leben ist entweder ein grosses Abenteuer oder nichts.*
> HELEN KELLER

Meine grösste Stärke war immer, Menschen zu vertrauen, die wirklich gut sind in einer Sache.

Wer es ins Tor des FC Bayern München schafft und später ein Unternehmen mit 3000 Mitarbeitern aufbaut, kann nicht komplett talentfrei sein.

Das mit der Fussballkarriere war eine reine Willenssache. Als Schulversager und Kind getrennter Eltern hatte ich nicht das stärkste Selbstbewusstsein. Deswegen stand ich mit 15 Jahren mitten in einer Englisch-Lektion auf und verabschiedete mich mit den Worten: «Ich werde jetzt Fussballprofi.» Meine Motivation war recht simpel: Ich wusste, dass man als Fussballer leichter die Mädchen beeindrucken kann. Weil ich kein Talent hatte, aber völlig angstfrei war, kam ich ins Tor. Ich trainierte wie ein Besessener, sieben bis acht Stunden pro Tag. Als ich an einem Fussballcamp in New York neben meinem Idol Pelé auf der Bank sass, fragte ich ihn: «Wie wird man der beste Fussballer der Welt?» Er lächelte und sagte: «Folge deinem Traum, dann kann alles passieren.»

Sie spielten später längere Zeit in der Bundesliga, aber glücklich hat Sie das nicht gemacht.

Ich setzte mich jahrelang enorm unter Druck. Der Fussball war schon damals eine Vakuumwelt. Man steht im Schaufenster, verdient enorm viel, aber man ist nur eine Nummer, es ist fast unmöglich, frei zu denken und zu leben. Deshalb war es eigentlich ein Geschenk des Himmels, dass mir eines Tages ein Gegner mit dem Ellbogen das Jochbein und den Augenbogen zertrümmerte. Damals sah ich das natürlich nicht so. Keiner vom Klub besuchte mich im Krankenhaus, aus der Zeitung erfuhr ich, dass sie sofort einen neuen Torhüter verpflichtet hatten. Ich war einfach aussortiert worden wie ein alter Schuh. Dennoch war ich erleichtert. Ich schwor mir, nie mehr die Erwartungen anderer zu erfüllen, und fasste den Entschluss, Unternehmer zu werden.

Ein paar Wochen später standen Sie aber schon wieder im Tor.

(Lacht) Weil sich mein Nachfolger den Finger gebrochen hatte, feierte ich ein Comeback auf Zeit. Sie zahlten mir für drei Spiele ein Jahresgehalt eines Bankdirektors – und mir gelangen die drei besten Spiele meines Lebens. Ich wurde Spieler des Monats, erhielt schon fast unanständig gut dotierte Vertragsange-

bote. Mein Kopf sagte: «Du spinnst, wenn du das nicht annimmst.» Aber das Kapitel war für mich mit 26 Jahren abgeschlossen, ich fühlte mich als Unternehmer und wollte nicht mehr zurück.

Auch als Unternehmer mussten Sie sich den Erfolg hart erarbeiten.
Ja, das kann man sagen. Wir waren da schon eine kleine Familie, und wir lebten zehn Jahre lang am Rand des Ruins. Mein erstes Projekt war ein grandioser Misserfolg. Ich kaufte 1000 Ski-Rohlinge. Wir besprühten sie mit der Airbrush-Pistole eines Nachbarn, eines Hufschmieds. Um für den Grosserfolg gewappnet zu sein, mietete ich im Nachbardorf einen 1000 Quadratmeter grossen Kuhstall und wollte ihn aufwendig umbauen. Mein Problem: Die Bank wollte mir die halbe Million, die ich dafür brauchte, nicht leihen. Ich überredete einen Bauern aus der Nachbarschaft, der zwar viel Land geerbt, aber kein Geld für einen neuen Traktor hatte, bei der Bank für mich zu bürgen. Ich versprach ihm dafür einen Traktor und eine gute Rendite. Wir verkauften genau 78 Paar Ski, 50 davon kamen umgehend zurück. Die Kunden tobten wegen der vielen Mängel – es waren vermutlich die schlechtesten Ski in der Geschichte des Wintersports. Unsere Firma brauchte dringend ein neues Produkt. Wir entschieden uns, wetterbeständige Design-Gartenmöbel aus

Polyäthylen herzustellen – ich kannte das Material von den Henkeln der Waschmittelkartons, die mein Grossvater verkauft hatte.

Wie wird man vom Ski- zum Möbelproduzenten?

Ich lernte in Deutschland einen philippinischen Flechter kennen und überredete ihn, Möbel aus Kunststoff für uns zu flechten. Wir entschieden uns kurzerhand, für ein halbes Jahr auf die Philippinen zu ziehen. Nach einem halben Jahr mühevoller Aufbauarbeit präsentierten wir unsere erste Kollektion auf einer Messe in Frankfurt. Weil wir kein Geld hatten für die Dekoration, flankierten wir die Möbel mit zwei Bastgiraffen, die meine Schwester aus Madagaskar mitgebracht hatte. Um es kurz zu machen: Für unsere Möbel interessierte sich kein Mensch, aber viele Besucher fragten mich, wo man solche Bastgiraffen kaufen könne. Ich machte einen Händler in Afrika ausfindig, bald traf eine erste Lieferung von 500 Exemplaren ein. Ich engagierte sämtliche verfügbaren bayrischen Hausfrauen, um die Tiere bunt zu bemalen. So wurde der Kuhstall zum Zentrum für afrikanische Kleinkunst. Wir verkauften mehrere Tausend Stück und hielten uns so über Wasser. Aber eigentlich war München zu teuer geworden für uns. Deshalb kauften wir uns einen heruntergekommenen Hof in Lüneburg in der Nähe von Hamburg.

Woher hatten Sie das Geld?

Meine Frau fragte mich das Gleiche: «Wie sollen wir das zahlen?» Ich antwortete ihr: «Das weiss ich im Moment auch nicht, aber wir brauchen das Geld ja erst in sechs Monaten.» Ich liebe solche Alles-oder-nichts-Situationen. Aus meiner Zeit als Spitzensportler hatte ich Übung in positivem Denken. Ich war felsenfest überzeugt: Wenn man alles auf eine Karte setzt, kommt es am Ende gut. Zwei Wochen vor dem Umzug hatte ich einen Termin bei einem Bankvertreter. Ich redete zwei Stunden ununterbrochen auf den armen Mann ein und bekam am Ende die erforderlichen 780 000 Mark.

Ihre Frau muss gute Nerven haben.

Ja, das hatte sie tatsächlich. Sie hat mir blind vertraut, obwohl sie ganz anders funktionierte als ich, viel bodenständiger war. Es waren sehr abenteuerliche Jahre. Ich will nichts beschönigen, es war nicht immer lustig, keine Ahnung zu haben, wie man die nächsten Monate finanziert. Aber wenn man am Anfang zu viel Geld hat, ist das sehr ungesund. Dieser langsame Aufbau hat ein enorm starkes Fundament geschaffen. Später, als Dedon eine international erfolgreiche Marke war, wunderten sich die Kunden und Journalisten immer wieder, wie ein so grosses Unternehmen so familiär funktionieren kann. Ohne die Prüfungen zu Beginn, ohne den starken Zusammenhalt hätte es die Erfolgsgeschichte gar nie gegeben. Als nach zehn Jahren die Dynamik dann plötzlich umschlug und der Erfolg wie eine Welle über uns hereinbrach, waren wir selber überrascht.

Innerhalb weniger Jahre ist aus einem 5-Mann-Familienbetrieb ein Unternehmen mit 3000 Mitarbeitern geworden. Wie haben Sie das verdaut?
Es war eine berauschende Zeit. Wir fanden gar nicht rasch genug neue Mitarbeiter, ich stellte sprichwörtlich den Eisverkäufer an der Strassenecke und viele andere Leute ein, und dennoch mussten selbst Hollywoodstars wie Brad Pitt lange auf die bestellten Möbel warten. Das Problem ist: Der Erfolg hat seine eigene Dynamik. Irgendwann merkst du, dass nicht er dir folgt, sondern du ihm hinterherrennst. Ich war mehr im Flugzeug als zu Hause, redete öfter mit Journalisten als mit meiner Familie, lebte wie ein Rockstar auf Welttournee. Jede Woche rückte eine neue TV-Crew an, filmte in der Firmenzentrale in Lüneburg, wo auch unser Wohnsitz war. Mir war immer wichtig, dass wir nicht einfach Möbel, sondern ein Lebensgefühl verkauften, aber wenn man nur noch arbeitet wie die Roboter, geht das schlecht. Ich merkte, wie der Druck auf meiner Brust stärker wurde, wie es mich immer mehr Energie kostete, ein guter Botschafter für die Firma zu sein. Die Verantwortung, mit einem falschen Entscheid nicht nur meine Familie, sondern die Familien von mehreren Tausend Mitarbeitern zu gefährden, belastete mich. Deshalb war ich sehr erleichtert, als ich 49 Prozent des Unternehmens an Finanzinvestoren verkaufen und mit meiner Familie an den Genfersee umziehen konnte.

Das war 2006. Keine drei Jahre später wollten Sie die Firma wieder zurückkaufen. Was war geschehen?
Ich war nie besonders begabt im Nachdenken, aber im Nachspüren bin ich gut. Ich spürte damals, dass Dedon höchstens noch sechs Monate überleben

würde, wenn ich nichts unternahm. Also musste ich die Anteile zurückkaufen. Mit welchem Geld, das wusste ich nicht. Erschwert wurde der Rückkauf dadurch, dass die Investoren das Unternehmen schwer verschuldet hatten, um die Kaufsumme für mich zu finanzieren. Deshalb konnte die Bank dreiste Forderungen stellen: Sie teilte mir schriftlich mit, sie sei bereit, über eine Kreditverlängerung zu verhandeln – ich brauchte ihr dafür bloss 1,5 Millionen Euro zu überweisen. 18 Bankmitarbeiter und Berater sollten am Meeting teilnehmen, zudem wollte die Bank den CEO und den CFO einsetzen. Ich wusste sofort: Wenn ich da einwilligen muss, ist die Firma schon in drei Monaten am Boden. Ich spürte aber auch: Es wird im richtigen Moment etwas passieren.

Wie kamen Sie diesmal zu Geld?

Eine Woche nach dieser Demütigung durch die Banken trat ich mit Richard Branson am Swiss Economic Forum in Thun auf und erzählte meine Geschichte. In der Folge lernte ich den Schweizer Arzt Daniel Borer kennen. Eine Woche vor dem Bankentermin rief mich Borer an, wir trafen uns in Ascona. Am Abend redeten wir bei Rotwein über meine Stiftung «Dekeyser & Friends» und über Geschäftliches. Am nächsten Morgen trafen wir uns im Bademantel zum Frühstück. Ich skizzierte Borer die Entwicklung von Dedon und zeigte ihm, was möglich wäre ohne die Schuldenlast. Dann schlug ich vor, ihm 20 Prozent der Firma zu verkaufen. Borer, der nicht nur Arzt, sondern auch Investor aus der Rolex-Dynastie ist, sagte in seiner ruhigen Art: «Gut, so machen wir das.» So ging per Handschlag ein Geschäft in dreistelliger Millionenhöhe über die Bühne, ohne Juristen, einfach auf der Basis von Vertrauen und Sympathie. Die Banker waren damit aus dem Spiel. Heute ist Daniel Borer ein guter Freund. Wir besitzen gemeinsam das Inselresort Dedon Islands.

Von da an ging es wieder aufwärts?

Es ging los wie in einem Düsenflugzeug. Es ist alles eine Frage der Energie. Deshalb liebe ich Krisen: Sie setzen viel Energie frei. Und sie sind ein Steilpass für unkonventionelle Entscheidungen. Ich entscheide oft schnell aus dem Bauch heraus. Jeder Wirtschaftsberater, der mich ein paar Tage begleitet, bekommt Herzrhythmusstörungen. Vielleicht auch deshalb, weil mich Geld nie interessiert hat. Geld ist dazu da, etwas in Bewegung zu bringen. Häuft man Eigentum an, wird es zur Belastung, weil es Zeit und Energie raubt. Ich sehe viele solche goldenen Käfige, wenn wir Möbel liefern. Jedenfalls investierten wir nach Jahren der herzlosen Kostensenkungen wieder in Entwicklung und Design, als gäbe es keine Weltwirtschaftskrise. In den USA sind wir im ersten Jahr um 80 Prozent gewachsen, insgesamt legen wir Jahr für Jahr 25 Prozent zu.

Als Sie das Steuer herumgerissen hatten und alles auf guten Wegen war, erreichte Sie Ende September 2010 die Nachricht, Ihre Frau sei an einer Hirnblutung gestorben.

Das war ein furchtbarer Tiefschlag. Ann-Kathrin war meine erste, meine grosse Liebe, das mit uns schien für alle Ewigkeit gemacht. Und dann soll man verstehen und akzeptieren, dass von einem Tag auf den anderen alles vorbei ist. Ich zog mich acht Monate lang mit meinen drei Kindern zurück; es bringt nichts, dem Schmerz davonzulaufen, er holt dich ja doch ein. Wir redeten viel, weinten viel, ich las Bücher über Trauerarbeit, machte Sport, um mich nicht ganz gehen zu lassen. An einigen Morgen fand ich trotzdem keinen Grund, weiterzumachen.

Haben Sie nach dieser Zäsur erwogen, ganz auszusteigen bei Dedon?

Ich habe kurzfristig daran gedacht, mich nur noch um meine drei Kinder zu kümmern. Dann wurde mir klar, dass damit niemandem gedient wäre. Sie sind erwachsen und wünschen sich einen aktiven Vater, keinen, der sich über einen Verlust definiert. Ich selber lebe seit dem Tod meiner Frau noch bewusster. Ich höre noch stärker auf meine Gefühle, mache mich frei von den Erwartungen anderer, versuche, keine Angst zu haben, vor gar nichts. Meine Hauptaufgabe ist, jungen Menschen Mut zu machen. Sie sollen auf ihre Sehnsucht hören und sich nicht verbiegen lassen. Heute gibt es so viel Manipulation, Verführung, Ablenkung – es ist schwierig geworden, Stille zu erleben, gemeinsam etwas aufzubauen und Freundschaften zu pflegen. Aber letztlich kommt es nur darauf an: den Moment zu erwischen, um mit den richtigen Leuten etwas Gutes zu tun. Das möchte ich im Buch zeigen, das ich mit meinem Freund Stefan Krücken geschrieben habe.

Welche Ziele verfolgen Sie mit Ihrer Stiftung «Dekeyser & Friends»?
Es ist eine Mutmacher-Stiftung, die jungen Menschen erlaubt, ihre Träume zu verwirklichen. Wir unterstützen verschiedene Projekte, in erster Linie aber die D & F Academy, eine Bildungsinitiative, die jährlich drei Programme für 15 Jugendliche aus aller Welt organisiert. Ziel ist es, motivierten Menschen die Chance zu geben, in ihren Ländern und damit in der Welt etwas zu verändern. Ein Beispiel: In Malawi hat unsere Stipendiatin eine Werkstatt für Bambusmöbel eröffnet. Die Möbel sind qualitativ so gut, dass man sie exportieren kann. Sie bildet nun junge Frauen zu Flechterinnen aus und will mit einem Teil der Gewinne Stipendien für junge Landsleute vergeben. Es gibt viele starke Ideen. Wir wollen das ausbauen, wir erhalten jedes Mal 1000 Bewerbungen aus 100 Ländern für die 15 Plätze. Bald werden in New York und Asien Akademien eröffnet. Sobald Dedon wieder profitabel ist, gehen 10 Prozent des Gewinns in die Stiftung. Die Stiftung ist heute meine wichtigste Lebensaufgabe. ■

Kontakt und Information: *www.dedon.de*

Literatur: *Bobby Dekeyser / Stefan Krücken ‹Unverkäuflich!›*
Ankerherz-Verlag, Hollenstedt bei Hamburg 2012

Die von Bobby Dekeyser vor 20 Jahren gegründete Firma Dedon beschäftigt heute 2800 Angestellte. Rund 80 davon sind am Hauptsitz in Lüneburg bei Hamburg tätig, wo die Kunstfaser für die Gartenmöbel produziert wird, über 2000 Angestellte arbeiten auf Cebu, einer Insel der Philippinen, wo die Rahmen hergestellt und die Möbel geflochten werden. Als Marktführer im Bereich der hochwertigen Outdoormöbel ist Dedon in 80 Ländern präsent. Zu den Kunden gehören der Vatikan, Hollywoodstars wie Brad Pitt, Sportler wie Roger Federer oder die deutsche Fussballnationalmannschaft sowie der Sultan von Brunei. Im April 2012 wurde Dedon Island eröffnet, ein Barfussresort für Gutbetuchte, die gerne selber Fische fangen und das Essen mit einem Starkoch zubereiten. Dedon Travel bietet exklusive Abenteuerreisen an.
Die Stiftung Dekeyser & Friends (gegründet 2009) vergibt jedes Jahr Stipendien an junge Menschen aus aller Welt zur Umsetzung von Kultur-, Sport- und Sozialprojekten.

DETTWILER PETER
Vom UBS-Filialleiter
zum Gewürz- und Teehändler

17.3.2012

Wenn ein UBS-Manager auf Gewürze, Tee und Kaffee umsteigt

Bis vor zwei Jahren beschäftigte er sich mit Aktien, Obligationen und Hypotheken, heute mit Tee, Gewürzen und Stutenmilch. Peter Dettwiler, ehemaliger UBS-Filialleiter in Thun, hat den Schritt in die Selbständigkeit noch keinen Moment bereut – obwohl er im ersten Anlauf als Unternehmer viel Lehrgeld bezahlt hat. Ein Jahr nach Firmengründung hat er die Gewinnschwelle erreicht.

Herr Dettwiler, wie kommt es, dass ein ehemaliger UBS-Manager heute Kaffee, Tee und Gewürze abpackt und zur Post trägt?

PETER DETTWILER: Ich übernahm 2008 die Leitung der Geschäftsstellen Thun, Spiez und Oberdiessbach. In dieser Zeit wurde es immer schwieriger, etwas zu gestalten. Ich fühlte mich in der Defensive, sah mehr Gefahren als Gelegenheiten. Und dann gab es noch diese Zäsur, während der Ferien in Griechenland, als unser damals achtjähriger Sohn schwer verunfallte und plötzlich vorübergehend viel Betreuung brauchte. Da habe ich mich schon gefragt, was wirklich wichtig ist. Vorher war ich ein Wochenend-Vater gewesen, immer früh raus am Morgen, am Abend immer Geschäftstermine, das gehörte einfach dazu. Ich wollte nicht so weiterfahren. Also kündigte ich, widmete mich dem Haushalt und der Erziehung und lernte sogar ein wenig kochen.

Hatten Sie keine Bedenken, die gut dotierte Stelle einfach so aufzugeben?
Nein. Ich war mir immer bewusst, dass es in dieser Branche keine sicheren Stellen gibt – man lebt sogar sehr gefährlich als Angestellter, jede Reorganisation kann dich überflüssig machen. Meine Frau und ich waren immer beide berufstätig, wir achteten darauf, dass wir keine Verpflichtungen eingehen, die unsere Unabhängigkeit gefährden. Als ich kündigte, erhöhte sie ihr Pensum als Ärztin von Teilzeit auf Vollzeit. Sie vergrösserte ihre Praxis und bezog eigene Räume. Und sie hat sich an meiner Firma beteiligt. Diese Zeit hat uns sehr zusammengeschweisst.

War es nicht hart, vom Filialleiter zum Hausmann zu mutieren? Gab es keine schrägen Blicke von den Nachbarn?
(Lacht) Die Nachbarn haben mich eher vorher schräg angeschaut. Während meiner Zeit als UBS-Vizedirektor wurden wir nicht mehr spontan von den Nachbarn zum Grillieren eingeladen. Nachdem ich gekündigt hatte, wollten plötzlich einige wieder mit mir Kaffee trinken. Aber natürlich waren die ersten Wochen hart. Da fühlte ich mich unter Druck, dachte, nach 15 Jahren Karriereleiter müsse ich mich sofort wieder bewerben. Bald liess ich es sein und gestand mir ein, dass ich keine Ahnung hatte, was ich in Zukunft machen werde. Das blieb ein ganzes Jahr lang so – und es war ein sehr ergiebiges Jahr, eines meiner besten Jahre überhaupt. Ich lernte viele interessante Menschen kennen und entwickelte mit manchen von ihnen verrückte Ideen.

Wie kamen Sie auf die Idee, mit Tee und Gewürzen zu handeln?
Ich leide seit längerem unter der Hautkrankheit Neurodermitis und verwendete aus diesem Grund regelmässig Stutenmilchpräparate aus Deutschland. Eine günstige Konstellation führte dazu, dass ich diese Produkte selber importieren konnte. Das zog rasch weitere Kreise, und plötzlich war ich mittendrin im Handel. Durch meine vielfältigen Kontakte ergaben sich weitere Geschäftsfelder, ich begann, Tee, Gewürze und Kaffee zu importieren.

Ist das nicht aussichtslos, als Quereinsteiger gegen etablierte Marken anzutreten?

Es gibt Beispiele, die zeigen, dass das gut funktionieren kann, wenn man die vielen Stufen im Zwischenhandel umgehen kann. Inspiriert hat mich Günter Faltin, Professor für Entrepreneurship in Berlin, der mit seinem Projekt Teekampagne zum grössten Importeur von Darjeeling-Tee avanciert ist. Nach der Lektüre seines Buchs sagte ich mir: Das muss in der Schweiz auch möglich sein. Heute, nach einem Jahr, umfasst unser Sortiment rund 1000 Tee-Rezepturen, 160 bis 180 davon bieten wir jeweils im Handel an. Durch persönliche Kontakte und ein weites Netzwerk gelang es mir, mit Teegärten vor allem in China und Indien sowie mit Produzenten in der Schweiz und anderen Ländern Partnerschaften aufzubauen.

> *Manchmal müssen erst unangenehme Dinge passieren, um uns daran zu erinnern, dass es an der Zeit ist, etwas zu ändern.*
> UNBEKANNT

Sie bieten Tee, Kaffee, Stutenmilch, Nachtkerzenöl, Murmeltierfett, Gewürze, Bonbons und vieles mehr an. Haben Sie selber noch den Überblick in Ihrem Gemischtwarenladen?

Es ist ganz gut, wenn man nicht alle Eier in den gleichen Korb legt. Grob gesagt gibt es die Genussmanufaktur mit handverlesenen Tee-, Kaffee- und Gewürzprodukten und eine Pflegelinie für Menschen mit sensibler Haut. Das Bild vom Gemischtwarenladen gefällt mir übrigens gut, mein Grossvater war im Kolonialwarenhandel tätig, ich arbeite heute teilweise mit den gleichen Lieferanten zusammen wie er damals. Meine Mutter ist Drogistin, sie gibt mir immer wieder Tipps.

Ihre Firma Svela Nature ist seit einem Jahr auf dem Markt, bis vor vier Wochen gab es aber weder einen Telefonbucheintrag noch eine Homepage. Wie kamen Sie zu Kundschaft?

Es gibt in der Schweiz ein sehr aktives Kundensegment, das immer auf der Suche nach dem Speziellen ist, nach Produkten, die kein Grossverteiler im Angebot hat. Der Frauenanteil unserer Kundschaft liegt bei 85 Prozent, viele tauschen sich intensiv mit Freundinnen über ihre Entdeckungen aus. Dank solcher Mund-zu-Mund-Propaganda konnten wir im ersten Jahr über 1400 Bestellungen an 820 Kunden senden.

Reicht das aus, um profitabel zu arbeiten?
Ja, da die Firma sehr schlank organisiert ist, sind wir seit einem halben Jahr profitabel. Allerdings zahlten wir zu Beginn Lehrgeld. Ich war derart überzeugt von unseren Produkten, dass ich mehrere Mitarbeiter im Stundenlohn für Telemarketing bezahlte. Das verschlang viel Geld, brachte aber kurzfristig kaum Umsatz.

Als ehemaliger Banker konnten Sie sich das leisten.
Nicht wirklich. Ich konnte mich nur dank der Unterstützung meiner Frau und meiner Familie auf dieses Wagnis einlassen. Sie gaben mir Sicherheit – aber ehrlich gesagt machte es mir trotzdem zu schaffen, dass ich zunächst gar nichts verdiente. Mein Männer-Ego litt ziemlich, wenn ich meine Frau jeweils fragte, ob sie die nächste Tankfüllung übernehmen könnte. Auch im Restaurant zahlt immer sie, seit ich selbständig bin. Das möchte ich wieder ändern.

Welches sind die nächsten Ziele?
Bis in 24 Monaten wollen wir einen schönen Laden in der Berner Altstadt eröffnet haben, später in anderen Schweizer Städten. In den Läden sollen all die Düfte und Farben zum Tragen kommen, es wird eine Tee- und Kaffeebar geben. Das Schönste an meinem heutigen Beruf ist ja, dass ich täglich mit wunderbaren Produkten zu tun habe. Meine Tage sind viel farbiger, ich darf alles machen, bin Einkäufer, Vertriebsleiter, Qualitätsbeauftragter, Postbote, Finanzchef, Werbeleiter, tausche Festplatten aus, erstelle Steuerausweise, probiere neue Teesorten. Und wenn ich am Abend mit einer gut gefüllten Ikea-Tasche zur Post gehe, dann spüre ich meine Produkte und den Umsatz ganz unmittelbar – diese Befriedigung ist unbezahlbar. ■

Kontakt und Information: *info@svela.ch*

«Ich kann zwar nicht gehen, aber ich könnte versuchen zu tanzen»

Maya Farner hat einen weiten Weg zurückgelegt, um ihrer Berufung nahezukommen: Mit 22 Jahren liess sich die Kindergärtnerin in Istanbul von einem Derwisch im Drehtanz unterrichten. Später suchte sie als Tänzerin trotz schwerwiegender Knieprobleme beharrlich nach eigenen Ausdrucksformen auf der Bühne. Die Kurse ihrer Schule für Orientalischen Tanz und Trancetanz sind permanent ausgebucht.

Frau Farner, Sie sind in Zürich in einer streng religiösen Familie aufgewachsen. Wie wurde aus Ihnen eine orientalische Tänzerin, die immer neue märchenhafte Bühnenstücke kreiert?

MAYA FARNER: Ich habe einen langen Weg zurückgelegt, um zu werden, wer ich bin. Schon früh fühlte ich mich zu allem Musischen hingezogen, aber als Beruf kam das nicht in Frage. Meine Eltern bestanden darauf, dass ich etwas Rechtes lerne, Krankenschwester oder Kindergärtnerin. So nahm ich das Lehrerseminar mit Hauptfach Sport in Angriff, musste die Ausbildung aber bald abbrechen, weil ich wegen massiver Knieprobleme den Turnunterricht nicht besuchen konnte. Ich absolvierte schliesslich die Diplommittelschule und wurde wie vorgesehen Kindergärtnerin. Nach einem halben Jahr konnte ich mir nichts mehr vormachen: Es war nicht meine Welt, nicht mein Beruf. Von da an wandte ich mich dem Tanzen zu.

War der orientalische Tanz für Sie ein Gegengewicht zu den begrenzenden Verhältnissen in ihrer Jugend?
Es gab wohl zwei Antreiber: Bewegung ist wichtig in meinem Leben, seit ich denken kann. Ich habe immer schon getanzt, musste mit zwanzig aber fürchten, meine Bewegungsfreiheit einzubüssen. Die Knieoperation, die meine Wachstumsprobleme beseitigen sollte, war gründlich schiefgelaufen, sodass an Flamenco und andere Tanzstile nicht mehr zu denken war. Ich suchte deshalb eine sanftere Form der Bewegung und wurde auf den orientalischen Tanz aufmerksam, der gerade neu in der Schweiz angekommen war. Bei dieser Tanzform kommt die Bewegung viel stärker aus dem Körperstamm: Becken, Brustkorb und Arme werden isoliert, es gibt keine Sprünge und andere Elemente, bei denen grosse Kräfte auf die Beine wirken. So gewann ich durch den orientalischen Tanz meine Bewegungsfreiheit zurück.

Welches war der zweite Antreiber?
Natürlich war das Bild des Orients ein Gegenentwurf zur streng christlichen Religiosität meiner Kindheit. Als ich mit 22 Jahren nach Istanbul ans Tor zum Orient reiste und mich von einem Derwisch im Drehtanz unterrichten liess, war das eine Befreiung. Zuvor war ich aus der Kirche ausgetreten, aber wenn du dein Leben lang betest und dann von einem Tag auf den anderen damit aufhörst, fehlt dir etwas. Im Sufismus fand ich eine für mich stimmige Form der Spiritualität: das getanzte Gebet. Denn im Drehtanz wird die ruhige Achse als eigene Mitte erfahrbar.

Wann kamen Sie auf den Gedanken, das Tanzen zu Ihrem Beruf zu machen?
Das war lange Zeit keine Option, ich kam gar nicht auf die Idee, dass ich mit dieser Leidenschaft meinen Lebensunterhalt verdienen könnte. Stattdessen holte ich bei der Akad die Matur nach und studierte Religionswissenschaften und Philosophie, um mehr zu erfahren über die kulturellen Hintergründe des Tanzes und über die Relation von Körper und Geist. Daneben bildete ich mich intensiv in orientalischem Tanz weiter und gab Tanzunterricht. Nach vier Jahren Studium, kurz vor dem Abschluss, häuften sich die Tanzanfragen so sehr, dass ich mich entscheiden musste, ob ich mich aufs Lizenziat konzentrieren oder ganz auf die Karte Tanz setzen wollte. Ich vertraute auf mein

Bauchgefühl, brach die Uni ab und widmete mich ausschliesslich dem Tanzen. Wenige Monate später waren meine Knie so blockiert, dass ich nicht mehr aus meiner Wohnung kam.

Sie mussten alle Termine absagen?

Ja, Kolleginnen sprangen für mich ein, ich sass zuhause und hatte die Stimmen meiner Freunde im Ohr, dass es unverantwortlich sei, den akademischen Abschluss nach acht Jahren Vorarbeit so kurz vor dem Ziel aufzugeben. Schlimmer war die bohrende Frage, ob ich meinem Bauchgefühl noch trauen konnte. Es war eine grausame Zeit, nicht nur wegen der Schmerzen, sondern auch, weil ich kein Selbstvertrauen und keine Perspektive hatte. Ich suchte mit Krücken verschiedene Kniespezialisten auf und erhielt immer die gleiche Auskunft: «Vergessen Sies, da ist nichts mehr zu retten!» Schliesslich war ein Spezialist in Magglingen bereit, es mit einer neuartigen Operationstechnik zu versuchen, aber auch dieser Eingriff brachte zunächst keine Fortschritte – die Knie waren chronisch entzündet, weder Kortisonspritzen noch Physiotherapie verschafften dauerhaft Linderung.

> *Krisen sind Angebote des Lebens, sich zu wandeln. Man braucht noch gar nicht zu wissen, was neu werden soll. Man muss nur bereit und zuversichtlich sein.*
>
> LUISE RINSER

Eine ausweglose Situation.

Ja, das war es, bis ich nach einem halben Jahr dachte: «Ich kann zwar nicht gehen, aber ich könnte versuchen, im Wohnzimmer ein wenig zu tanzen.» Erst als der Weg zum Tanz komplett versperrt schien, fand ich durch den Schmerz zu einer tieferen Auseinandersetzung mit meinem Körper und einen neuen Zugang zur Bewegung. Die lädierten Knie zwangen mich, den Weg in letzter Konsequenz zu gehen. Bald wurden die Schmerzen erträglicher und behinderten mich schliesslich kaum mehr.

Wie wurde der orientalische Tanz in der Schweiz aufgenommen?

Ich hatte als Pionierin mit vielen Vorurteilen zu kämpfen. Laien sahen darin in erster Linie den Bauchtanz und hielten das rasch für eine unseriöse, anzügliche Sache. Die professionellen Tanzschaffenden situierten diese Tanzform ebenfalls eher im Bereich der Unterhaltung als im Kunst-Segment. Weil ich parallel zur Tätigkeit auf der Bühne ein Nachdiplomstudium in Tanzkultur an der Universität Bern absolvierte, wurde mir rasch bewusst, wie gefährlich es ist, eine Kunstform eins zu eins in einen anderen Kulturkreis zu verpflanzen. Ich begann, mich von den starren Vorgaben des orientalischen Tanzes zu emanzipieren und meine ganz persönliche Ausdrucksweise zu suchen. Das war die zweite Revolution in meinem Leben nach dem Auszug aus dem Elternhaus: dass ich die Vorgaben, welche die orientalische Tradition verlangt, über Bord warf und darauf pochte, dass Kunst die totale Freiheit braucht. Jeder kann sie für sich beanspruchen, der sich mit der Tradition auseinandergesetzt hat.

Worin unterscheidet sich Ihre Interpretation von der orientalischen Tradition?
Im klassisch-orientalischen Tanz wird ein Aspekt des Frauseins extrem betont: das Schöne, Verführerische, Erotische. Das ist auch einer der Gründe, warum Tänzerinnen im Orient kein Ansehen haben, teilweise mit Verachtung gestraft werden. Mir war es wichtig, auch die anderen Aspekte, die dunklen, unangepassten und wilden Seiten des Weiblichen einzubeziehen. Dafür braucht es ein erweitertes Bewegungsvokabular, welches ich mit zeitgenössischen Tanztechniken entwickle.

Das brachte Ihnen zwar nicht unbedingt viel Prestige, aber grossen Zuspruch für Ihre Kurse.
In der Schweiz hat der Tanz gesellschaftlich eine höhere Akzeptanz, er gilt als Kunstform. Als Vertreterin einer weniger bekannten, exotischen Stilrichtung lebe ich mit dem Stigma, eine Aussenseiterin zu sein. Wer weiss, vielleicht werde ich dank dem kürzlich absolvierten Master in Tanzkultur ja doch noch vom Berufsverband Dance Suisse aufgenommen (lacht). Aber ich brauche heute keinen amtlichen Segen mehr, obwohl ich finde, dass es in unserer globalisierten Welt jedem gut anstünde, sein Kulturverständnis durch Auseinandersetzung mit anderen Traditionen zu erweitern. Mein Antrieb ist die künstlerische Arbeit an eigenen Produktionen und die experimentelle und wissenschaftliche Reflexion des Tanzes. Weil ich davon nicht leben kann und

weil es mir ein Bedürfnis ist, meine Erfahrungen zu teilen, gebe ich Kurse in orientalischem Tanz, Trance-Tanz und Derwisch-Tanz.

Diese Kurse sind immer sofort ausgebucht. Warum ziehen sie so viele Teilnehmerinnen an? Die «Zeit» mokierte sich kürzlich darüber, dass Businessfrauen im orientalischen Tanz nach der «prallen Weiblichkeit» suchen, die im Büroalltag verpönt sei...

Mich hat die blumige, beinahe orientalische Ausdrucksweise der Autorin des Artikels amüsiert. Natürlich gibt es Teilnehmerinnen, die im Tanz eine Gegenwelt zur nüchtern-rationalen Berufswelt sehen. Die Motive sind aber sehr vielfältig: Berufstänzerinnen finden hier neue Impulse, Private kommen zum Derwisch-Tanz, um sich einen andern Blickwinkel zu erschliessen, der dem Leben eine zusätzliche Tiefe geben kann; und im orientalischen Tanz machen Frauen die schöne Erfahrung, dass man nicht immer Haltung bewahren muss, sondern verspielt neue Ausdrucksformen suchen kann. Viele schätzen es, dass sie diese runden, fliessenden Bewegungen ohne männliche Zuschauer proben und dadurch ganz bei sich sein können, weil sie niemandem gefallen müssen. ■

> *Selbstmitleid bringt dich nirgendwohin. Man muss den abenteuerlichen Mut haben, sich selbst als ein Bündel von Möglichkeiten zu akzeptieren, um das Beste aus seinem Leben zu machen.*
> SIDNEY J. HARRIS

Kontakt und Information: *www.mayafarner.ch*

FUHRIMANN PATRIC
Vom Controller zum waghalsigen Quinoa-Importeur

11.6.2011

«Wir kauften mit dem Geld aus der Pensionskasse 20 Tonnen Quinoa»

Wenn ein studierter Betriebsökonom in Bolivien auf einer Papierserviette einen Businessplan entwirft und sich dann Hals über Kopf in den Rohstoffhandel stürzt, ist das keine Firmengründung nach Lehrbuch. Doch wer fragt schon nach Sicherheiten, wenn das Abenteuer ruft? Patric Fuhrimann hat in den letzten fünf Jahren mehr gelernt als andere in einem ganzen Arbeitsleben.

Herr Fuhrimann, Sie haben auf dem zweiten Bildungsweg Betriebsökonomie studiert. Statt danach eine gut dotierte Stelle anzutreten, packten Sie Ihre Sachen und reisten ins bolivianische Hochland. Was hatten Sie dort vor?

PATRIC FUHRIMANN: Es war ein wenig verrückt. Ich hatte viel Zeit und Energie in das berufsbegleitende Studium investiert. Vernünftig wäre gewesen, nach dem Abschluss bei einer Bank oder Versicherung anzuheuern. Meine Partnerin und ich hatten aber mehr Lust, ein Abenteuer in Bolivien in Angriff zu nehmen. Wenn man sich erst einmal an die Annehmlichkeiten gewöhnt hat, bricht man nicht mehr so leicht auf. Deshalb sagte ich mir: «Du bist jetzt 30-jährig – auf 80 Lebensjahre kannst du dir drei verrückte Jahre herausnehmen.»

Sie machten nicht einfach Ferien, sondern engagierten sich in einem Projekt in Bolivien. Was war Ihre Aufgabe?
Wir halfen den Bauern aus dem Tiefland, ihre Produkte besser zu vermarkten. Zuerst war alles sehr handgestrickt, wir klebten selbstgedruckte Bio-Etiketten auf die Reis- und Bohnen-Verpackungen. Um die Sache etwas professioneller anzupacken, suchte ich die internationale Zertifizierungsstelle in Bolivien auf. Im Warteraum sprach mich ein Bauer aus dem Hochland an. Er bat mich, ihm bei der Vermarktung des getreideähnlichen Korns Quinoa zu helfen. Ausserdem brauche er noch einen Bankkredit. Wir sprachen mit ihm bei Banken vor, erhielten aber kein Geld. Also schlug der Bauer vor: «Kauft doch meine Ware und eröffnet einen Laden in der Schweiz.»

Gesagt, getan?
Wir entwarfen auf einer Papierserviette eine Art Businessplan. Wären wir in der Schweiz gewesen, hätten wir das Risiko kaum auf uns genommen. In Bolivien ist schon die Busfahrt vom Hoch- ins Tiefland so riskant, dass niemand Sicherheit erwartet. Davon liessen wir uns wohl anstecken. Nachdem uns einige Verarbeiter aus der Schweiz vages Interesse signalisiert hatten, entschlossen wir uns, mit unserem Pensionskassengeld 20 Tonnen Quinoa zu kaufen. Meine Partnerin reiste in die Schweiz und gründete 2006 mit ihrem Bruder die Firma Swipala. Ich kümmerte mich um die Logistik vor Ort.

Wie lagert man 20 Tonnen Quinoa?
Meine Partnerin machte eine alte Käserei auf dem Land ausfindig, die in einen trockenen Lagerraum umfunktioniert werden konnte. Von Bolivien aus überredete ich meine Eltern, diesen Lagerraum für uns herzurichten. Sie dachten vermutlich, ihr Sohn habe den Verstand verloren. Nachdem sie sich vom ersten Schock erholt und den Ernst der Lage erfasst hatten, mobilisierten sie ihre Kollegen und packten mit an. Nach einer 55-tägigen Reise mit Camion, Schiff und Bahn traf unser in Challapata auf über 4000 Metern über Meer geerntetes Quinoa in der alten Käserei in Mülchi ein – und wir standen vor der Frage, wie wir diesen Schatz verpacken und unter die Leute bringen konnten. Klar war: Es mussten auffallend schöne Verpackungen sein. Eine bolivianische Malerin und ein Schweizer Verpackungsprofi halfen mit, dieses Ziel zu realisieren.

Wie entwickelte sich die Nachfrage?

Wir stellten nach der Rückkehr rasch fest, dass es sehr schwierig war, Abnehmer zu finden. Ich fand einen Teilzeitjob, die übrige Zeit nutzte ich, um Klinken zu putzen. Überall warb ich für unser Produkt, pries die hervorragenden Nährwerte, die Vielseitigkeit von Quinoa in der Zubereitung, den Fair-Trade-Aspekt. Jedes Mal, wenn ein Bio-Laden drei oder fünf Packungen bestellt hatte, brachte ich die Ware voller Stolz persönlich vorbei. Mein betriebswirtschaftliches Gewissen hätte es mir ja verbieten müssen, wegen dreier Packungen nach Sargans zu fahren, aber zu Beginn gab es keine Alternative. Dann gewannen wir dank der Zusammenarbeit mit einem engagierten Logistiker auf einen Schlag 200 Kunden. Das fühlte sich an wie der Durchbruch. Doch finanziell rechnete sich das Projekt noch nicht. Wir legten bei jeder Packung drei Franken drauf – unsere Arbeitszeit nicht eingerechnet.

> *Die reinste Form des Wahnsinns ist es, alles beim Alten zu lassen und gleichzeitig zu hoffen, dass sich alles ändert.*
>
> ALBERT EINSTEIN

Trotz ehrenamtlicher Arbeit verdienten Sie kein Geld?

Wir zahlten viel Lehrgeld. Lange Zeit standen wir am Wochenende mit unseren Eltern im Lager und füllten mit einer kleinen Schaufel Quinoa aus 20-Kilo-Säcken in 500-Gramm-Packungen um. Schliesslich fanden wir einen Betrieb, der für uns sechs Tonnen in zwei Stunden abpackte – und inzwischen wird ein Teil in Bolivien verpackt. Heute sind wir fast schon Outsourcing-Profis. Wir bieten auch Pops und Flocken sowie Müesli, Teigwaren und Schokolade auf Quinoa-Basis an und importieren seit kurzem sogar Kaffee.

Können Sie nun vom Handel leben?

Nein, es ist noch immer ein aufwändiges, aber erfüllendes Hobby. Vier Tage pro Woche bin ich als Leiter Finanzen und Logistik bei Swissaid tätig, daneben bleiben drei Tage und einige Abende für die Quinoa-Geschichte. Praktisch ist, dass wir zeitlich sechs Stunden Vorsprung auf Bolivien haben. So kann ich nach Feierabend problemlos über Skype mit Partnern in Bolivien verhandeln und das Geschäft vorantreiben. Finanziell ist es unter dem Strich ein

Nullsummenspiel. Wir sind im Rohwarenhandel tätig, entsprechend ist unser Geld meistens auf dem Meer oder im Lager. Wenn wir gut verkaufen, investieren wir sofort in neue Produkte, bessere Verpackungen oder Outsourcingpartner.

Haben Sie in den fünf Jahren nie mit dem Gedanken gespielt, das aufwändige und riskante Geschäft aufzugeben?

(Lacht) Wir machen jedes Jahr in der Adventszeit eine Retraite, um grundsätzliche Fragen in Ruhe zu besprechen. Jedes Mal fassen wir am Ende den Entschluss, mit der ganzen Sache aufzuhören. Wir brauchen das doch nicht, Produzenten, die uns übers Ohr hauen, all die Probleme mit den Frachtpapieren, Konkurrenten, die uns aushorchen, meine Eltern, die mir signalisieren, sie würden lieber das Projekt Pensionierung umsetzen, statt noch eine Lageristenkarriere zu lancieren – und überhaupt könnten wir gemeinsam so viele schöne Dinge machen in der Freizeit. Und dann packt uns das Fieber doch jedes Mal wieder. Wir sehen unsere Produkte, die alle eine lebhafte Geschichte erzählen, in den Läden, blicken auf fünf enorm intensive Jahre zurück, denken an die Bauern in Bolivien, die dank dem Quinoa-Anbau ein regelmässiges Einkommen haben. Und dann ist klar, dass das Abenteuer weitergehen muss … Etwas Eigenes zu realisieren und Entscheidungen zu fällen, ohne einen Chef fragen zu müssen, ist ein unbezahlbarer Luxus. ■

> *Wer Geduld sagt, sagt Mut, Ausdauer, Kraft.*
> MARIE VON EBNER-ESCHENBACH

Kontakt und Information: *patric.fuhrimann@swipala.com, www.swipala.com*

7.12.2020

«Der Corona-Lockdown war für mich ein Glücksfall»

Bis zum Ausbruch der Corona-Pandemie hat Lebrecht Gerber, Chef des Telemedizinanbieters «Medi24», 80 Stunden und mehr pro Woche gearbeitet. Die Zäsur durch den Lockdown hat den Manager umdenken lassen: «Ich will nicht mehr ins Hamsterrad zurück», sagt der 37-Jährige.

Viele Büros sind verwaist, weil die Angestellten auf Empfehlung des Bundesrats im Homeoffice arbeiten. Bedauern Sie das als Chef?

LEBRECHT GERBER: Für die Unternehmenskultur ist es eine Herausforderung. Unsere Ärzte und Pflegefachleute arbeiten zwar schon länger dezentral, aber ich habe immer darauf gepocht, dass wir uns regelmässig an einem Teamtag physisch hier in Bern treffen und uns Zeit nehmen für einen intensiven Austausch. Gerade für die, die neu an Bord kommen, ist das wichtig. Nur so entsteht ein Kitt, gelingt die Identifikation. Für mich persönlich war der Lockdown im März aber ein Glücksfall.

Weshalb?

Weil er mich gezwungen hat, endlich wieder einmal ganz runterzufahren. Vorher war ich alle paar Tage in einer anderen Stadt, pendelte zwischen Bern, Zürich, Paris, München und Dublin hin und her und wusste am Freitag kaum mehr, was ich am Montag gemacht hatte. War ich in Paris, hatte ich am Abend noch Onlinemeetings mit Bern, war ich in Bern, besuchte ich Kunden in der ganzen Schweiz oder plante die nächste Sitzung am Hauptsitz der Allianz-Gruppe in München. Mir wurde erst durch den Lockdown bewusst, wie unglaublich eng mein Leben getaktet war und wie viel mir entging durch meinen Tunnelblick.

Zum Beispiel?

Ich hatte das Privileg, den Lockdown mit meiner Partnerin im Ferienhaus in Adelboden zu verbringen. Wir erwarteten damals unser erstes gemeinsames Kind. Ich hatte Zeit für die Beziehung, sah erstmals seit langem wieder die Schönheit der Natur. Vorher war ich von Stadt zu Stadt geeilt und hatte kaum etwas davon gesehen.

Wie viele Stunden pro Woche haben Sie gearbeitet?

70 oder eher 80 Stunden pro Woche waren normal, manchmal auch mehr. Ich war derart im Hamsterrad, dass ich mir nicht gross überlegt habe, was das für meine Partnerin und mein Umfeld bedeutet. Ich bildete mir etwas darauf ein, ein überdurchschnittlich empathischer Chef zu sein, aber im Privatleben, fürchte ich, war ich teilweise wenig rücksichtsvoll.

War es Ihnen nicht wichtig genug?

Ich bin in jungen Jahren rasch die Karriereleiter hochgeklettert – das wirkt wie ein Sog. So half ich mit, die Erfolgsgeschichte von Medi24 ins digitale Zeitalter zu bringen und durfte die Verantwortung für «Global Health Services» bei der Allianz Partners Gruppe übernehmen. Die Manager, mit denen ich zu tun hatte, waren alle ähnlich unterwegs. Eine Achtsamkeits-App reicht nicht, um diesem Hamsterrad zu entkommen. Der Lockdown war für mich eine grosse Zäsur. Zuerst galt es, rasch vieles neu zu organisieren. Dann war ich in einer Art Vakuum, und es meldeten sich Fragen.

Etwa die, ob man wirklich einen so hohen Preis zahlen muss für eine steile Karriere und ob es einem das wert ist. Ihre Antwort?

Für mich habe ich während des Lockdowns rausgefunden: Man kann auch in 50 Stunden pro Woche seine Verantwortung als Chef voll und ganz wahrnehmen und einen guten Job machen, wenn man weniger reist, den Angestellten mehr Vertrauen schenkt und unnötige Sitzungen und andere Leerläufe eliminiert. Der nächste Schritt ist, das nicht nur zu erkennen, sondern auch zuzugeben. In der Chefetage gilt es vielerorts als Zeichen von Stärke und Unentbehrlichkeit, 90 Stunden oder mehr zu arbeiten. Ich will nicht mehr in diesen Trott zurück, will keine Calls abends um 22.30 Uhr mehr machen und keine Wochenenden mehr durcharbeiten. Ich glaube, die Zeit ist reif für Manager, die sich nicht mehr darüber definieren, wie viel sie arbeiten.

Haben Sie den Eindruck, bei anderen Führungskräften habe auch ein Umdenken eingesetzt?

Manche werden versuchen, möglichst bald wieder zum «courant normal» zurückzukehren. Viele haben aber gemerkt, dass die Resultate nicht schlechter ausfallen, wenn man die Leute weniger kontrolliert, sie mehr nach ihrem eigenen Rhythmus arbeiten lässt. Zu manchen Geschäftspartnern habe ich heute ein persönlicheres Verhältnis, weil ich sie im Zoom-Meeting in ihrer Wohnung gesehen habe, teilweise mit Kindern im Hintergrund. Und ich selber geniesse es sehr, mehrmals pro Tag meine fünfmonatige Tochter in den Arm nehmen zu können und mit der Familie zu essen.

Sie leiten einen der grossen Schweizer Telemedizin-Anbieter. 95 Prozent der Konsultationen finden nach wie vor am Telefon statt. Ist das noch zeitgemäss?

Wir haben hauptsächlich drei Aufgaben: medizinische Fragen beantworten, die Behandlungsdringlichkeit abschätzen und die Kunden an geeignete Leistungserbringer weiterverweisen. Die Technik kann den Menschen immer besser unterstützen, etwa in Form von digitalen Symptomchecks. Wir beobachten sehr genau, was im Silicon Valley und in anderen Innovations-Hotspots entwickelt wird. In Israel läuft zum Beispiel aktuell ein gigantisches Projekt, bei dem zwei Millionen Patientendossiers digitalisiert wurden zwecks Entwicklung einer lernenden künstlichen Intelligenz. Ich sehe aber nicht, dass der Mensch in den nächsten fünf Jahren entbehrlich würde. ■

Kontakt: *l.gerber@medi24.ch*

15.7.2021

«Jeder Mensch wird zweimal geboren»

Daisy Gilardini begann ihre Laufbahn als Steuerberaterin. Doch die Teilnahme an einer Antarktis-Expedition stellte ihr Leben auf den Kopf. Gilardini verschrieb sich ganz der Wildtier-Fotografie. Die in Kanada lebende Schweizerin will mit ihrer Arbeit die Herzen der Menschen bewegen und diese für den Schutz der Umwelt sensibilisieren.

Daisy Gilardini, Ihre Fotos von Wildtieren berühren Menschen weltweit. Wann haben Sie Ihr Herz für Tiere entdeckt?

DAISY GILARDINI: Ich bin im Tessiner Dorf Scairolo bei Lugano inmitten von Hühnern, Katzen, Hunden, Kühen und Pferden aufgewachsen, liebte alle Tiere und verbrachte stets so viel Zeit wie möglich mit ihnen. Weil die ganze Verwandtschaft davon wusste, bekam ich zum Geburtstag immer jede Menge Stofftiere.

> *Wer nichts riskiert, der riskiert umso mehr.*
> ERICA JONG

Und eines hat Ihr Leben entscheidend beeinflusst?

In der Tat. Zu meinem vierten Geburtstag schenkten mir meine Paten eine Plüsch-Robbe. Meine Mutter erklärte mir, dass diese Robbe aus einer sehr kalten Region käme und dass sie dort auf und sogar unter dem Polareis gelebt hätte. Ich hörte ihren Geschichten gebannt zu und schwor mir: Eines Tages werde ich dorthin reisen und die Robben besuchen. Fragte mich jemand nach meinem Traumberuf, so sagte ich, ich werde später als Tierärztin arbeiten.

Doch dann wurden Sie eine Buchhaltungs- und Finanzspezialistin.

Das Leben hält sich nicht immer an unsere Pläne. Ich war geschickt im Umgang mit Zahlen, also erwarb ich einen Masterabschluss und machte mich als Finanz- und Steuerberaterin selbstständig. Ich war bald so erfolgreich mit meinem Unternehmen, dass ich Geld beiseite legen konnte für ausgedehnte Reisen. Die Destinationen wählte ich immer aufgrund der Wildtiere aus, die ich beobachten und fotografieren wollte. Ich reiste nach Indien und Afrika, und nach sieben Jahren hatte ich genug Geld gespart, um an einer Antarktis-Expedition teilnehmen zu können. Dort erfüllte sich 1997 mein Kindheitstraum und ich sah die Robben im ewigen Eis. Das war ein Wendepunkt in meinem Leben.

Inwiefern?

Ich glaube, jeder Mensch wird zweimal geboren. Einmal biologisch und ein zweites Mal dann, wenn er begreift, wozu er auf dieser Welt ist. In der Antarktis spürte ich, wie mich die Polargegend in ihren Bann zog. Ich wollte danach unbedingt das Gegenstück, die Arktis, entdecken und den Eisbären begegnen. Ich war zwar noch als Finanzberaterin tätig, gönnte mir aber immer längere Auszeiten und stellte sogar eine Mitarbeiterin zu meiner Entlastung ein. Doch immer, wenn ich wieder ins Büro zurückkehrte, fühlte ich mich niedergeschlagen.

Was belastete Sie?

Ich hatte zwar einen Luxuswagen und ein Penthouse in der Schweiz, aber ich sah keinen Sinn mehr in dem, was ich dort tat. Ich suchte eine andere Lebensform, die weniger auf Materielles ausgerichtet war, sondern auf mehr Schönheit, Mitgefühl und spirituelles Wachstum.

Seither sind Sie in über 70 Länder gereist und haben mit Ihren Bildern zahlreiche Preise gewonnen. Wie gelang Ihnen der Quereinstieg in die Fotografie?
Mit Leidenschaft, Geduld und dem Glauben an mich selbst. Ich brannte für die Fotografie und war bereit, hart zu arbeiten. Schon nach meiner Antarktis-Expedition begann ich, Artikel zu schreiben und diese mit meinen Bildern Magazinen anzubieten. Ich habe nie eine formelle Ausbildung absolviert, sondern alles in der Praxis von Fotografen gelernt, die ich bewunderte – zum Beispiel von Darrell Gulin, der für mich ein Mentor wurde.

Mit Ihrer Arbeit wollen Sie die Menschen für den Schutz der Tiere und deren Lebensräume sensibilisieren. Haben Sie dieses Ziel von Anfang an verfolgt?
Zunächst trieb mich der Wunsch an, mehr Zeit in der Wildnis zu verbringen und die Schönheit der Wildtiere einzufangen. Doch bald begriff ich, dass diese Tiere Hilfe brauchen, weil ihre Lebensgrundlage in Gefahr ist. Fotografie ist nicht nur eine Kunstform, sondern eines der mächtigsten Kommunikationsmittel, eine universelle Sprache, die alle erreichen und bewegen kann.

Ihre Bilder sind immer ästhetisch, nie schockierend. Wäre die Wirkung im zweiten Fall nicht stärker?
Der russische Schriftsteller Dostojewski schrieb: «Schönheit wird die Welt retten.» Diese Überzeugung ist auch mein Leitstern. Ich will die Menschen erreichen, indem ich zeige, wie wundervoll die Natur, wie kostbar dieses Ökosystem ist. Meine Lebensaufgabe besteht darin, mit der Fotografie die Seele der Tiere einzufangen und mitzuhelfen, dass der Mensch nicht weiter abstumpft, sondern empathischer wird für die anderen Lebewesen.

> *Jeder Mensch hat ein Brett vor dem Kopf – es kommt nur auf die Entfernung an.*
> MARIE VON EBNER-ESCHENBACH

Welche Fähigkeiten zeichnen die gute Naturfotografin aus?
Vor allem brauche ich viel Geduld. Entscheidend ist, dass es mir gelingt, eine Beziehung zu den Tieren aufzubauen. Ich sehe sie nicht als meine Objekte, sondern positioniere mich gut sichtbar in ihrer Umgebung und lasse sie entscheiden, was sie mit mir machen, ob sie mit mir interagieren.

Sie liefern sich sozusagen den Bären aus?
Ich bin da, kommuniziere mit ihnen, frage sie, was sie wollen. Es ist einfach, einen Bären zu lesen. Wenn er sich wohl fühlt, zeigt er sich auf eine natürliche Weise. Bären sind entspannte, witzige Tiere mit starker Persönlichkeit. Gefährlich wird es nur, wenn man sie überrumpelt. Das ist der beste Weg, angegriffen oder getötet zu werden. Aber sonst sind Bären zurückhaltend, konfliktscheu. Selbst wenn ein weiblicher Grizzly mit zwei Neugeborenen nervös wird und auf einen zukommt, ist das beim ersten Mal normalerweise nur ein Bluff, ein Statement, das signalisiert: Komm nicht näher!

Gilt das auch für Eisbären?
Nein, das sind richtige Jäger – wenn die angreifen, hast du ein Problem. Wenn ich eine Eisbärenmutter mit ihren Babys beobachte und fotografiere, halte ich mindestens 100 Meter Distanz und bleibe nahe am Snowmobil, wo im Notfall auch ein Gewehr bereitliegt.

Eines Ihrer bekanntesten Bilder zeigt eine seltene Bärenart: einen Kermodebären, der gerade einen Fisch verzehrt und direkt in die Kamera blickt. Wie kam es zu diesem Bild?

Das war im «Great Bear»-Regenwald in Britisch-Kolumbien, an der Westküste Kanadas. Ich entschied mich 2011, diese Bärenart und ihren Lebensraum zu dokumentieren, weil ich erfahren hatte, dass eine Ölgesellschaft eine Pipeline mitten durch den Regenwald bauen wollte. Das Projekt wurde zum Glück von der Regierung gestoppt, aber die Tiere sind mir ans Herz gewachsen. Den Bären auf dem Foto fotografiere ich nun schon seit fünf Jahren im September während der Lachswanderung. Ich kenne seine Gewohnheiten, seine Jagdreviere, weiss sogar, wo er seine Beute hinlegt und verzehrt. Für diese Aufnahme lag ich vor ihm auf dem Boden, keinen Meter von ihm entfernt, und fotografierte ihn mit einem Weitwinkelobjektiv. Man erkennt in seinem Blick, wie vertraut wir sind. Es ist eine Begegnung von Herz zu Herz.

Gilt das auch für das Bild der Eisbärenmutter und ihre beiden Jungen?

Die Begegnung war dort weniger intim, weil ich aus grösserer Distanz fotografieren musste. Die Eisbärenfamilien im kanadischen «Wapusk»-Nationalpark verlassen ihre Höhlen in der Regel im März und April, wenn die Jungen stark genug sind, um draussen zu überleben, und bereit sind, ihre erste Wanderung zum Packeis zu unternehmen. Unterwegs hält die Mutter immer wieder an, um die Jungen zu säugen und sich auszuruhen. Sie baut dafür Tageshöhlen. In dieser Zeit ist die Bindung zwischen der Mutter und den Jungtieren unglaublich stark. Die Eisbären beim gemeinsamen Spielen, Ringen und Kuscheln beobachten zu können, ist der Traum eines jeden Fotografen. Auch deshalb, weil man normalerweise während einer zweiwöchigen Expedition 90 Prozent der Zeit damit verbringt, nach Bären zu suchen oder vergeblich vor einer Höhle zu warten.

Was ist besonders herausfordernd beim Fotografieren in der Arktis?

Die extremen Temperaturen und Wetterbedingungen. Bei minus 40 oder minus 50 Grad müssen Gesicht, Hände und Füsse gut geschützt sein, sonst drohen Frostbeulen und Erfrierungen. Wenn man mehrere Schichten trägt, ist es schwierig, eine Kamera mit kleinen Knöpfen zu bedienen. Dazu kommt, dass die Kälte auch dem Material zusetzt – den Batterien, dem Bedienfeld, dem Monitor. Man muss eine Kamera besitzen, die solche Extrembedingungen aushält.

Bei minus 50 Grad auf Eisbären warten – ist das so viel besser als ein klimatisiertes Büro in Lugano?

Oh ja, das ist eine Wohltat für meinen Körper und mein Gehirn. Wir sind in den Städten von so viel Lärm, so vielen Reizen umgeben. Mich macht das müde. Wenn ich hingegen draussen unterwegs bin, fühle ich mich lebendig, im Einklang mit der Natur. Ich tauche in diese Welt ein und bin auch nach einer achtstündigen Exkursion noch voller Energie. Und mir wird jedes Mal wieder klar in solchen Momenten: Es gibt nicht den Menschen und die Umwelt. Wir sind Teil der Natur, alles ist miteinander verbunden. Wenn es den Bären oder auch den Insekten an den Kragen geht, sind wir ziemlich bald ebenfalls dran. Es geht nicht einfach darum, dass eine Tierart bedroht ist, sondern dass unser ganzer Planet nicht mehr in Balance ist.

Wie zeigt sich das konkret bei den Eisbären?

Das Packeis schmilzt so schnell, dass sie weniger Robben jagen können und länger auf dem Festland ausharren müssen. Weil sie an der Spitze der Nahrungskette stehen, sind sie zudem am stärksten von den Umweltbelastungen betroffen. Schwermetalle und andere Schadstoffe gelangen über Fische und Robben zu den Eisbären, bei denen immer mehr Neugeborene sterben. Und schliesslich ist die Jagd ein grosses Problem. Die weltweite Eisbärenpopulation wird auf maximal 26 000 Tiere geschätzt. Jedes Jahr werden allein in Kanada 800 bis 1000 Eisbären bei der Jagd getötet. Das müsste dringend verboten werden. Viele Inuits und andere indigene Völker jagen die Tiere längst nicht mehr selber, sondern verkaufen die Patente für 50 000 Dollar und mehr an die Amerikaner.

Wenn man Ihnen zuhört, gewinnt man den Eindruck, Sie seien mindestens so sehr Aktivistin wie Fotografin.

Ich arbeite tatsächlich mit vielen Non-Profit-Organisationen zusammen, etwa WWF oder Greenpeace. Oft spende ich meine Bilder oder arbeite günstiger für sie. Auch meine Arbeit für grosse Medien wie «National Geographic» oder «BBC Wildlife» dient dem Zweck, möglichst viele Leute zu sensibilisieren und sie dazu zu bewegen, nach der Corona-Zäsur nicht einfach wieder zum zerstörerischen Verhalten von vorher zurückzukehren. Die Daten der Wissenschaftler erreichen die Gehirne der Menschen. Die Fotografie dagegen bewegt ihre Herzen.

Haben Sie eine Erklärung, woher Ihre Leidenschaft für Bären rührt?

Wir sind doch alle von Bären umgeben als Kinder: der Teddybär im Zimmer, Bärenmotive auf Tellern und Besteck, Bärenbücher, Bärenfilme, Bärengeschichten. Wenn ich mit Bären unterwegs bin, bringen sie mich zum Lachen, erwecken sozusagen das Kind in mir wieder zum Leben. Seit Menschengedenken haben wir den Bären übernatürliche Kräfte zugeschrieben – nun wäre es höchste Zeit, ihnen mehr Sorge zu tragen. ■

> *Das Leben ist für niemanden von uns einfach. Aber was heisst das schon? Wir müssen Ausdauer und vor allem Vertrauen in uns selbst haben. Wir müssen daran glauben, dass wir für eine Sache geschaffen sind und dass diese Sache erreicht werden muss.*
>
> MARIE CURIE

***Information:** www.daisygilardini.com*

13.10.2012

«Ich danke Gott, dass er mich auf diese Idee gebracht hat»

Statt in der Schweiz eine Doktorarbeit in Angriff zu nehmen, reiste die Anthropologie-Studentin Loïse Haenni vor vier Jahren nach Südamerika und besuchte dort eine Zirkusschule. Heute lebt die 31-Jährige ganz von der Artistik. Mit ihrem Partner zieht sie von Festival zu Festival. Ihr Projekt Circopitanga hat die beiden «ein wenig heimatlos», aber glücklich gemacht.

Frau Haenni, Sie sind in Australien geboren, in der Schweiz aufgewachsen, haben in Brasilien eine Zirkusschule besucht und diesen Sommer mit Ihrem Partner Oren Schreiber an vielen Festivals in Europa Ihre poetisch-artistische Kunst vorgeführt – wo sind Sie zu Hause?
LOÏSE HAENNI: Derzeit leben wir gerade in Turin, aber wir sind in der Winterzeit manchmal auch in Russland, Belgien, Frankreich oder Spanien, um unser Programm weiterzuentwickeln. Da wir fast immer unterwegs sind, haben wir keine richtige Basis. Man könnte sagen, wir seien ein wenig heimatlos, aber es ist auch schön, immer wieder zu neuen Reisen aufzubrechen. Das Schwierigste ist, Freundschaften aufzubauen und zu pflegen.

Wie wurden Sie von der Akademikerin zur Artistin und Weltenbummlerin?
Ich bin in Australien geboren. Später absolvierte ich das Kollegium Spiritus Sanctus in Brig, doch die Sehnsucht nach der weiten Welt spürte ich schon

damals. Ich reiste durch Südamerika und arbeitete früh in einem Kinderheim in Peru. Während des Anthropologie- und Geschichtsstudiums untersuchte ich die Zusammenhänge zwischen Migration und Prostitution, beschäftigte mich mit dem Schicksal von Algerierinnen und Transvestiten aus Brasilien. Das Thema war mir wichtig, aber als ein Professor mich aufforderte, dazu eine Doktorarbeit zu schreiben, weigerte ich mich.

Warum?
Es war alles so theoretisch. Ich tat mich schwer, mehr als drei Stunden am Computer zu sitzen, und ich merkte, dass mich diese Kopflastigkeit krank machte. Ich hatte viel Gewicht verloren und war wohl kurz davor, an einer Depression zu erkranken, hatte aber gleichzeitig den Eindruck, es gebe keine Alternative zu diesem akademischen Weg – ich konnte ja nichts anderes. Deswegen war ich sehr dankbar, als mir eine Bekannte von einem Seidenband-Artistenkurs in Madrid erzählte. Ich mochte die Vorstellung, die Umgebung zu verändern und mir am neuen Ort besser Sorge zu tragen. Statt Madrid wählte ich Buenos Aires, und weil mir die Sache selber nicht ganz geheuer war, schrieb ich mich dort an der medizinischen Fakultät ein. Das war mein Sicherheitsnetz und eine Beruhigungspille für meine Eltern. Dann fiel die Vorlesung aus und ich besuchte Seidenakrobatik- und Trampolinkurse.

Sie waren da 27-jährig – ziemlich alt für den Einstieg in die Zirkuswelt.
Oh ja, eigentlich lag die Altersguillotine bei ungefähr 18 Jahren, schon die 20-Jährigen fühlten sich alt. Aber ich spürte rasch, wie gut es mir tat, mich auf meinen Körper zu konzentrieren. Ich wusste, dass ich nicht mehr zurück an die Uni wollte; so entschloss ich mich, mir ein Jahr Kredit zu geben und mich ganz ins Abenteuer zu stürzen. Ich erschwindelte mir einen Studienplatz an der Zirkusschule von Rio de Janeiro und traf dort auf meinen heutigen Partner, der zwei Jahre älter ist als ich und ebenfalls auf Umwegen in diese Schule gefunden hatte: geboren in Tel Aviv, zuvor als Yoga-Lehrer in Indien tätig.

Und die Aussenseiter entschieden sich, gemeinsame Sache zu machen?
Ja, Oren sagte zu mir: «Ich will Strassenspektakel machen – kommst du mit mir an die Festivals?» Von da an haben wir gemeinsam trainiert und versucht,

ein halbstündiges Programm auf die Beine zu stellen. In der Nacht schauten wir Youtube-Videos, am Tag probierten wir am Seil und am Seidentuch neue Dinge aus. Wir beauftragten einen Ingenieur, uns eine acht Meter hohe Karbon-Konstruktion zu bauen. Ein gutes halbes Jahr später hatten wir zwar dieses 6000 Euro teure Ding im Auto, wussten aber nicht, wo es passende Plätze gab, welches unser Markt sein könnte. Erst als wir am Lago Maggiore einen wunderbaren Standort gefunden und dort enormen Beifall erhalten hatten, wurden wir zuversichtlicher.

Dieses Jahr sind Sie während der Sommermonate an vielen Festivals aufgetreten, auch am Buskers in Bern. Die 45-minütige Aufführung beinhaltete nicht nur halsbrecherische Akrobatik, sondern berührte auch durch die ausgefeilte Choreografie. Haben Sie sich das alles selber beigebracht?
Oh nein, wir haben Kurse in Russland besucht und in Turin mit zwei Regisseuren zusammengearbeitet. Wir arbeiten drei Monate pro Jahr, um Geld zu verdienen, die restlichen neun Monate geben wir das Geld mit vollen Händen aus, um uns zu verbessern. Es ist nicht einfach, weil viele Festivals in Südeuropa stark unter der Finanzkrise leiden und keine richtigen Gagen mehr zahlen. Bern war wunderbar, weil das Publikum das Buskers liebt und versteht,

dass wir Künstler hier nur vom Hutgeld leben. Wir haben an den drei Abenden in den Hüten so viel Geld gefunden, wie wir niemals als Gage verlangen würden – und die Kulisse vor dem Münster war einmalig.

Wie ist das, wenn man 24 Stunden mit dem Partner verbringt und im buchstäblichen Sinn von ihm abhängig ist?
Sagen wir es so: Wenn wir am Abend Streit haben, können wir am nächsten Morgen nicht die ganz schwierigen Sachen trainieren. Durch die Nähe ist alles sehr intensiv. Manchmal, wenn etwas beinahe Unmögliches gelingt, erleben wir ein Freiheitsgefühl, das ich so vorher nicht gekannt habe. An einem Tag fliessen Freudentränen, am nächsten gibt es nur Zweifel und wir fragen uns: «Was machen wir da bloss, was ist das für ein Leben?»

Sind Sie nie schlimm gestürzt?
Nein, ich habe mir zum Glück noch nichts gebrochen, aber es ist natürlich eine Wette auf die Zukunft. Man kann sie ein wenig beeinflussen durch Disziplin im Training und im Lebenswandel. Man sieht uns an den Festivals nicht mit den Musikern durch die Gassen ziehen und feiern. Wir gehen früh schlafen, damit wir am nächsten Tag ausgeruht und konzentriert sind.

Fragen Sie sich manchmal, ob der Preis, den Sie zahlen, zu hoch ist?
Ich bin – viele Jahre nach dem Internatsbesuch in Brig – fast gläubig geworden und möchte dem lieben Gott danken, dass er mich auf diese Idee gebracht hat und ich die Kraft und die Naivität hatte, aufzubrechen und diesem Traum zu folgen. Es ist immer gut, wenn man im Voraus nicht zu viel darüber weiss. Heute sehe ich es als Geschenk des Himmels, dass ich mein Leben so auf den Kopf gestellt habe. Es ist ein gemeinsamer Sommertraum, den wir da leben, mit wenigen albtraumhaften Ausreissern. Das Schönste ist, zu erfahren, wie unsere Arbeit das Publikum berührt. Wenn wildfremde Menschen mich nach einer Vorführung umarmen, weil ihnen die Liebesgeschichte so unter die Haut gegangen ist, bringt das alle Zweifel zum Verstummen. ■

Kontakt, Information und Fotos: *circopitanga@gmail.com, www.circopitanga.com*

30.3.2013

HAUCK IWAN
Vom Carrosseriespengler zum Zigarrenproduzenten

«In meinem Keller finden die Chefs eine Oase zum Ausspannen»

Als seine Eltern noch hofften, aus ihm werde «etwas Rechtes», entschied sich Iwan Hauck, Carrosseriespengler zu lernen. Später verschlug es ihn in die Dominikanische Republik, wo er einem Fremden erst seinen Pass und dann sein Erspartes anvertraute, um in die Zigarrenproduktion einsteigen zu können. Der Mut zum Risiko hat sich ausbezahlt: Heute steigen die, welche Karriere gemacht haben, regelmässig zu Hauck in den Keller – nicht nur wegen des Rauchens.

Herr Hauck, Sie sind gelernter Carrosseriespengler und betreiben im Untergeschoss Ihres Hauses einen mit Plastikpalme und bunten Lämpchen geschmückten Degustationsraum. Dem Vernehmen nach sind regelmässig die Chefs grosser Firmen bei Ihnen zu Gast. Was suchen diese viel beschäftigten Manager hier?

IWAN HAUCK: Vordergründig kommen sie wegen meiner Zigarren, aber vermutlich spielt noch etwas anderes mit. Viele, die diesen Ort der Ruhe besuchen, stehen beruflich permanent unter hohem Druck. Hier haben sie eine kleine Oase, in der sie ausspannen und sich selber sein dürfen. Ich höre ihnen zu und erzähle nichts weiter, bin also sozusagen ihr Coiffeur, einfach nur mit kleiner Schere zum Zigarren anschneiden.

Man hat trotzdem Mühe, sich Manager im Anzug in diesem Raum vorzustellen.
Die Firmenchefs, die hier Halt machen, verkehren sonst an den besten Adressen, sie können sich alles leisten bis hin zum Marmortempel. In diesem Keller hilft Geld nicht weiter, hier kommen sie nur rein, wenn sie mich anrufen und ich die Türe öffne. Dafür müssen sie danach nichts darstellen. Das ist wohl der Grund, warum Manager, die im Geschäftsalltag keine freie Viertelstunde haben, sich vom Chauffeur für eine Stunde oder zwei bei mir absetzen lassen. Es kommen aber nicht nur hohe Tiere, sondern sehr viele Zigarrenliebhaber, die den Genuss und die Gemütlichkeit lieben.

Sie stammen aus einer Juristenfamilie, Ihr Vater war Manager in einem amerikanischen Konzern. Wie kam es, dass Sie Carrosseriespengler lernten?
Ich wollte immer mit meinen Händen arbeiten. Als Knirps zerlegte ich alle Spielzeugautos in ihre Einzelteile und baute sie neu zusammen. Später flickte ich den Mixer und den Fernseher, baute Baumhütten und erfand neue Geräte. Da ich unbedingt Carrosseriedesign und Fahrzeugbau in München studieren wollte, lag es auf der Hand, die Lehre zum Carrosseriespengler zu machen, auch wenn meine Eltern mehrmals fragten, ob ich nicht die Matur machen, studieren und «etwas Rechtes werden» wolle. Mein Vater hat sich nie ganz mit meinem Weg abgefunden.

Und Sie sind nie nach München gegangen.
Ein Unfall in der Rekrutenschule durchkreuzte meine Pläne. Ich war 18 Monate lang arbeitsunfähig, musste IV-Abklärungen über mich ergehen lassen und zuhause sitzen. Ich las in dieser Zeit alles, was mir in die Hände fiel, und kam auf viele schräge Ideen. Weil die Enthaarungscreme meiner Partnerin so schrecklich roch, entwickelte ich ein kleines, handliches und umweltfreundliches Enthaarungsgerät. Ich fand einen Patentanwalt, der mir sympathisch war, weil er im Sommer jeweils auf dem Zeltplatz wohnte, und lernte von ihm, wie man ein Produkt schützen kann. Für die Verpackung fragte ich bei Knorr an; deren Suppenstreuer hatte die perfekte Grösse für mein Enthaarungsgerät. Tatsächlich lieferte mir Knorr wenige Tage später 10 000 Verpackungen gratis und franko. Schliesslich fand ich dank glücklichen Zufällen eine Stelle bei Swingbox System, dem Ingenieurbüro von Christoph Müller, das auf Erfin-

dungen und Entwicklungen spezialisiert war. Mit ihm brachte ich das Enthaarungsgerät in die industrielle Produktion. Sechs Jahre nach meiner Idee kam es auf den Markt, mit professioneller Verpackung, edlem Design und richtiger Gebrauchsanleitung.

Wurde es ein Erfolg?

Kommt darauf an, was man unter Erfolg versteht. Ich empfand eine unglaubliche Befriedigung, als das Gerät im Handel zu kaufen war. Zu Beginn hatten ja viele Leute hinter meinem Rücken gesagt: «Mit dem Hauck stimmt etwas nicht.» Aber reich wurde ich nicht damit, denn bald kam übermächtige Konkurrenz wie Philips und verdrängte die Kleinen. Viel Prestige brachte es mir auch nicht ein. Aber ich habe in meinem ganzen Leben nie Dinge gemacht, um Geld zu verdienen, sondern weil ich eine Idee im Kopf hatte, die ich unbedingt verwirklichen wollte.

Wie kamen Sie erstmals mit Zigarren in Berührung?

Ich hatte schon früh gerne gut gegessen und geraucht. Eines Tages fragte mich ein Kollege, der früher in der Dominikanischen Republik gelebt hatte, ob ich ihn auf eine Reise in die Karibik begleiten wolle. Als wir in Santo Domingo landeten, hatte ich das Gefühl, nach Hause zu kommen. Dank meinem Kollegen lernte ich viele Menschen und viele Zigarren kennen. Und ich sah, dass Davidoff sich anschickte, die Produktion im grossen Stil auf die Insel zu verlegen. Zurück in der Schweiz verteilte ich ein paar Zigarren unter meinen Freunden und erhielt dafür viele Komplimente. Bald flog ich wieder in die Karibik und schlug Zigarrenproduzenten vor, ihre Produkte in die Schweiz zu importieren. Als Greenhorn hatte ich aber keine Chance. Bei meinem dritten Aufenthalt meinte es das Schicksal gut mit mir. Als ich beim Mittagessen sass, ging ein Mann mit Panamahut auf dem Kopf und Zigarre im Mund an meinem Tisch vorbei. Der Duft war so herrlich, dass ich ihn augenblicklich fragte, was er da rauche. «Meine eigenen Zigarren», antwortete der Fremde – ein Kubaner, der in Venezuela mit Computer-Hardware gehandelt, in Toronto seine deutsche Frau kennengelernt und sich schliesslich in der Dominikanischen Republik niedergelassen hatte.

Ein Türöffner für Sie?
Der Kubaner kannte das Zigarrenhandwerk bestens und wollte etwas Eigenes aufbauen. Ich fragte ihn, ob ich da mitmachen könne. Er bestellte mich für den nächsten Tag in ein Restaurant und sagte mir, ich solle meinen Schweizer Pass mitnehmen, damit er alles bei seinem Anwalt regeln könne. Tags darauf händigte ich ihm meinen Pass aus und liess ihn ziehen. Als er nach zwei Stunden nicht zurück war, wurde ich nervös, denn für ihn war der Schweizer Pass gut und gerne 50 000 Franken wert und ich wäre in einer blöden Situation gewesen ohne meine Papiere. Schliesslich kam er zurück und sagte mir grinsend, er sei die ganze Zeit hinter der Bar gestanden und habe mich beobachtet. Von ihm aus stehe einer Partnerschaft nichts im Weg, es gebe nur ein Problem: Er habe kein Geld für den Aufbau des Geschäfts. Da ich ein gutes Gefühl hatte und sich ein Hauskauf nicht wie geplant hatte realisieren lassen, liess ich mein Erspartes nach Santo Domingo schicken, händigte dem Kubaner das Geld aus und drückte ihm die Hand, um unsere Zusammenarbeit zu besiegeln.

Sie haben keinen Vertrag unterzeichnet?
Wozu, wenn der Bauch sagt, dass es richtig ist? Ich stamme zwar aus einer Juristenfamilie, aber ich hasse Verträge. Wenn es gut läuft, braucht man sie

nicht, wenn man Streit bekommt, nützen sie nichts. So starteten wir im Oktober 1997 ins Abenteuer Zigarrenproduktion. Ich reiste zurück in die Schweiz und baute die Marke auf. «La Fuente» sollte unsere Linie heissen – an der Quelle zum Genuss. In wenigen Wochen bereitete ich die Internetseite caribean-tabaco.ch auf, einer der ersten Web-Shops in dieser Branche. Wenn ich mit meinem Geschäftspartner telefonierte, versicherte er mir jedes Mal: «Wir haben hier alles im Griff, im Dezember trifft die erste Lieferung ein.»

Wann kam sie wirklich?

Sie wäre vermutlich nie eingetroffen, wenn mir nicht im Frühling der Geduldsfaden gerissen wäre. Als ich bei der Zigarrenfabrik eintraf, erlebte ich mein blaues Wunder: Es war ein unglaublicher Hühnerhaufen. Ich versuchte, ein Minimum an Strukturen und Regeln einzuführen, aber ich merkte schnell, dass ich viel von der karibischen Mentalität annehmen musste, damit die Dominikaner ein paar von meinen Ideen aufnahmen. Es wurde dann August 1998, bis die ersten 3200 Zigarren aus eigener Produktion eintrafen. In meinem persönlichen Umfeld reagierten die Abnehmer begeistert, die Zigarrenläden, die ich zwecks breiterem Vertrieb kontaktierte, lachten mich dagegen aus und sagten: «Dich gibts schon in einem Jahr nicht mehr.» Da ich schon damals sehr gerne kochte und gut ass, fand ich rasch gute Abnehmer in der gehobenen Gastronomie. Auch mein Freundeskreis erweiterte sich dank der guten Zigarren. Die Nachfrage stieg und stieg – und gleichzeitig sank die Qualität.

Warum?

Es brauchte eine neuerliche Reise in die Karibik, damit ich begriff, warum plötzlich der Wurm drin war. Mein Geschäftspartner verkraftete den Erfolg nicht so gut, er spielte sich als Dorfkönig auf, leistete sich teure Autos und schöne Frauen. Als seine deutsche Frau die Geduld verlor und ihn verliess, wurde alles noch schlimmer. Er verkaufte den hochwertigen Tabak und die Zigarren hinter meinem Rücken auf eigene Rechnung in die USA und belieferte mich mit minderwertiger Ware. Ich realisierte spät, aber gerade noch rechtzeitig, dass das Haus in Vollbrand stand. Es blieb mir nichts anderes übrig, als mich von meinem Partner zu trennen. Ein emotionaler Tiefschlag. Zum Glück waren genug fähige Leute im Betrieb, so dass wir das Steuer herumreissen konnten. So rasant die Talfahrt gewesen war, so steil ging es wieder aufwärts in den nächsten Jahren. Und dann, am 1. Januar 2006, erhielt ich das vielleicht schönste Geburtstagsgeschenk meines Lebens.

Was war das?

Ein Anruf aus der Dominikanischen Republik. Es meldete sich ein Schweizer Manager, der nach beeindruckender Karriere ausgestiegen war, um sich den schönen Dingen des Lebens zuzuwenden. «Du bist doch der Fuente», sagte er. Und weiter: «Du machst wunderbare Zigarren, aber ich weiss, dass du ein paar Probleme hast, denn ich stehe hier in deinem Produktionsbetrieb. Wenn du willst, helfe ich dir, noch zwei Klassen besser zu werden.» Sein Engagement gab uns einen unglaublichen Entwicklungsschub. Unter anderem kauften wir eine benachbarte Schreinerei, um die Zigarrenkisten in eigener Manufaktur herzustellen. Ich gab meinen Job im Ingenieurbüro auf und widmete mich ganz den Zigarren. Und kaum hatte ich den Dingen ihren Lauf gelassen, passierten die verrücktesten Sachen.

Sie meinen die Begegnung mit Dieter Meier von der Gruppe Yello?

Ja, zum Beispiel. Yello war in meiner Jugend unglaublich wichtig. Als ich mit 13 Jahren eine Schülerdisco organisierte, war die Musik von Yello und Kraftwerk Kult. Um die Person Dieter Meier hatte ich mich nie gekümmert. Dann sah ich, dass Meier an einem Freitag Abend im Landhaus Liebefeld seinen Rotwein und sein Rindfleisch aus Argentinien vorstellen würde. Weil meine Partnerin in Argentinien geboren ist und ich eine Schwäche für gutes Rindfleisch habe, gingen wir hin. Jos de Wolf, der Wirt, platzierte uns am Tisch von Dieter Meier, und so kam es, dass dieser mich beiläufig fragte, was ich beruflich mache. Ich überreichte ihm eine «Guama», eine besonders aufwendig gefertigte Zigarre. Meier war trotz wütenden Protesten nicht davon abzuhalten, diese an Ort und Stelle zu rauchen. Gegen Ende des Abends fragte er mich: «Was hat einer wie du für Visionen?» Ich sagte ihm, dass ich einen eigenen Kaffee produzieren, Schokolade machen und Rum brennen will. Er lachte und meinte: «Lass uns das doch zusammen realisieren.» Er drückte mir einen Geldschein in die Hand, bat mich, ihm eine Schachtel «La Fuente»-Zigarren zu schicken und ihm dann mehr über die Kaffeepläne zu erzählen.

Das klingt, als würden Ihnen immer die richtigen Partner zur richtigen Zeit in die Arme laufen.

Ja, so lernte ich damals auch meine Lebenspartnerin kennen, die all das mitgetragen hat. Ein weiterer Zufall sorgte dafür, dass ich via einen alten Kollegen, der ausgewandert war und in diesen Tagen in der Schweiz weilte, in Kontakt kam mit einem Kaffeebauern aus Santo Domingo, der keine 100 Kilometer von meiner Tabakplantage entfernt arbeitete. Ich gab einem Freund bei Blaser Café ein Muster zur Analyse und erfuhr von ihm, dass diese Kaffeebohne hervorragend sei. Meier und ich überzeugten den Kaffeebauer, für uns Spitzenqualität zu liefern, sprich: oben in den Bergen an bester Lage nur die wirklich reifen Bohnen zu ernten. Mein Freund Marc Käppeli, der Blaser Café in vierter Generation leitet, unterstützte uns von Anfang an. So entwickelten wir mit den Experten von Blaser Café das ideale Röstprofil und schufen den Ocoa Highland Single Estate Kaffee.

Der Traum von der Rum-Brennerei liess sich nicht realisieren bis jetzt?

Doch, aber das brauchte Zeit, weil ich nicht einfach beliebigen Rum importieren und mein Logo draufkleben wollte. Auch diesmal half der Zufall mit. Ich lernte Hans Baumberger kennen, der in Langenthal den wunderbaren Langatun-Whisky brennt, und erzählte ihm von meinen Plänen. Er ermutigte mich, wie geplant Melasse von einem Bio-Produzenten in Paraguay zu importieren, bei ihm den Rum zu brennen und in hochwertigen Holzfässern in den Katakomben des Ammann-Industrieareals zu lagern. Ich berichtete Dieter Meier, das Rumproblem sei gelöst, wir müssten bloss noch die besten Fässer aus ganz Europa herbeischaffen. «Kein Fass älter als einjährig», war unsere Maxime, auch wenn wir wussten, dass kein Winzer und kein Brenner sich gerne von so jungen Fässern trennt. Nun haben wir die ersten Abfüllungen gemacht und schon nach wenigen Monaten zeigt sich, wie unterschiedlich sich der Rum entwickelt je nach Fass. In drei bis vier Jahren werden wir mehr wissen.

Inzwischen würden die grossen Händler vermutlich gerne mit Ihnen zusammenarbeiten.

Ja, sogar Dieter Meier versuchte mich zu überzeugen, seinen Lieblingshändler in Zürich mit Zigarren zu beliefern. Das ist für mich kein Thema. Ich will klein und frei bleiben. Sobald etwas überall erhältlich ist, verliere ich die Kontrolle und das Produkt wird beliebig. Ich will doch nicht, dass meine Zigarren am Ende beim Discounter zu Spottpreisen verkauft werden. Lustig ist auch, dass plötzlich Banker auftauchen, die mich unbedingt an die Börse bringen wollen. Wachstum und Reichtum haben mich wirklich nie interessiert. Der ehemalige Henniez-Besitzer, mit dem ich befreundet bin, nannte mich kürzlich «den freisten Menschen, den es gibt».

Worin äussert sich diese Freiheit?
Ich kann noch immer meinem Spieltrieb und meiner Neugier folgen und mache viele Dinge, die andere unvernünftig finden. Ich besuche die Wirte und flicke wenn nötig gerne auch selber einen Humidor. Wäre das Geschäft auf Wachstum getrimmt, müsste ich das an Aussendienstmitarbeiter delegieren und mich um Vermögensverwaltung und Steueroptimierung kümmern. Wenn ich aber in eigener Manufaktur ein kleines Zigarrenetui ohne Ecken und Kanten entwickeln kann, das in Frauenhandtaschen garantiert keinen Schaden anrichtet, bin ich der glücklichste Mensch. Oder diese edel lackierte Kiste hier habe ich für einen Russen gemacht, der mir in Oligarchenmanier sagte: «Iwan, ich liebe deine Zigarren, aber sie sind viel zu billig.»

Sie sind erst 46-jährig – was reizt Sie noch?
Das Schöne ist: Wenn man keine Geschäftsmodelle und keine Kunden hat, sondern Emotionen und Freunde, kann man alles Mögliche machen, manchmal sogar das Unmögliche. Eine spezielle Schokolade in ganz kleinen Mengen zu produzieren, würde mich reizen, da gibts schon ein paar Ideen. Und ich habe eine grosse Schwäche für schöne Schuhe. Warum nicht irgendwann einen eigenen Lederschuh herstellen? Ich werde es merken, wenn die Zeit reif ist dafür. Wenn man den Dingen nicht hinterherrennt, sondern dem inneren Antrieb folgt, sucht einen das Glück immer wieder auf. ■

Kontakt und Information: *info@caribean-tabaco.ch, www.caribean-tabaco.ch*

25.4.2021

Schweizer Käsetradition neu interpretiert

Als Quereinsteiger hat Freddy Hunziker das Käsereihandwerk erlernt und dann seine eigene vegane Alternative lanciert. Die pflanzlichen Produkte des 27-jährigen gelernten Polymechanikers finden reissenden Absatz.

Als Jugendlicher hatte Freddy Hunziker nur einen Traum: Er wollte Mountainbikeprofi werden, und zwar in der Kategorie Downhill. Das erforderliche Talent brachte der Thuner mit, aber diverse Stürze und Knochenbrüche führten dazu, dass eine Teilnahme an der Junioren-Weltmeisterschaft der Karrierehöhepunkt blieb. Der Rücktritt vom Spitzensport war gleichzeitig der Startschuss für Hunzikers Unternehmerlaufbahn, die bis jetzt nur eine Richtung kennt: steil bergauf.

Der 27-Jährige empfängt mich in den Anfang Jahr neu bezogenen Räumlichkeiten in Oberdiessbach zum Interview. Hier produziert seine Firma «New Roots» Monat für Monat rund 150 000 Stück verschiedenster Käsesorten, die nicht Käse heissen dürfen, weil sie ohne Tiermilch hergestellt werden. Stattdessen wird die Milch aus Cashewnüssen gewonnen. Die Fermentierungsprozesse sind ähnlich wie bei der traditionellen Käseproduktion. Weil die Nachfrage nach veganem Käse so schnell wächst, stiess die junge Firma schon mehrfach an Kapazitätsgrenzen. Anfang Jahr haben Hunziker und sein Team bereits den vierten Umzug in sechs Jahren organisiert. Gut möglich, dass auch die 2500 Quadratmeter, die jetzt zur Verfügung stehen, nicht lange ausreichen werden.

Denn die Firma wächst jährlich um 80 Prozent und mehr. Manchmal staunt Freddy Hunziker selber über diese Dynamik. Vor sechs Jahren lag der damals 21-Jährige im Spital, ein komplizierter Oberschenkelbruch zwang ihn zum Nichtstun. Hunziker war kein pflegeleichter Patient, er schluckte keine Schmerzmittel und wollte partout keine tierischen Produkte essen. Sein Vater, gelernter Maurer und später Polier und Goldschmied, sei ein «Rohköstler», erzählt Hunziker; zudem habe ihm der Triathlet Brendan Brazier imponiert, der mit veganer Ernährung Bestleistungen erzielte. Hunziker selber lebt seit seinem zwölften Lebensjahr vegetarisch und stellte nach dem schweren Unfall auf vegane Ernährung um.
Sein zertrümmerter Oberschenkelknochen sei schneller wieder zusammengewachsen, als die Ärzte erwartet hätten, erinnert sich Hunziker. Und ihm wurde in dieser Zeit klar, dass er problemlos auf fast alle tierischen Produkte verzichten konnte – nur den Käse vermisste er schmerzlich. Kaum war er wieder auf den Beinen, entschloss sich der gelernte Polymechaniker, auf eigene Faust das Käsereihandwerk zu erlernen. Er schaute einerseits den Profis über die Schultern und lernte alles über Milchsäurevergärung und Käsereifung. Andererseits experimentierte er mit pflanzlichen Milchalternativen aus Soja, Mandeln, Buchweizen und Haselnüssen. Erst die Arbeit mit Cashewnüssen brachte den Durchbruch.

> *Der einzige Zeitpunkt an dem du keine Chance mehr hast, ist dann, wenn du sie nicht mehr wahrnehmen willst.*
> UNBEKANNT

Hunziker lancierte mit seiner damaligen Partnerin Alice Fauconnet die gemeinsame Firma, verkaufte die pflanzlichen Streich- und Weichkäse-Alternativen erst auf dem Markt und in lokalen Läden in Thun, bald zusätzlich über Bioläden und Reformhäuser. Der Start gelang so gut, dass die Milchbranche juristisch gegen den Quereinsteiger vorging, um zu verhindern, dass Hunziker seine Produkte weiter als Käseersatz anpreisen konnte. Dem Erfolg tat das keinen Abbruch. 2018 wurden die New-Roots-Produkte bei Coop gelistet, 2020

nahm die Migros sie ins Sortiment auf. Auch in Deutschland, Frankreich, England und Holland sind die veganen Produkte aus dem Berner Oberland zunehmend gefragt.

Ein Grund für den Erfolg ist, dass Hunziker und sein 24-köpfiges Team sich zwar als «vegane Molkerei» bezeichnen, das Zielpublikum aber nicht mehr so eng definieren wie in der Anfangszeit. «Wir essen und leben hier fast alle vegan, aber wir produzieren gesunde, natürliche Nahrungsmittel für Flexitarier», sagt Hunziker. Zwar sei Tierschutz weiterhin ein wichtiges Anliegen, aber der Verzicht auf industrielle Zusatzstoffe und der schonende Umgang mit Ressourcen gehörten ebenso zur DNA der Firma.
Schlagen die aus Vietnam und Burkina Faso importierten Cashewnüsse da nicht negativ zu Buche im Vergleich mit der heimischen Tiermilchproduktion? Hunziker lacht. Er hört den Einwand oft und hat auf der Firmenwebsite detaillierte Antworten auf solche Fragen aufgelistet. «Wir können aus 500 Gramm Cashewnüssen ein Kilo Käsealternativen herstellen», sagt der 27-Jährige. «Für

ein Kilo Kuhmilchkäse braucht es dagegen rund 10 Liter Milch. Und für jeden Liter Milch 630 Liter Wasser.» Zudem würden für Schweizer Nutztiere jährlich 1,4 Millionen Tonnen Futtermittel importiert.

«Die Nachfrage nach pflanzlichen Lebensmitteln ist in den letzten fünf Jahren regelrecht explodiert», sagt Thomas Kindler, Partner bei «Blue Horizon». Die Zürcher Beteiligungsgesellschaft investiert seit 2016 in Start-ups, die pflanzliche Alternativen zu Fleisch- und Milchprodukten produzieren. 650 Millionen Dollar hat das von Kindler und dem überzeugten Veganer Roger Lienhard lancierte Unternehmen in vier Jahren bei Investoren eingesammelt.

Blue Horizon hat in sehr frühem Stadium in rund 40 Start-ups investiert, die pflanzliche Fleisch- und Milchersatzprodukte oder Laborfleisch herstellen, etwa in den amerikanischen Marktleader «Beyond Meat» oder das ETH-Spin-off «Planted». 2019 gründete das Team die eigene Holding «The Livekindly Collective» mit dem Ziel, Firmen in diesem Segment aufzukaufen und unter einem Dach zu konsolidieren. Als Chef wurde der erfahrene Unilever-Manager Kees Kruythoff eingesetzt, der die Türen zu den grossen Detailhändlern öffnen kann. Zu den wichtigsten Akquisitionen des letzten Jahres gehören die Firmen «Like Meat», «Fry's Food» und «No Meat».

Auch Kindler betont, es gehe nicht darum, Produkte für den Nischenmarkt der Veganer herzustellen. «Wir wollen die 96 Prozent Flexitarier erreichen, die wissen, dass es weder für die Umwelt noch für ihre Gesundheit gut ist, wenn sie an sieben Tagen pro Woche Fleisch und Kuhmilch konsumieren.» Entscheidend sei, dass die pflanzlichen Alternativen gut schmeckten, leicht erhältlich und preiswert seien.

Bei New Roots hält Blue Horizon einen Minderheitsanteil. Kindler ist seit mehreren Jahren mit Hunziker in Kontakt und bringt seit letztem Jahr im Verwaltungsrat seine internationale Managementerfahrung ein. Nächste Ziele sind, die New-Roots-Produkte auch auf dem nordamerikanischen und dem asiatischen Markt zu etablieren und dank der grösseren Produktionsmenge die Preise weiter senken zu können. Aktuell kosten die Käseersatzprodukte zwischen 6 und 7 Franken, Bestseller ist die Camembert-Imitation mit Weissschimmelhülle für 9 Franken.

Freddy Hunziker, der bereits mit dem «Swiss Economic Award» (SEF) geehrt wurde und dieser Tage vom Wirtschaftsmagazin «Forbes» als einer der besten Jungunternehmer ausgezeichnet wurde, tüftelt derweil mit dem Entwicklungsteam an neuen Produkten. Hat ihn im letzten Jahr vor allem die Lancierung einer Joghurtlinie auf Trab gehalten, beschäftigt ihn zurzeit die Entwicklung eines Hartkäses, der als Reibkäse für Gratins und andere Gerichte verwendet werden kann.

Man muss sich die Freiheit nehmen. Sie wird einem nicht gegeben.
MERET OPPENHEIM

«Die grösste Herausforderung bleibt aber, einen wirklich guten pflanzlichen Raclette- oder Fondue-Ersatz zu kreieren», sagt Hunziker und lässt durchblicken, dass ihm kein Aufwand zu hoch ist, um auch dieses Ziel zu erreichen: «Ich habe mir in den Kopf gesetzt, die Schweizer Käsetradition zu erneuern, indem ich nachhaltige Alternativen anbiete – da komme ich nicht um diese Klassiker herum.».

***Kontakt und Information:** www.newroots.ch*

Inzwischen hat New Roots auch ein rein pflanzliches Fondue auf der Basis von Cashewkernen, Kokosfett und Hefe auf den Markt gebracht.

ILLY FRANCESCO
Vom Espresso-Pionier
zum Umweltschützer

15.9.2012

«Starbucks handelt mit Kühen, nicht mit Kaffee»

Seit 33 Jahren verströmt Francesco Illy in der Schweiz südländische Begeisterung für Espresso. Obwohl sein Amici Caffè in der Spitzengastronomie einen hervorragenden Ruf geniesst, ist der 59-jährige Patron notorisch unzufrieden. So tüftelt er seit Jahren an einer Alternative zum Kapselsystem und engagiert sich neuerdings in einem ökologischen Landwirtschaftsprojekt in Ägypten.

Herr Illy, Sie gehören der dritten Generation der italienischen Illy-Kaffee-Dynastie an und bearbeiten seit 33 Jahren mit der Amici Caffè AG den Schweizer Markt ...

FRANCESCO ILLY: ... Moment, ich bearbeite nicht den Markt, ich arbeite jeden Tag daran, noch besseren Kaffee zu machen. Kaffee ist ein unglaublich komplexes Produkt. Schauen Sie diese grosse Büchse da. Sie steht unter einem Druck von bis zu 2 Bar. Kaffee besteht zu 18 Prozent aus Öl. Bei der Röstung entfalten sich die Aromastoffe, die Öltropfen bedecken die Zellwand der Kaffeebohnen und sorgen für eine hohe Aromenkonzentration im Fett. Durch Luftentzug und Stickstoffzugabe können wir die Oxidation verhindern und die ganze Aromenpracht erhalten. Ich rieche es auf drei Meter, wenn ein Kaffee zubereitet wird, der vorher unter Schutzgas war. Normalen Kaffee riecht man nicht. Die grosse Herausforderung ist nun, dass der Aromaturbo auch bei kleineren Portionen erhalten bleibt. Derzeit arbeiten wir mit diesen Aluminiumsachets. Mir schwebt eine Lösung mit Plastiksachets vor. Leider gibt es oft Probleme mit der Sauerstoffdurchlässigkeit.

Ihnen eilt der Ruf eines Tüftlers voraus, der nie zufrieden ist.
Das ist so, ich suche immer nach Wegen, der Perfektion näher zu kommen. Vieles, was ich vor 20 Jahren toll fand, finde ich heute furchtbar. Wer neugierig und mit Herzblut bei der Sache ist, kennt keine Zufriedenheit. Die wichtigsten Leute, die ich in meinem Leben getroffen habe, waren alles Passionierte. Es geht um Leidenschaft, nicht um Marketing. Natürlich kann man messen, was der Kunde in der Vergangenheit gemocht hat, und mehr davon anbieten. Das ist aber ein trauriges Business. Mutiger ist es, etwas erstmals zu machen – auch dann, wenn dir alle sagen: «Jetzt spinnst du total!» Das ist mir mehrmals passiert. So habe ich immer wieder versucht, die perfekte Kaffeemaschine zu entwickeln. Für das anspruchsvollste Modell ging ich zu den Konstrukteuren des Benzintanks von Ferrari. Die hörten mich an und sagten am Schluss: «Das ist nicht machbar.» Wir haben die Maschine dann doch konstruiert, eine Art Harley Davidson unter den Kaffeemaschinen.

> *Woran du festhältst, das halte fest. Was du tust, das tue und werde nicht müde.*
>
> KLARA VON ASSISI

Wie hoch ist Ihr Umsatz in der Schweiz?
Wir setzen in der Schweiz rund 10 Millionen Euro um und haben in der Gastronomie einen Marktanteil von knapp zwei Prozent. Damit leben wir ganz gut – und mit uns auch die Kaffeebauern, denen wir überdurchschnittlich viel zahlen für ihr Produkt. Klar, drei Prozent Marktanteil wäre noch schöner, fünf Prozent das absolute Maximum. Wir wollen nicht 100 Prozent wie Nespresso. (Lacht laut)

Leiden Sie unter der Konkurrenz von Giganten wie Nespresso oder Starbucks?
Starbucks? Das ist keine Konkurrenz. Die verkaufen 200 Gramm Milch mit 6 Gramm Kaffee. Starbucks handelt mit Kühen, nicht mit Kaffee. Vor Nespresso habe ich Respekt, deren Kapseln sind gut – nicht ganz so gut wie unsere,

aber immer noch gut, was man von keinem der Nachahmerprodukte sagen kann. Wir haben 1979 als Erste den Espresso in Schweizer Haushalte gebracht. 1986 kam Nespresso, und nach der Jahrtausendwende explodierte der Absatz der Kaffeekapseln. Seit vier Jahren bieten wir auch Kapseln an und profitieren vom Boom. Aber eigentlich möchte ich aus ökologischen und ökonomischen Gründen eine andere Lösung. Die Portionierung kostet 50 Prozent der industriellen Produktion und es entsteht viel Abfall. Vor Jahren habe ich mit den Universitäten Zürich und Florenz aufwändige Studien durchgeführt mit dem Ziel, den Kaffee in Salamiform zu komprimieren, so dass man ihn scheibenweise hätte verwenden können. Leider haben wir es noch nicht geschafft, das System zur Marktreife zu bringen.

Ihr Grossvater erfand die Illy-Kaffeebüchse, Ihr Vater die Sortiermaschine ...
... manchmal sind es Niederlagen, die zu Innovationen führen. Als mein Vater die einmalige Chance erhielt, Mövenpick-Gründer Ueli Prager den Illy-Kaffee vorzustellen, hatte er grosses Pech. Die Röstung enthielt eine verdorbene Kaffeebohne, das Getränk schmeckte scheusslich und Prager zog sich unverzüglich zurück mit den Worten: «Wenn das Ihr Kaffee ist, gibt es nichts weiter zu besprechen.» In den Sechzigerjahren wurde die Kaffeeernte automatisiert, die Produzenten pflückten nicht mehr die einzelnen Kirschen, sondern ernteten maschinell ganze Äste ab – inklusive der von Insekten verunreinigten Exemplare. Das machte den Kaffee billiger, aber fehleranfälliger. Und die Fehler wurden in unserer speziellen Aroma-Aufbewahrung verstärkt. Deshalb entwickelte mein Vater eine Sortiermaschine, die mangelhafte Produkte eliminierte.

Was ich fragen wollte: Ist es nicht schwierig, in dritter Generation das Familienerbe zu verwalten? Man hört, es sei zwischen Ihnen und Ihren Geschwistern immer wieder zu Spannungen gekommen, weil Sie sich nicht einig waren, wie das Unternehmen weiterzuentwickeln sei.
Was gibt es Schlimmeres, als wenn sich alle einig sind in einem Unternehmen? Es braucht den Wettbewerb der Ideen. Aber klar, in einer Familienholding, die 350 Millionen Euro umsetzt, kann man das Rad nicht täglich neu erfinden. Je grösser eine Firma ist, desto mehr Manager haben ein Mitspracherecht. Das mindert einerseits das Risiko von Schnellschüssen und Anfängerfehlern, es

kann aber auch zu Verlangsamung und strategischen Fehlentscheiden führen. Etwas vom Gefährlichsten, was einer Firma passieren kann, ist, dass alle nur noch versuchen, strategisch zu denken und die Risiken zu minimieren. RIM, der Produzent des Blackberry-Smartphones, stürzte so innerhalb von drei Jahren von einem Marktanteil von 50 Prozent auf 11 Prozent ab. Bei uns stimmt die Balance. Meine Geschwister sind umsichtige Manager, ich bin eher der Künstler- und Erfindertyp, der die anderen immer wieder mit verrückten Ideen herausfordert. So entstanden unsere Designer-Kaffeetassen-Kollektion, die Retro-Look-Maschine «FrancisFrancis!» oder die neuste Espresso-Maschine Trizzy.

Ihre zweite grosse Passion neben dem Kaffee ist der Wein. Auch als Winzer gehen Sie gerne neue Wege, bauen Pinot Noir in der Toskana an und experimentieren seit einigen Jahren mit Bonsai-Reben.

Auf meinem Weingut Podere Le Ripi kann ich all die verrückten Dinge ausleben, die in einem grossen Unternehmen keine Chance hätten. Vom Bonsai-Experiment bin ich begeistert. Ich gab meinen Reben nur 40 Zentimeter statt 2,5 Meter Platz pro Pflanze. Dadurch schuf ich nicht nur den dichtesten Weinberg der Welt, sondern auch eine herausragende Qualität. Weil sie in die Breite keinen Platz haben, wachsen die Reben rasch in die Tiefe – nach fünf Jahren waren die Wurzeln drei Meter tief. Das führt dazu, dass sie keinen Wasserstress haben und verschiedene Erd- und Gesteinsschichten erreichen, was sehr komplexe Weine ergibt. Die Sterblichkeit der Bonsai-Reben liegt bei 8 statt 30 Prozent, die Erträge sind doppelt so hoch. Ohne meine Arbeit im Rebberg und Weinkeller wäre keine meiner Kaffeeinnovationen möglich gewesen. Beim Weinbau tanke ich auf und lerne enorm viel. Früher pfiff ich auf den Umweltschutz. Die Arbeit in der Natur hat mich dafür sensibilisiert. Schauen Sie hier (er zeigt auf Fotos), diese uralten Eichen vor meinem Haus in der Toskana sterben wegen der Dürre einfach ab, es ist eine Tragödie. Die Wüste kommt immer näher zu uns.

Was unternehmen Sie dagegen?

Gegen die hohen Temperaturen ist man machtlos. Wenn es wie diesen Sommer 41 Grad ist, schadet das dem Wein enorm – es ist, als würde man mit einem Heissluft-Föhn direkt auf die Trauben losgehen. Wir werden 2012 wohl bloss einen Drittel des Spitzenjahres 2010 ernten. Damals haben wir 33 000 Flaschen produziert. Aber es geht mir nicht in erster Linie um meinen Wein. 1990 betrug der weltweite CO_2-Ausstoss 23 Milliarden Tonnen, 2010 waren es 33 Milliarden Tonnen. Oder wenn das zu abstrakt ist: Der Morteratsch-Gletscher ist heute sicher 200 Meter kürzer als noch vor 15 Jahren. Er sieht aus wie ein gestrandeter Wal. Es ist höchste Zeit, etwas zu tun. Die Politik hat viele andere Probleme, deshalb müssen Produzenten und Konsumenten aktiv werden. Ich habe dieser Tage einen Vertrag mit einer biodynamischen Firma in Ägypten unterzeichnet, um den CO_2-Ausstoss von Amici Caffè zu kompensieren. Sie baut Casuarina-Bäume an, die CO_2 absorbieren und Sauerstoff abgeben. Für uns ist es wichtig, unseren Kunden zu signalisieren: «Illy pflanzt Bäume. Wenn du unseren Kaffee trinkst, tust du nicht nur etwas Gutes für deine Geschmacksnerven, sondern auch fürs Klima.»

Kompensieren Sie auch privat Ihren CO_2-Ausstoss?
Ja. Es kostet mich 400 Euro im Jahr, obwohl ich sehr viel reise. Das sind doch Peanuts. Mein grösstes Aha-Erlebnis war ein Artikel im «Time Magazine» über ein Baum-Projekt in der Niger-Halbwüste. Nachdem dort in unwirtlichen Wüstengebieten 200 Millionen Bäume angepflanzt worden waren, entspannte sich die Lage in der ganzen Region. Es gab weniger ethnische Kriege, mehr Nahrung, mehr Beschäftigung und Einkommen für die Bevölkerung. An vielen Orten die Wüste zu bepflanzen und so ihre rasante Ausdehnung zu bremsen, halte ich für eine enorm wichtige Aufgabe. Wir, die wir hier in Reichtum leben, können mit einem kleinen Effort dafür sorgen, dass andere wieder eine Perspektive haben, und gleichzeitig die Planetenerwärmung stoppen. Das ist eine weitaus lohnendere Tätigkeit, als im Sekundentakt mit Aktien zu handeln und mit fallenden Kursen Geld zu verdienen. Nennen Sie mich altmodisch, aber wir sollten uns wieder weniger mit virtuellem Geld und Spekulation, dafür mehr mit von Menschen gemachten Produkten beschäftigen. Dann würden wir auch begreifen, dass die Ressourcen beschränkt sind und wir endlich Verantwortung übernehmen sollten. ■

Kontakt und Information: *illy@amici.ch, www.amici.ch*

3.4.2021

JÜNGST LENA
Von der Produktdesignerin zur Getränke-Unternehmerin

Eine Bachelorarbeit, die Gold wert ist

Aromatisierte Getränke, die ohne Zucker oder künstliche Süssungsmittel auskommen: Mit dieser Geschäftsidee hat die junge deutsche Firma «air up» im ersten Geschäftsjahr 20 Millionen Euro umgesetzt. Gründerin Lena Jüngst hatte ursprünglich ganz andere Pläne gehabt.

Der Softgetränke-Markt ist hart umkämpft. Global tätige Unternehmen wie Coca-Cola, Nestlé oder Red Bull erzielen Milliardenumsätze mit ihren Markenprodukten. Hunderte von kleineren Akteuren versuchen sich jedes Jahr in Nischen zu etablieren. Mit Ausnahme der stark gezuckerten Energy-Getränke geht der Trend klar in Richtung Gesundheitsbewusstsein: Weniger Zucker, mehr natürliche Zutaten – so lautet die Devise vieler Produktneuheiten.
Doch lange nicht alles, was gut gemeint ist, schmeckt auch so: Minzeblätter und Gurkenscheiben im Wasser sind schlecht haltbar, Rhabarber, Rooibos- oder Matcha-Grüntee schwer geniessbar ohne Süssstoffe. Und bei allen Getränken fällt ins Gewicht, dass es aufwendig ist, sie nach Hause zu schleppen und die PET- oder Glasflaschen zu rezyklieren.

Das deutsche Start-up «air up» hat es geschafft, sich in diesem schwierigen Markt im Rekordtempo zu etablieren. 2020, im ersten kompletten Geschäfts-

jahr, erzielte das Münchner Unternehmen in Deutschland und Österreich bereits einen Umsatz von 20 Millionen Euro. Seit Anfang März 2021 ist air up auch in der Schweiz auf dem Markt.

Die Belegschaft ist innert 18 Monaten von 5 auf über 100 Angestellte gewachsen. Ein wichtiger Teil der Erfolgsgeschichte ist, dass die Gründer zunächst gar keine unternehmerischen Ambitionen hatten. Produktdesignstudentin Lena Jüngst und ihr Studienkollege Tim Jäger suchten bloss ein Thema für ihre Bachelorarbeit und gingen der Frage auf den Grund, wie man gute Geschmackserlebnisse ohne negative Konsequenzen für Gesundheit und Umwelt erzeugen könnte.

Sie fanden heraus, dass der Duft bei der Geschmackswahrnehmung zentral ist und dass beim Essen und Trinken auch Aromen über die Nase in den Rachenraum gelangen. Fachleute sprechen von retronasalem Riechen. Wäre es demnach möglich, Leitungswasser ausschliesslich durch Düfte zu aromatisieren und die Sinne so zu überlisten, dass man den Eindruck hat, man trinke eine Cola oder ein Passionsfruchtwasser?

Die ersten Laborversuche gelangen erstaunlich gut, und hier würde die Geschichte enden, wenn nicht weitere Personen dazugestossen wären, um die Idee zur Marktreife zu bringen: Fabian Schlang, ein Koch und Lebensmitteltechnologe, machte sich daran, aus natürlichen Zutaten wie Waldbeeren, Zitronen, Äpfeln oder Gurken Duftessenzen zu extrahieren. Jannis Koppitz, ein anderer alter Schulfreund von Jüngst, brachte betriebswirtschaftliches Wissen mit. Und der Zürcher Simon Nüesch war gerade mit seiner Idee, ein Weissbier to go zu lancieren, gescheitert und wusste entsprechend, was man im Umgang mit Investoren und ersten Kunden besser machen kann. Und so entschied sich Jüngst, die zu dieser Zeit längst einen seriösen Job als Produktdesignerin bei Philips in Amsterdam angetreten hatte, die Karriere erst mal bleiben zu lassen und alles auf die Karte Unternehmertum zu setzen.
Weil das Gründerteam kaum eigenes Kapital aufbringen konnte, brauchte es ein Gründerstipendium der Universität München und Geld aus dem EU-Programm «Climate KIC» für die ersten Schritte: die Entwicklung der Trinkflasche, der Aroma-Pads, die oben auf die Flasche aufgesetzt werden, sowie den Patentschutz der Technologie. Doch schon vor der Produktlancierung im August 2019 stiegen namhafte Investoren ein, darunter zwei Juroren der TV-Sendung «Höhle der Löwen», ein Investor aus der Getränkebranche und Beteiligungsfirmen.

«Am Anfang wurden wir belächelt», erinnert sich Jüngst, «niemand in der Branche nahm uns wirklich ernst.» Doch als der Absatz über den eigenen Webshop, Amazon und den Detailhandel rasant in die Höhe schoss und immer mehr Medien über die Innovation berichteten, änderte sich das rasch.
Vorläufiger Höhepunkt der Geschichte: Rund ein Jahr nach der Markteinführung in Deutschland klopften Manager des Getränke-Multis Pepsi an, um sich an air up zu beteiligen. Insgesamt hat die junge Firma im letzten Jahr rund 20 Millionen Euro Kapital aufgenommen. «Unser Vorteil ist, dass wir eine sehr junge, gesundheitsbewusste Zielgruppe ansprechen», sagt Jüngst, die selber erst 28-jährig ist.
Mit dem neuen Kapital im Rücken sollen nun rasch weitere Märkte erschlossen werden. Nach Frankreich, den Niederlanden, Belgien und der Schweiz rücken Grossbritannien und weitere Länder in Nordeuropa in den Fokus, stets

mit dem Doppelargument: air-up-Kundinnen und -Kunden trinken mehr und schonen die Umwelt. «Wir verbrauchen bis zu 50-mal weniger Plastik als traditionelle Getränkehersteller und sind 1000-mal CO_2-effizienter, weil es keine Flugzeuge, Frachtschiffe, Lastwagen oder Autos braucht, um unser Produkt zu transportieren», sagt Jüngst.

> *Es ist wirklich unglaublich, zu was Menschen imstande sind. Bloss wissen sie es nicht.*
> MILTON ERICKSON

So wurde air up innert kürzester Zeit zu einem der am schnellsten wachsenden Start-ups in Deutschland. Und Jüngst, die anfänglich keine unternehmerischen Ambitionen hatte, ist inzwischen buchstäblich auf den Geschmack gekommen. «Nun wollen wir die Idee ganz gross machen», sagt die Designspezialistin. Mit anderen Worten: Überall dort, wo das Leitungswasser Trinkqualität hat, sind weitere potenzielle Märkte. ■

Kontakt und Information: *www.air-up.com*

air up ist nach der Publikation des Beitrags kräftig weitergewachsen. Im Oktober 2021 waren bereits 170 Angestellte für die Firma tätig, der hochgerechnete Jahresumsatz lag bei 100 Millionen Euro. Der Markteintritt in Grossbritannien ist geglückt, nun rücken die USA in den Fokus. Total hat das junge Unternehmen bereits 60 Mio. Euro Kapital aufgenommen und gleichzeitig die 100-Millionen-Kunden-Grenze überschritten. So habe man mitgeholfen, potenziell 85 Millionen Einweg-Plastikflaschen und knapp 2465 Tonnen Zucker einzusparen, sagt Firmenchefin Lena Jüngst mit Stolz.

MANSER GABRIELA
Die Kindergärtnerin mit Flair für Kräuter und Mineralwasser

30.4.2011

«Wenn man zu hoch fliegt, fällt man rasch vom Himmel»

Vor zwölf Jahren hat Gabriela Manser die angeschlagene Mineralquelle Gontenbad von ihrem Vater übernommen. Der Wechsel vom Kindergarten in den Chefsessel gelang: Dank cleverem Marketing und feinem Gespür für den Zeitgeist steigerte die Appenzellerin den Getränke-Absatz auf das Siebenfache und wurde zur gefeierten Unternehmerin.

Frau Manser, was ist spannend daran, 15 Millionen Flaschen Mineralwasser und Süssgetränke im Jahr herzustellen?

GABRIELA MANSER: Das macht grosse Freude, sonst würde ich sofort aufhören damit. Ich kann mir keine schönere Tätigkeit vorstellen, als mit Menschen kreativ zu sein und neue Projekte auf die Beine zu stellen. Der Entscheid, die acht Kräuter für die neuen Limonaden hier in der Alpstein-Region anzubauen, war zum Beispiel ein Riesenschritt für unseren kleinen Abfüllbetrieb. Wir arbeiten mit Bauern zusammen, die in Demeter-Qualität produzieren, mussten uns also intensiv mit Anbauverträgen, Bodenbeschaffenheit und dergleichen auseinandersetzen.

Als Sie vor zwölf Jahren als gelernte Kindergärtnerin den elterlichen Traditionsbetrieb übernahmen und umkrempelten, ernteten Sie viel Applaus. Sie waren in Zeitungen, in Illustrierten, am Fernsehen und auf Tagungen enorm präsent. Lässt man Sie heute wieder in Ruhe arbeiten?
Ich erhalte eher mehr Einladungen als in der Anfangsphase – nur hat sich das von der Publikums- auf die Fachebene verschoben. Am Anfang war alles neu und spannend, wir legten eine spektakuläre Pionierphase hin, hauchten einem in die Jahre gekommenen Traditionsbetrieb mit Absatzproblemen neues Leben ein. Heute sind wir in der Professionalisierungsphase. Es geht nicht mehr darum, einfach Wachstum zu bewältigen, sondern wir versuchen, alles noch ein wenig besser zu machen. Dazu gehört auch, dass ich mich selber zurücknehme. Ich brauche Mitarbeiter, die eine solide Ausbildung mitbringen und dadurch die Dinge besser machen, als ich das könnte. Das gibt mir die Möglichkeit, in jenen Dingen besser zu werden, die nur ich tun kann.

Hatten Sie nie genug davon, überall die Vorzeigeunternehmerin zu sein?
Natürlich war das manchmal anstrengend. Dass die Firma stark über meine Person wahrgenommen wurde, war aber ein grosser Vorteil – diesen Bekanntheitsgrad hätten wir sonst nie erreichen können. Für mich war es eine permanente Weiterbildung. Wer immer wieder an Tagungen auftritt und sich in Interviews äussert, lernt viel von Kollegen und stellt sich stets neuen Fragen. Ich habe bei all dem Medienrummel nie vergessen, was ich kann und was ich nicht kann. Es ist wichtig, dass man nicht zu hoch fliegt, sonst fällt man rasch vom Himmel.

In einem Interview sagten Sie einmal, Sie zählten die Stunden im Büro nicht, aber Sie versuchten, nicht vor 5.30 Uhr aufzustehen. Das klingt, als wäre die Work-Life-Balance in Schieflage geraten.
Work-Life-Balance ist für mich kein brauchbarer Begriff, das Leben funktioniert anders. Natürlich gelingt mir das Abschalten nicht immer. Es gibt so viele Ideen, die ich sofort umsetzen möchte. Ich musste lernen, mir selber einen Rahmen abzustecken, auch einmal erst um acht oder neun Uhr ins Büro zu kommen ohne schlechtes Gewissen. Hilfreich war zudem die Ausbildung zur Atempädagogin. Nach bewusstem Ausatmen erfahren wir, dass irgend-

wann der nächste Atemzug einsetzt ohne jede Anstrengung. Das ist eine gute Übung in Gelassenheit und Vertrauen. Heute reagiere ich in schwierigen Situationen ruhiger. Ich habe gelernt, dass Glück kein Zustand ist, den man erzwingen kann. Das Glück verlässt uns, damit es uns wieder treffen kann!

Sie verkaufen 15 Millionen Flaschen Mineralwasser und Süssgetränke pro Jahr, erwirtschaften einen zweistelligen Millionenumsatz und arbeiten profitabel. Was machen Sie anders als andere Manager?
Machen wir wirklich viel anders? Wir versuchen, unseren ganz eigenen Weg zu finden. Das kann ich nicht alleine, dazu brauche ich gute Leute um mich. Eine meiner Stärken ist sicher, dass ich ein Gespür für den Zeitgeist habe. Ich unternehme gerne Spaziergänge oder beschäftige mich mit zeitgenössischer Kunst – das hilft mir bei der Entschleunigung und beim Querdenken. Zudem sind wir unverwechselbar durch unsere Verwurzelung im Appenzell– das hilft uns. Und dann waren wir offensichtlich zur richtigen Zeit am richtigen Ort mit den richtigen Ideen. Mir ist Sorgfalt und Achtsamkeit in meinem Wirken wichtig.

Letzten Oktober haben Sie die neuste Kreation aus der Mineralquelle Gontenbad lanciert – ein Cola-Getränk, das mit Stevia gesüsst ist. Wie entwickelt sich die Nachfrage?
Hier in der Region kommt die Cola gut an, der Getränkehandel hat Freude daran. Im Moment ist die Goba-Cola ein Geheimtipp – das ist auch nicht schlecht. Ob es ein Erfolg wird, wissen wir erst in ein bis zwei Jahren. Es ist nicht einfach, weil es schon viele Cola-Getränke gibt.

Das wussten Sie schon vor der Lancierung. Was hat Sie dazu bewogen, gegen Konzerne wie Coca-Cola, Pepsi oder Red Bull anzutreten?
Wer wartet schon auf ein neues Getränk? Wir denken, dass wir genauso eine Existenzberechtigung haben. Der erste Gedanke war, ein Getränk mit dem natürlichen Süssstoff Stevia zu produzieren. Wir experimentierten mit einer Cola, und der erste Entwurf wurde so fein, dass wir entschieden, ihn so schnell wie möglich auf den Markt zu bringen. Nach nur fünf Monaten Entwicklungszeit waren wir so weit. Hätten wir viel Zeit zum Nachdenken gehabt, hätten wir vielleicht den Mut verloren.

Wie wollen Sie weiter wachsen in diesem gesättigten Markt?
Wir besetzen eine Nische in einem Verdrängungsmarkt und versuchen, diese Nische zu dehnen. In der gehobenen Schweizer Gastronomie sind wir schon gut etabliert. Im Ausland ist der Durchbruch bis jetzt noch nicht gelungen. Deswegen wollen wir in erster Linie durch Innovation in der Schweiz weiter zulegen. Von der Lancierung der neuen Flauder-Produkte Holunderbeeren und Quitten/Rhabarber profitiert zum Beispiel auch das Original Flauder. Und manchmal ist gute Innovation ganz unspektakulär: Weil die Gastronomie schon lange eine Mineralwasserflasche zwischen 50 und 100 cl wünschte, beauftragten wir einen Designer und einen Goldschmied aus Appenzell mit der Gestaltung einer 80cl-Flasche. Und wir gründeten einen Fonds zur Unterstützung von Wasserprojekten. Jeder, der eine 80cl-Flasche aus unserer Quelle kauft, engagiert sich mit 5 Rappen für die Verbesserung der weltweiten Wasserversorgung. Sie sehen, es kann enorm spannend und befriedigend sein, Millionen von Wasserflaschen zu verkaufen.

Wer kämpft, riskiert zu verlieren,
wer nicht kämpft hat schon verloren.
BERTOLT BRECHT

Kontakt und Information: *www.mineralquelle.ch*

MESSERLI JÜRG
Vom Schreiner und Sozialarbeiter zum Schatzsucher

9.4.2011

«Eigentlich bin ich heute in erster Linie ein Schatzsucher»

Als er 16-jährig war, standen Jürg Messerli viele Wege offen. Mit 30 war er körperlich und psychisch so angeschlagen, dass an Arbeit nicht mehr zu denken war. Nach «sieben Jahren Intensivausbildung in Psychiatrie und Psychosomatik» hat Messerli wieder in der Arbeitswelt Fuss gefasst – als Unternehmer, der Handwerkskunst und Einfühlsamkeit kombiniert.

Herr Messerli, was antworten Sie, wenn jemand Sie nach Ihrem Beruf fragt?

JÜRG MESSERLI: Für das, was ich mache, gibt es keine etablierte Bezeichnung. Ein Freund sagte mir vor einiger Zeit: «Du hast kein Produkt, das wir bewerben können, du schaffst in erster Linie Emotionen.» Auf dem Papier bin ich Schreiner und Sozialarbeiter mit Weiterbildung in Innenarchitektur. Aber eigentlich bin ich heute in erster Linie ein Schatzsucher und Wertzuschreiber.

In einem Ihrer Arbeitsräume hier auf dem Areal der ehemaligen Gurtenbrauerei sieht es ein wenig aus wie in einer Gerümpelkammer. Viele alte Gegenstände, die keinen Nutzen mehr bringen.

Das ist ein Teil meiner Arbeit. Ich kümmere mich um ausrangierte Gegenstände und verwandle sie durch Handwerk in Objekte, denen Betrachter wieder Wert zuschreiben. Viele alte Möbel sind extrem sorgfältig und aufwändig hergestellt worden. Wir werfen sie weg, weil sie uns nicht mehr zeitgemäss erscheinen, und ersetzen sie bedenkenlos durch Dutzendware. Ich versuche, da Gegensteuer zu geben. Die Leute bringen mir Dinge, die sie sonst wegschmeissen würden, und machen dann grosse Augen, wenn sie sehen, was daraus geworden ist. Ich kombiniere die alten Objekte mit schlichten, edlen zeitgenössischen Materialien.

Können Sie das an einem Beispiel konkretisieren?
Ein Kollege vertraute mir eine alte Eichenholztüre aus einem Bauernhaus an. Er hing emotional daran, weil die Tür zu den wenigen Dingen gehörte, die übrig blieben, als der Bauernhof abbrannte, aber er hatte keine Ahnung, was er mit einer alten Türe hätte anfangen sollen. Ich restaurierte die Türe, baute ein modernes Chromstahl-Gestell, befestigte die Türe darauf und überzog sie mit einer Glasplatte, die den wuchtigen Türknauf ausspart. Als mein Kollege sah, dass aus seiner Tür ein Tisch geworden war, kaufte er mir diesen sofort ab. Der Raum, in dem dieser Tisch steht, ist für ihn zum wichtigsten Rückzugsort geworden. Kein noch so trendiger Tisch könnte für ihn auf emotioneller Ebene ähnlich wertvoll sein.

Sie begleiten Ihre Kunden auch beim Innenausbau oder der Wohnungseinrichtung. Worauf achten Sie dabei?
Immer wieder wundere ich mich, wie stark sich die Leute an Trends orientieren und wie wenig sie ihr subjektives Wohlfühlen gewichten. Eine Familie zieht in einen Loft, weil sie in vielen Hochglanzheftchen gelesen hat, es sei der letzte Schrei, in grossen, lichtdurchfluteten Industrieräumen zu wohnen. Kaum ist das Prestigeprojekt möbliert und bezogen, gibt es Konflikte, alle fühlen sich unwohl. Ich orientiere mich stark an den individuellen Bedürfnissen, Träumen und Erfahrungen der Bewohner. «Wohnen» geht auf das gotische Wort «wunian» zurück, was so viel bedeutet wie: im Frieden bleiben, geschützt sein vor Schaden und Bedrohung.

> *Veränderung kann schmerzhaft sein, aber nichts schmerzt auf Dauer mehr, als dort zu bleiben, wo man nicht hingehört.*
> UNBEKANNT

Wie kamen Sie dazu, sich für individuelles Wohnen und ausrangierte Gegenstände zu interessieren?

Ich wurde ja selber von einem Tag auf den anderen ausrangiert. Mit 30 gabs einen grossen «Chlapf», mein Körper streikte, ich lag drei Wochen lang im Spital, hatte Lähmungserscheinungen und Todesängste. Von einem Tag auf den anderen wurde ich von einem funktionierenden Teil der Gesellschaft zu einem komplett wertlosen Fall. Da ich nicht mehr arbeiten konnte, stand ich vor der immensen Aufgabe, mir selber Wertschätzung zu geben. Als die Ärzte keine medizinischen Ursachen gefunden hatten für die Funktionsstörungen, kümmerten sich die Psychiater um mich und fragten mich: «Wessen Leben haben Sie eigentlich gelebt in den 30 Jahren? Ihres jedenfalls nicht.»

Als Sie 16 waren, standen Ihnen viele Türen offen. Sie waren ein begabter Trompeter und ein talentierter Handballer...

Ich hätte diese Begabungen gerne zum Beruf gemacht, hörte aber immer wieder, ich sei leider in den falschen Bereichen talentiert. Die Angst vor dem Versagen, die Angst, Menschen zu enttäuschen und ihre Anerkennung zu verlieren, war zu gross. Also gehorchte ich der Stimme der Vernunft, gab den Sport, die Musik und all die anderen Dinge, die mir wichtig waren, auf und schlug einen soliden Berufsweg ein. Ich bereue es nicht, Schreiner geworden zu sein, aber ich wünschte mir, ich hätte mich weniger stark amputiert auf dem Weg dorthin.

Ist das so etwas wie Ironie des Schicksals, dass Sie heute Ihre Kunden an die Bedeutung der Emotionen und des Wohlfühlens in ihren vier Wänden erinnern?

Das hat schon seine Richtigkeit. Ich weiss, was passieren kann, wenn man seine Bedürfnisse komplett aus den Augen verliert und sich nur an Wertzuschreibungen anderer orientiert. Mein Körper hat mit einem extremen Hilfeschrei darauf reagiert, dass ich mir selber nicht genug Raum gab. Sieben Jahre lang durchlief ich eine Intensivausbildung in Psychiatrie und Psychosomatik – am eigenen Leib. Ich war gezwungen, mich sehr gründlich mit mir auseinanderzusetzen. Das war furchtbar, aber auch eine Riesenchance. Hätten mich meine Frau und meine beiden Töchter in dieser Zeit verlassen, hätte ich das wohl nicht durchgestanden. So konnte ich mich irgendwann mit der Frage beschäftigen, was ich beruflich noch machen könnte.

Wie verlief der Wiedereinstieg?

Verschiedene Menschen ermutigten mich, wieder ins kalte Wasser zu springen. Die IV, das RAV und die Psychiatrie konnten nicht meine einzigen Anlaufstellen bleiben. Mein Coach fädelte ein, dass ich bei der Awiwa Bau GmbH mit einem kleinen Pensum als Hilfsarbeiter auf dem Bau einsteigen konnte. Meine Muskeln schmerzten höllisch, aber ich war glücklich, die Erschöpfung zu spüren und daran ablesen zu können, dass ich mich ins Zeug gelegt und etwas Nützliches gemacht hatte. Mit der Zeit wagte ich es, auf mein handwerkliches Geschick und meine Sensibilität zu setzen. Für mich war es ein komplett neuer, gewöhnungsbedürftiger Gedanke, das zu tun, was ich gerne mache, und damit erst noch den Lebensunterhalt zu finanzieren.

> *Flugzeuge sind am Boden besonders sicher. Aber eigentlich sind sie zum Fliegen da.*
>
> GROSSVATER IM FILM «VITUS»

Gelingt Ihnen das?

Mal besser, mal weniger gut – meine Frau arbeitet ebenfalls und unterstützt mich enorm. Die handwerkliche Arbeit in engem Kontakt mit Kunden tut mir gut. Ich bin glücklich, heute jene Stärken einsetzen zu können, die mir lange Zeit eher wie eine Last vorkamen. Es ist wichtig, im Gespräch mit Kunden hellhörig zu sein, auch Zwischentöne herauszuhören. Und es braucht Intuition, einen sechsten Sinn dafür, was jemandem wichtig ist. Das ist vielleicht das Schönste in meinem heutigen Beruf: Ich verwandle Bedürfnisse, Wünsche und Träume in individuell gestaltete Wohnform – und kann immer wieder miterleben, wie viel sich für die Kunden dadurch verändert. ■

***Kontakt und Information:** info@fundstatt.ch, www.fundstatt.ch*

METZENER PAUL
Vom Ökonom und Architekten
zum humanitären Helfer

23.7.2011

«Schwierig wurde es erst, als ich wieder in der Schweiz war»

Nach einem Lawinenunfall entschied sich der Architekt und Ökonom Paul Metzener, seine Karriere in der Privatwirtschaft aufzugeben und sich in Hilfsprojekten zu engagieren. Sein erster Einsatz führte ihn nach Haiti, wo er nach drei Monaten mit ansehen musste, wie ein Erdbeben Tod und Verwüstung brachte. Der 49-Jährige tat sich danach schwer, in der Schweiz wieder Fuss zu fassen.

Herr Metzener, Sie waren 25 Jahre lang erfolgreich in der Privatwirtschaft tätig und haben Ihre Karriere dann an den Nagel gehängt. Was ist passiert?

PAUL METZENER: Vor fünf Jahren bin ich auf einer Skitour von einem Schneebrett verschüttet worden. Ein Kollege konnte mich zum Glück rasch wieder ausgraben, aber die Nahtoderfahrung hat bei mir Spuren hinterlassen. Ich absolvierte zwar weiterhin meine Zwölf-Stunden-Tage als Bauchef einer grossen Versicherung, aber ich stellte mir immer öfter die Frage: «Willst du wirklich so weitermachen?» Meine Frau sagte mir, ich wirke nervös und gestresst. Nach einiger Zeit hörte ich auf mein Bauchgefühl und gestand mir ein: Es braucht eine einschneidende Veränderung.

Wie sah diese aus?
Ich bewarb mich beim Schweizerischen Korps für humanitäre Hilfe (SKH). Sofort merkte ich: Hier wird reiche Berufs- und Lebenserfahrung geschätzt. In der Privatwirtschaft hatte ich bei älteren Kollegen gesehen, wie der eine oder andere plötzlich sanft aufs Abstellgleis geschoben wurde.

Wie haben Sie Ihren ersten Auslandeinsatz erlebt?
Im September 2009 trat ich meinen ersten Einsatz in Haiti an. Ich sollte während eines halben Jahres die humanitäre Hilfe kennenlernen. Einen Drittel der Zeit kümmerte ich mich um Finanzen und Personalführung, zwei Drittel um Projekte wie Milchpulververteilung in Schulen und Kinderheimen. Es war sehr spannend für mich, in einem derart armen Land, in dem eigentlich gar nichts funktioniert, einzusteigen. Ich lernte enorm viel über wahre Armut. Aus der Ferne machen wir uns ein komplett falsches Bild. Es hat mich beeindruckt, wie diese Menschen, die täglich ums Überleben kämpfen, trotz allem sehr fröhlich sind. Ich habe vermutlich nie in meinem Leben so viel gelacht und so viele komische Situationen erlebt wie in den ersten drei Monaten in Port-au-Prince.

Am 12. Januar 2010 brachte ein gewaltiges Erdbeben grosses Leid über das Land. Wie haben Sie diesen Moment erlebt?
(Schweigt) Noch heute bekomme ich Hühnerhaut, wenn ich darauf angesprochen werde. Ich hatte Besuch von einem Berner Kollegen. Am Montag verteilten wir im Hafen 30 Tonnen Milchpulver. Am Dienstag Nachmittag machten wir einen Ausflug. Wir hatten erwogen, die Kathedrale in Port-au-Prince zu besichtigen, fuhren dann aber auf einen Hügel oberhalb der Stadt. Von dort oben sahen wir, was das Erdbeben anrichtete. Die Kathedrale wurde komplett zerstört. Ich hatte keine Zeit, mir zu überlegen, was dies alles für die 3-Millionen-Einwohner-Stadt bedeutete. Wir fuhren hinunter ins Büro, das intakt geblieben war, und sahen verletzte Kinder auf dem Schulhausplatz liegen. Sie waren aus dem zweiten Stock gesprungen. Ich musste mir eingestehen, dass ich nicht helfen konnte. Via Satellitentelefon verständigte ich das Eidgenössische Departement für auswärtige Angelegenheiten.

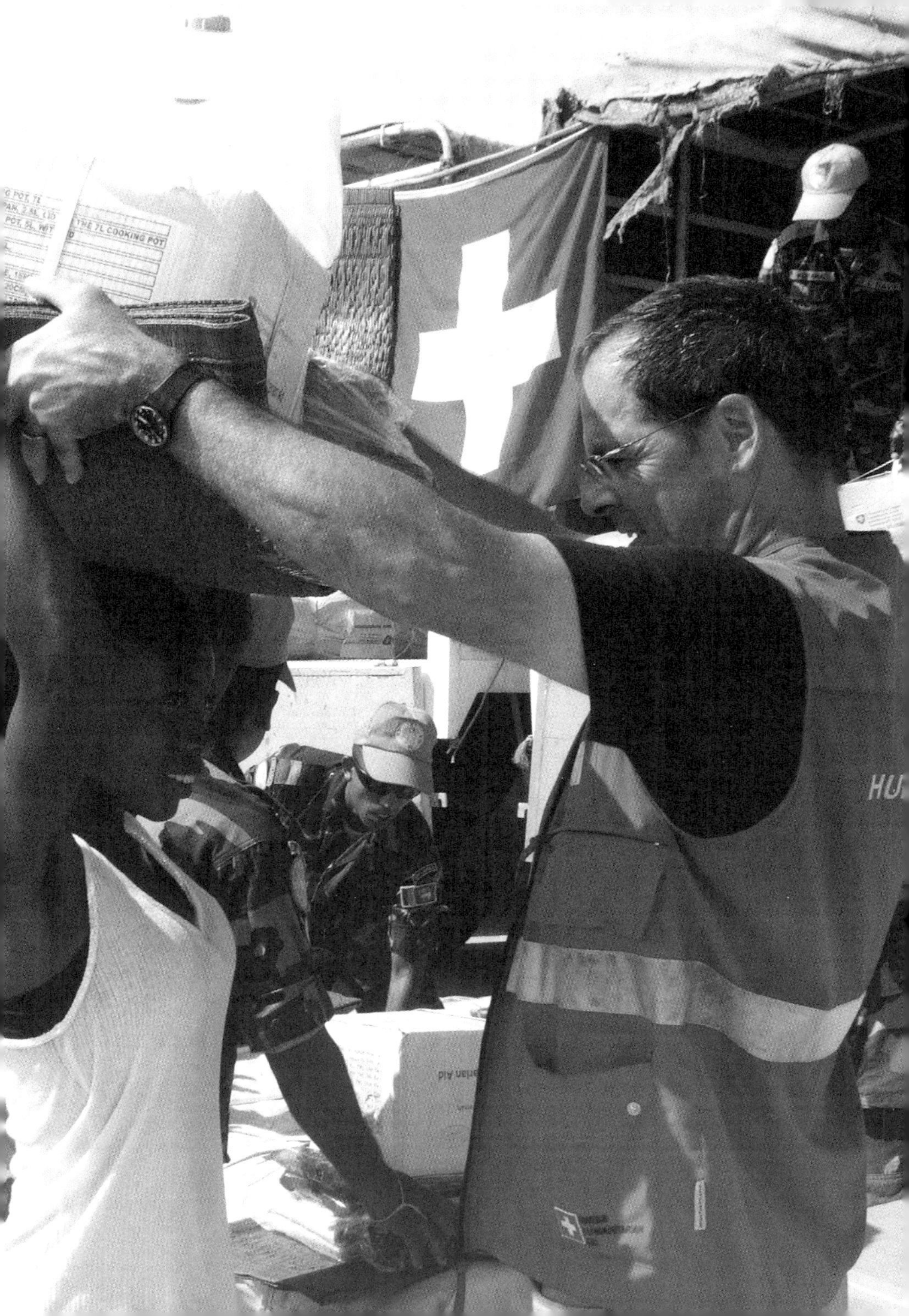
THE 7L COOKING POT

Wie haben Sie es geschafft, in dieser Situation kühlen Kopf zu bewahren und zu funktionieren?

Indem ich mich auf das konzentrierte, was ich tun konnte. Natürlich war es schrecklich, all die eingestürzten Gebäude, all die verletzten Menschen, die vielen Toten am Rand der Strassen. Aber dank der schnellen Reaktion der Schweiz und anderer Staaten konnte ich sofort mit Ärzten und Katastrophenhelfern zusammenarbeiten. Ich erlebte meine Arbeit als hilfreich, das gab mir Kraft. Die erste Hilfsgüterverteilung war für mich ein Schlüsselerlebnis. Wir konnten nur 500 von mehreren Tausend Menschen etwas abgeben. Trotzdem spürte ich eine grosse Dankbarkeit. Menschen, die nichts erhalten hatten, umarmten mich. So ist es kein Problem, wochenlang sieben Tage durchzuarbeiten. Als ich nach dem halben Jahr zurückkehrte, war meine Frau darauf gefasst, einen abgekämpften Mann in Empfang zu nehmen. Sie sagte mir später, sie sei völlig perplex gewesen, dass ich so voller Energie auf sie zugekommen sei. (Schweigt) Richtig schwierig wurde es eigentlich erst, als ich wieder in der Schweiz war.

Das klingt paradox.

Ich weiss. Alle dachten, ich hätte schon viel früher zurückkehren wollen und sei froh, endlich in der sicheren Schweiz zu sein. Meine Wahrnehmung war anders. Hier fühlte ich mich komplett unverstanden. Wo immer ich hinging, tauchten in meinem Kopf Bilder aus Haiti auf, die sich vor die Schweizer Realität schoben. Wenn mich jemand nach meinen Erlebnissen fragte, tauchte ich wieder ganz in diese Welt ein. Davon zu erzählen, kostete mich Kraft, ich exponierte mich, gab Gefühle preis. Für viele Gesprächspartner war es aber nicht mehr als Small Talk. Sie antworteten mit ein paar Vorurteilen gegenüber Schwarzen und kamen im nächsten Atemzug auf Fussball oder Fernsehserien zu sprechen. Für mich war es eine Zeit grosser Einsamkeit. Ich zog mich zurück, fühlte mich unverstanden. Später sagten mir Berufskollegen, die Ähnliches erlebt hatten: «Schütze dich. Es ist sinnlos, viel zu erzählen.» Seither rede ich meistens über ein paar Sachen, von denen ich weiss, dass sie gut ankommen.

War es auch ein Belastungstest für Ihre Ehe?

Ja, trotz ihrer Unterstützung war es eine grosse Herausforderung nach 20 Ehejahren. Ein Grund, warum ich meine Karriere beendet hatte, war ja, dass ich mehr Zeit für mich und für unsere Partnerschaft haben wollte. Vorher hatte ich in meinem Kaderjob zwar gutes Geld verdient, aber fast keine Zeit zum Leben. Jetzt arbeite ich nur noch halb so viel und verdiene maximal einen Viertel – und es fühlt sich viel besser an. Glücklicherweise konnte mich meine Frau bei meinem Libanon-Einsatz zwei Wochen besuchen. Seither versteht sie viel besser, was ich tue und warum die Umstellung schwierig ist.

> *Das Leben muss nicht leicht sein, solange es nicht leer ist.*
>
> JANE GOODALL

Haben Sie während Ihrer Schweiz-Aufenthalte nie ein schlechtes Gewissen, wie gut Sie es sich gehen lassen?

Nein, ich geniesse die Zeit hier – ich hatte ja auch egoistische Gründe, mich für diese Arbeits- und Lebensform zu entscheiden. Ich habe kein Helfersyndrom und ich opfere mich nicht auf bis zur Selbstaufgabe, sondern ich möchte meine Erfahrung und meine Schaffenskraft temporär weniger Privilegierten zur Verfügung stellen. Das fühlt sich für mich richtig an. Gleichwohl frage ich mich von Zeit zu Zeit, ob ich nicht noch mehr tun könnte oder müsste. Ich versuche, bewusster zu leben, viel zu lernen und der Gemeinschaft etwas zurückzugeben. Und ich muss manchmal lachen über unser Sicherheitsbedürfnis hier in der Schweiz. Kürzlich hatte ich Krankenkassen- und Versicherungsvertreter bei mir im Haus. Es ist nicht ganz einfach, das alles ernst zu nehmen, wenn man gerade aus Haiti oder dem Libanon zurückgekehrt ist. ■

Kontakt: *paul.metzener@bluewin.ch*

Wenn die Anwältin Fruchtsäfte abfüllt

Sofia de Meyer hätte Partnerin einer renommierten Londoner Anwaltskanzlei werden können. Doch die Waadtländerin wandte sich vom Luxusleben ab und wurde in ihrer Heimat zur Sozialunternehmerin.

Frau de Meyer, Sie sind in einem Waadtländer Bergdorf aufgewachsen, haben später in Bristol Rechtswissenschaften studiert und waren danach als Anwältin in einer internationalen Kanzlei tätig. Warum haben Sie Ihre Karriere mit 30 Jahren abgebrochen?

SOFIA DE MEYER: Mir war klar: Wenn ich jetzt Partnerin werde in diesem Unternehmen, dann bin ich für lange Zeit gebunden. Mein Leben in London war angenehm, luxuriös, ich hatte mir kurze Zeit vorher ein Traumhaus gekauft im noblen Stadtteil Hampstead. Ich hatte alles, nur keine wirkliche Freude, kein Gefühl für den Sinn meines Lebens.

Weshalb sind Sie Anwältin geworden?

Ich bin als siebtes von neun Kindern aufgewachsen. Unsere Eltern waren Schuldirektoren an einer Privatschule, sie wollten uns allen eine gute Karriere ermöglichen. Ich war sehr kreativ und interessierte mich für Kunst, doch mein Vater gab zu bedenken, dass man damit kaum seinen Lebensunterhalt verdienen könne – ich solle besser Medizin oder Rechtswissenschaften studieren. Ich entschied mich für Jus und begann mich für Umweltrecht, geistiges Eigentum und Völkerrecht zu interessieren. Als die grossen Unternehmen an der Universität ihren Nachwuchs rekrutierten, wollte ich erst gar nicht hingehen – doch ich liess mich überreden und erhielt prompt drei Angebote. So wechselte ich nach Studienabschluss für ein zweijähriges Praktikum nach London, war viel unterwegs, arbeitete später in Chicago und Mailand. Die Arbeit war intellektuell sehr stimulierend, ich hatte mit lauter intelligenten Leuten zu tun und verdiente bald einmal sehr gut.

Umso erstaunlicher, dass Sie sich selber um die Früchte dieser Arbeit brachten.
Ja, das hat niemand verstanden. Als Stagiaire hatte ich in einem winzigen Studio im Erdgeschoss direkt an einer Londoner Kreuzung gewohnt – die Tassen und Teller klapperten jedes Mal im Schrank, wenn die Autos vorbeifuhren. Und sieben Jahre später lebte ich in einem eigenen Haus und hätte alles vergolden können. Aber das interessierte mich da schon nicht mehr. Ich hatte gesehen, was die Gutverdienenden alles tun auf der Suche nach Glücksgefühlen: Sie schaffen sich laufend neue künstliche Bedürfnisse, kaufen teure Autos, ein Zweithaus, reisen im Urlaub ans andere Ende der Welt, haben aber kaum Zeit für das Wesentliche. Ich habe berufstätige Mütter gesehen in London, die auf der Firmentoilette ihre Milch abpumpten und diese per Kurier zu ihren Kindern schickten, damit sie im Job keinen Moment fehlten. Deshalb reizte es mich nicht, noch mehr zu verdienen, sondern ich wollte meine Lebensaufgabe finden. Und zu diesem Zweck musste ich erst einmal Ballast abwerfen. Ich verkaufte das Haus und brachte all meine Kleider in ein Hilfswerk.

Hatten Sie einen Plan für Ihre berufliche Zukunft?
Nein, ich wusste nur, dass ich etwas Sinnvolles tun wollte. Bei meiner Arbeit als Anwältin hatte ich mit vielen Unternehmen zu tun gehabt, die stolz über ihre «Corporate Social Responsibility»-Aktivitäten berichteten. Aber das waren meist isolierte Aktivitäten, der Unternehmenszweck war stark auf Wachstum und Gewinnmaximierung ausgerichtet. Ich wollte die gesellschaftliche und ökologische Verantwortung ins Zentrum stellen. So kaufte ich fünf Iglu-Zelte und lancierte in meinem Heimatdorf Villars-sur-Ollon das Ökotourismus-Projekt «Whitepod». Wir offerierten ein einfaches, naturnahes Leben

mit lokalen Nahrungsmitteln, eine Möglichkeit zur Entschleunigung und zu echten Begegnungen am Holzfeuer; den Luxus der Stille, Einfachheit und Genügsamkeit. Und das Projekt lief ohne jede Marketinganstrengung wunderbar an, weil alle, die bei uns übernachteten, diese Erfahrung teilten und weiterempfahlen. So konnten wir im Rhythmus der Nachfrage wachsen und weitere Zelte sowie eine Alphütte dazukaufen.

Und als das Projekt gut lief, zogen Sie erneut weiter.

Ich nahm mir nach vier Jahren eine Auszeit, verbrachte die meiste Zeit in den Bergen, sprach mit vielen Bauern und stellte fest, dass diese wenig Wertschätzung erhielten für ihre Arbeit. Ich suchte nach einer Möglichkeit, die lokale Landwirtschaft zu unterstützen, und da ich als Gastgeberin im Zeltdorf immer Mühe gehabt hatte, gute Getränke aus der Region zu finden, kaufte ich Äpfel, Birnen, Aprikosen und Trauben ein und begann in der Küche mit Pasteurisieren. Das war der Startschuss zu «Opaline».

Heute, knapp 10 Jahre später, beziehen wir Früchte und Getreide bei 30 bis 40 Bauern in der Region und beliefern mit 16 Angestellten etwa 2000 Verkaufspunkte. Nebst Fruchtsäften stellen wir auch Limonaden und bald auch Hafermilch her. Die Bauern können dadurch ihr Angebot erweitern und die Abhängigkeit von einzelnen Abnehmern reduzieren, gleichzeitig leisten wir einen Beitrag zu mehr Biodiversität.

Die Margen im Getränkemarkt sind klein, die Konkurrenz ist enorm. Fragen Sie sich manchmal, warum Sie sich das antun und wie viel Sie als Anwältin heute verdienen würden?

Ich bin jetzt 45-jährig, als Anwältin in London würde ich vermutlich zwischen einer halben Million und einer Million Franken im Jahr verdienen. Aber wäre ich deshalb zufriedener? Ich glaube nicht. Hier arbeite ich jeden Tag ohne formale Hierarchie mit 15 Mitunternehmerinnen und Mitunternehmern zusammen – wir teilen die gleichen Werte und diskutieren offen darüber, welche Löhne wir uns auszahlen und was das für Auswirkungen hat auf unser Unternehmen. Letztes Jahr haben wir praktisch alles Geld reinvestiert, um unseren Impact zu erhöhen. Nebst der Firma gibt es noch die Opaline-Stiftung, die zum Beispiel Ateliers organisiert auf Bauernhöfen für Schulen und Familien

oder Theateraufführungen. Es ist unglaublich befriedigend, Teil einer sinnvollen Bewegung zu sein – dieses Gefühl kann einem kein noch so hoher Lohn ersetzen. Meine materiellen Bedürfnisse sind sehr überschaubar. Und wenn ich länger für ein Paar Veja-Schuhe oder eine Freitag-Tasche sparen muss, ist die Freude darüber dann umso grösser.

Sie haben kürzlich einen Essay publiziert zur Frage, welche Lehren wir aus der Corona-Krise ziehen sollten. Was steht für Sie im Vordergrund?
Die Krise hat uns vor Augen geführt, wie wir mit unserer Lebensweise die eigenen Lebensgrundlagen zerstören und in welchem Ausmass wir von den Finanzmärkten und vom Staat abhängig sind. Ich glaube nicht, dass wir die Krise

überwinden können, indem wir einfach noch mehr Geld drucken und den Motor wieder anwerfen. Kein Mensch fragt, welchen Preis wir zahlen für die angestrebte wirtschaftliche Erholung. Viele Unternehmen haben sich in der Krise verschuldet – sie konnten ohne grosse Hürden Kredite aufnehmen im Umfang von bis zu 10 Prozent des Umsatzes. Um diese Schulden zurückzahlen zu können, müssten die Firmen ihren Umsatz um 30 bis 50 Prozent steigern können. Wie soll das gelingen ohne Entlassungen oder einschneidende ökologische Konsequenzen? Es wäre sinnvoller, die Kredite in Subventionen umzuwandeln und klare Auflagen bezüglich Nachhaltigkeit damit zu verknüpfen. Organisationen wie «BCorp» haben längst die erforderlichen Kriterien erarbeitet. Aber Milliarden-Kredite für die Luftfahrt ohne jegliche Umweltauflagen – das sind sehr kurzsichtige Massnahmen.

Ihre Lebensaufgabe beschränkt sich offensichtlich nicht darauf, Fruchtsäfte zu verkaufen.

Nein, ich möchte viele Menschen dazu ermutigen, bewusste Entscheidungen zu fällen. Die Corona-Pandemie war ein Schock, der unser Leben für mehrere Wochen quasi stillgelegt hat. Nun können wir entweder in den alten Trott zurückkehren oder die Weichen neu stellen. Wir stehen als Gesellschaft vor grossen Aufgaben. Es ist extrem wichtig, dass wir alle ein Bewusstsein dafür haben, welche Rolle wir übernehmen wollen, an welchen Werten wir uns orientieren. Wenn wir unsere Beziehung zu uns selber, zur Natur und jene zum Geld klären und uns an anderen Zielen ausrichten als an der Vermehrung des Wohlstands, können neue, gesündere Formen der Zusammenarbeit entstehen. ■

> *Freiheit bedeutet, dass man nicht unbedingt alles so machen muss wie andere Menschen.*
>
> ASTRID LINDGREN

***Kontakt und Information:** sofia@opaline-factory.ch oder www.opaline-factory.ch/de*

4.11.2017

BEAT MUMENTHALER
Vom Lehrer zum Fotografen und Geschäftsführer

«Beim Fotografieren wurde meine grosse Schwäche zur Stärke»

Als Lehrer litt Beat Mumenthaler unter seiner Dünnhäutigkeit. Beim Fotografieren wurde das Manko zum Markenzeichen: Sein Gespür für das Gegenüber ist die Grundlage für unverstellte Portraitaufnahmen, die in Erinnerung bleiben.

Herr Mumenthaler, Fotografieren war einmal ein anspruchsvolles Handwerk – heute machen alle mit ihren Smartphones Bilder, viele liebäugeln mit dem Fotografenberuf, aber nur wenige können gut davon leben. Warum gaben Sie vor acht Jahren den Lehrerberuf auf und wurden Fotograf?

BEAT MUMENTHALER: Ich war sehr erschöpft von meiner Arbeit als Oberstufenlehrer. Der Lehrerberuf ging mir viel zu nahe – ich hatte Mühe, mich abzugrenzen und abzuschalten. Ich hatte damals schon eine Auszeit hinter mir, kehrte wieder zurück, merkte aber bald, dass es nicht mehr ging. Ich arbeitete schon länger nebenberuflich als Fotograf. Das verstärkte einerseits den Stress, aber es war für mich wichtig als Kontrapunkt, damit sich nicht alles um die Schule drehte. Als der Leidensdruck akut wurde, traf ich mich mit einem Treuhänder und rechnete mit ihm durch, ob ich mit der Fotografie über die Runden kommen könnte.

Sie machten einen Businessplan?

Nein, wir schauten den Auftragsbestand an, rechneten die Projekte dazu, die ich aus Zeitgründen ausgeschlagen hatte, plus einige zusätzliche Arbeiten. Am

Ende meinte der Treuhänder: «Es könnte klappen – notfalls braucht es halt noch Stellvertretungen.» So kündigte ich meine Lehrerstelle und konzentrierte mich auf die Fotografie.

Was hat sich für Sie dadurch verändert?

Ehrlich gesagt war plötzlich die ganze Romantik des Fotografierens dahin, weil ich die Aufträge nach betriebswirtschaftlichen Kriterien annehmen musste. Zuvor hatte ich mir in der Aktfotografie einen Namen gemacht und einige Preise gewonnen, nach dem Umstieg machte ich das Gleiche wie viele andere: Porträts, Hochzeiten, Familienfotografie, schwangere Frauen, Babys. Das war recht frustrierend – man braucht immer wieder die gleichen Einstellungen für Bauch- und Babyfotos, ich konnte nicht wirklich meine eigene Handschrift entwickeln. Am ehesten war das bei der Hochzeitsfotografie möglich, aber vor rund fünf Jahren drängten viele Hobbyfotografen in diesen Markt, die gerne in der Freizeit 2000 Franken dazuverdienten. So galt ich als Profi plötzlich als zu teuer – auch weil viele Kunden den Unterschied nicht sahen und nicht wussten, wie viel Aufwand ich betrieb. Ich fotografierte regelmässig 15 Stunden am Freitag, 20 Stunden am Samstag und arbeitete danach Tag und Nacht an der Bildbearbeitung. Und war bald ähnlich kaputt wie zuvor im Lehrerberuf.

Und dann trennten Sie sich von der Hochzeitsfotografie?

Ja, ich entschied mich, ganz auf Porträtfotografie zu setzen und in diesem Feld meinen persönlichen Stil zu entwickeln. Finanziell musste ich drei Jahre lang unten durch und mich sogar verschulden, aber ich bereue den Schritt nicht. In dieser Zeit merkte ich, dass das, was ich für meine grosse Schwäche gehalten hatte, bei der Porträtfotografie zur Stärke wurde: Zuvor hatte ich darunter gelitten, dass mir vieles zu nah ging, weil ich mein Sensorium für andere Menschen nicht ausschalten konnte. Bei der Porträtfotografie kommt es mir zugute, dass ich mich sehr schnell auf die verschiedensten Menschen einlassen und eine vertrauensvolle Beziehung aufbauen kann – zum Bergbauern ebenso wie zur Bundesrätin. Ich spüre sofort, wie viel Nähe jemand zulässt, wie er sich entspannen und sich öffnen kann.

Das ist die Grundlage für die Mumenthaler-Porträts, diese aufs Wesentliche reduzierten Schwarz-Weiss-Nahaufnahmen?

Ja, der Schlüssel dazu liegt in der Beziehung – nur sie macht es möglich, dass die Essenz eines Menschen sichtbar wird. Technisch sind diese Fotos, die ohne Hintergrund, Farbigkeit und aufwendige Beleuchtung auskommen, leicht zu kopieren. Aber diesen Schlüsselmoment, in dem die Porträtierten aus ihrer Rolle herausfallen und sich ganz offen zeigen, den kann man nicht technisch herbeiführen. Das gelingt nur, wenn die Person vor der Kamera mir unverstellt in die Augen schaut und diesen Blick beibehält, wenn ich die Kamera dazunehme. Das ist dann nicht die Schoggiseite und auch nicht das Sonntagsgesicht eines Menschen, sondern sein ehrlichstes Antlitz, in dem sich ein Teil seines Wesens zeigt.

Gelingt das auch bei der Arbeit mit Politikern, die am liebsten wenig Angriffsfläche bieten? Und wie kam es zu diesem viel diskutierten Bundesratsfoto 2017, das viele an ein Plattencover der Rockband Queen erinnert?

Als ich die Anfrage aus dem Umfeld von Bundespräsidentin Doris Leuthard erhielt, war mir klar, dass ich keines dieser oft gesehenen Gruppenbilder machen will, sondern Porträts, die zu einer Collage zusammengeführt werden. Ich schlug drei Varianten vor: eine sehr langweilige und eine sehr gewagte, die ich für chancenlos hielt – und schliesslich Variante drei, die ich realisieren wollte. Zu meinem grossen Erstaunen entschied sich Doris Leuthard für die sehr gewagte Version, pyramidenförmig angeordneten Porträts, die in der Folge so viel zu reden gaben. Ich hatte dabei übrigens nicht die Queen-Platte im Hinterkopf und auch keine der anderen Vorlagen, die in der Presse genannt wurden. Für die einzelnen Porträts plus die Silhouetten-Bilder hatte ich nur drei bis zehn Minuten pro Person. Da haben sich nicht alle Magistraten gleich weit geöffnet.

> *Sie sind einzigartig, und wenn das nicht so ist, dann ist etwas verloren gegangen.*
> MARTHA GRAHAM

Mit anderen Porträtarbeiten gewannen Sie an internationalen Wettbewerben wichtige Preise – zuletzt den Porträt-Hauptpreis für Ihre Aufnahme einer Holocaust-Überlebenden. Können Sie sich die Aufträge inzwischen aussuchen?
(lacht) Nein, davon bin ich weit entfernt. Ich bin nicht der erste Schweizer Künstler, der die Erfahrung macht, dass internationale Erfolge im eigenen Land nicht unbedingt hilfreich sind. Manchmal ist es sogar kontraproduktiv, weil potenzielle Kunden gar nicht erst anfragen in der Annahme, ich sei jetzt ein Star und daher unbezahlbar. Dabei hat der Solothurner Fotograf Marco Grob, der in New York wirklich zum Star geworden ist und Leute wie Leonardo di Caprio, Lady Gaga, George Clooney oder Donald Trump vor der Linse hat, vor ein paar Jahren gesagt, in der Schweiz gebe es keinen Markt für Starfotografen. Ich würde ihn gerne widerlegen, aber vermutlich hat er recht. Die Wahrheit ist, dass mich manche Kunden zum Beispiel in Zürich trotz all meiner Auszeichnungen nicht ernst nahmen, weil ich im Vergleich zu den lokalen Fotografen zu günstig offerierte. Ich will mich nicht beklagen, im letzten Jahr lief es gut, aber ein Selbstläufer ist es nicht. Ich brauche die Mischung aus Business-Porträts, Werbearbeiten, anderen Auftragsarbeiten und eigenen Porträts, damit ich über die Runden komme und mich weiterentwickeln kann.

> *Die grossen Augenblicke im guten wie im bösen Sinne sind die, in denen wir getan haben, was wir uns nie zugetraut haben.*
> MARIE VON EBNER-ESCHENBACH

Lange hatte man das Gefühl, Sie interessierten sich mehr für die zerfurchten Gesichter von Bergbauern als für die Prominenz.
Ich finde beides interessant. Entscheidend ist, dass ich den Menschen spüre, dass nicht die Verkleidung und Inszenierung dominiert. In der Modefotografie wäre ich verloren. Meine Welt sind die Charakterköpfe, in denen das Leben Spuren hinterlassen hat. Das können prominente Schweizer sein oder Flüchtlinge im Libanon oder Holocaust-Überlebende. Ich lerne den Menschen kennen, sitze ihm gegenüber, Auge in Auge, und versuche, einen Blick in seine Seele zu werfen.

Aktuell sind im Berner Kornhausforum Ihre Fotos von Holocaust-Überlebenden zu sehen. Ein preisgekröntes Porträt zeigt eine Frau, die ihr Gesicht mit dem Unterarm verdeckt; auf ihrem Arm ist eine Nummer eintätowiert. Wie ist dieses Bild entstanden?
Die Frau wollte zuerst anonym bleiben und ich überlegte mir, was ich von ihr in der definierten Porträtserie für ein Bild machen könnte. Da sah ich ihren Arm und sofort das Bild. Später, als all die anderen Porträts realisiert waren, posierte sie ebenfalls mit unverdecktem Gesicht, weil sie nicht aus dem Rahmen fallen wollte. Mir war aber klar, dass das andere Bild viel stärker wirkte. Es wirft Fragen auf, aktiviert das Kopfkino, erzählt eine ganze Geschichte. Als Betrachter versetzt man sich in ihre Lage, denkt über ihre Scham und ihre Angst nach, sieht schliesslich diese Tätowierung, die so eindrücklich symbolisiert, wie Menschen in den Konzentrationslagern ihrer Würde beraubt, auf eine Nummer reduziert wurden. Ich musste um dieses Bild kämpfen, nun ist es international zum Aushängeschild der Ausstellung und zu einem Symbol für dieses traurige Kapitel der Geschichte geworden. ▪

***Kontakt und Information:** www.beatmumenthaler.com*

Beat Mumenthaler ist seit Juli 2020 Geschäftsleiter des Tropenhauses Wolhusen. Fotografisch fokussiert er ganz auf seine Mumenthaler-Porträts. Daneben hält er Referate und leitet Teambildungsevents.

28.11.2021

Eine Wallstreet-Bankerin mit besonderer Mission

Die frühere Top-Bankerin Nilofar Niazi hat an Zürichs bester Lage eine Reha-Klinik für Patienten mit Gehirn- und Rückenmarkbeschädigungen eröffnet. Es ist ein Quereinstieg mit traurigem Hintergrund.

Betritt man die Räumlichkeiten von Nextherapy an der Uraniastrasse in Zürich, wähnt man sich zunächst in einem Luxus-Fitnessstudio. Erst auf den zweiten Blick wird klar, dass hier Menschen mit starken Bewegungseinschränkungen trainieren. Ein vielleicht 6-jähriges Kind unternimmt anstrengende Gehversuche auf einem Laufband und wird dabei von verschiedenen Apparaten gehalten und gelenkt. Ein Therapeut leitet die Übungen an, die Mutter des Kindes steht etwas abseits und schaut zum Fenster hinaus. Gastgeberin Nilofar Niazi sagt gleich zur Begrüssung, es sei ihr extrem wichtig, dass ihr Rehabilitationszentrum für Menschen mit Gehirn- und Rückenmarkschädigung nur einen Steinwurf von der Bahnhofstrasse entfernt sei. Und dass auch Menschen ohne Beeinträchtigung gerne hier trainierten.

> ***Alles, woran man glaubt, beginnt zu existieren.***
> ILSE AICHINGER

Sie bittet zum Gespräch in ihr Büro. Auf dem Fenstersims steht eine etwas gross geratene Playmobil-ähnliche Figur mit Helm, auf einem Glastischchen beugt sich ein Plüsch-Einhorn über eine goldene Glocke. Sie sei ein grosser Fan der Navy Seals, der Eliteeinheit der US-Marine, sagt Niazi mit Blick auf die Plastikfigur. Dort gelte die Regel, dass man jederzeit die Glocke läuten könne, wenn man aus einer Übung aussteigen wolle; das ungeschriebene Gesetz besage allerdings: Läute niemals die Glocke! Das sei zu ihrem Selbstverständnis geworden: sich mit den Besten zu messen und nie aufzugeben.

Gelegenheiten zum Aufgeben gab es einige im Leben der heute 49-Jährigen. Sie war zwölf, als sie mit ihrer Familie aus dem Iran flüchtete und via Deutschland in die USA kam. In Kalifornien schlug sie sich in der öffentlichen Schule als einzige Ausländerin durch. Nach Abschluss des Studiums in Harvard und Kalifornien zog sie nach New York an die Wallstreet. Ihre erste Aufgabe mit 22 Jahren in der Finanzwelt hätte glamouröser kaum sein können: Sie war Teil des Paine-Webber-Teams, das die Privatisierung des Rockefeller Centers vorantrieb. 100 Stunden und mehr habe sie pro Woche gearbeitet, nicht selten um Mitternacht Sushi gegessen im 19. Stock, danach die halbe Nacht durchgearbeitet und sich vor dem Einschlafen am frühen Morgen gewundert, dass sie als Immigrantenkind hier an der Wallstreet grosse Fusionen und Übernahmen einfädelte und sich nicht verstecken musste vor den «taff guys» im Investmentbanking. «Einmal hat mich in dieser Zeit mitten in der Nacht eine Freundin angerufen und von einer Party in Beverly Hills geschwärmt», erinnert sich Niazi. «Ich war auch in dieser Nacht im Büro und dachte: Weshalb sollte ich dort hingehen, die grösste Party spielt doch hier an der Wallstreet.»

Niazi arbeitete nicht nur viel, sondern auch so erfolgreich, dass sie bei Rothschild in den Rang einer Vize-Präsidentin aufstieg und später bei der Deutschen Bank in New York führende Positionen im Investmentbanking und in der Versicherungs-Vermögensverwaltung innehatte. 2009 endete die Erfolgsgeschichte abrupt: Niazi, seit kurzem Mutter von Zwillingen, war besorgt, weil ihr Sohn Nathaniel wegen Atemproblemen hatte hospitalisiert werden müssen. An einem Samstag, «Woche 16, 6. Tag», erfuhr sie, dass das Gehirn ihres Sohns so schwer beschädigt war, dass er in Zukunft weder sehen noch reden noch selbstständig würde leben können. «Ich begriff sofort, dass meine Karriere in diesem Moment vorbei war und ich in Zukunft eine ganz andere

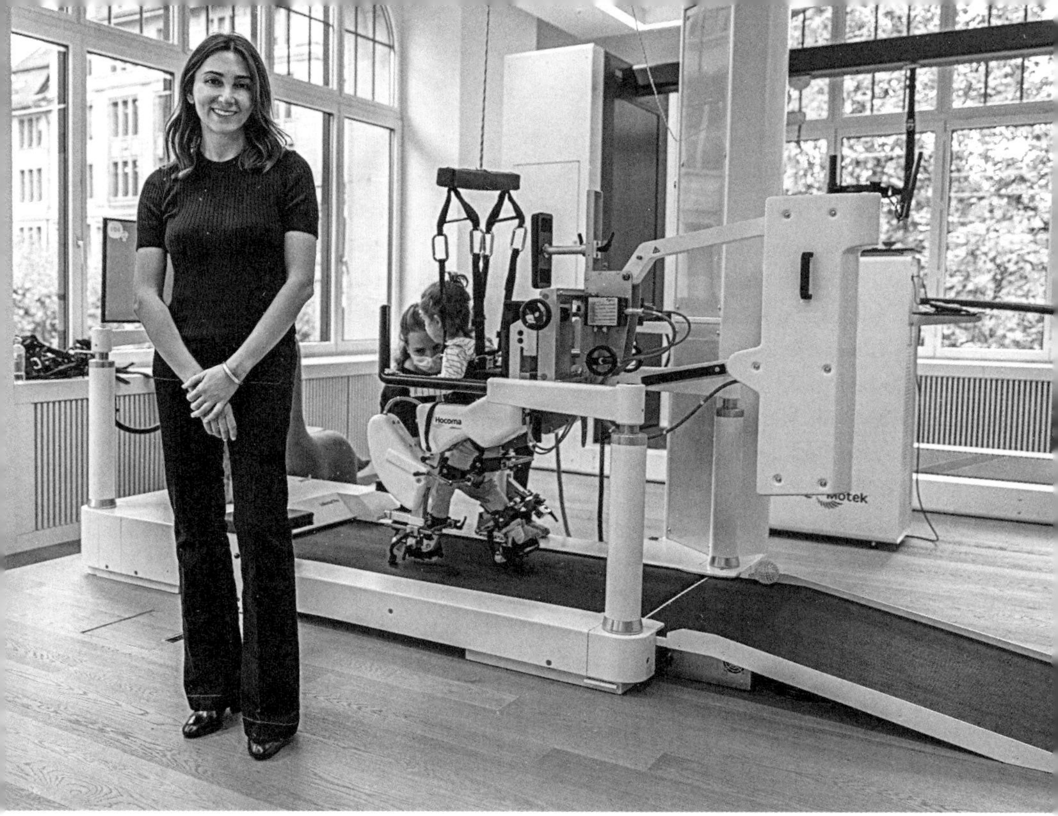

Aufgabe vor mir hatte», erinnert sie sich. Zwei Tage später kündigte sie ihren Job und entschloss sich, ihre ganze Kraft dafür einzusetzen, das Leben ihres Sohns zu verbessern, der zu diesem Zeitpunkt zu schwach war, um selber an der Milchflasche zu saugen.

Dabei kam ihr zugute, dass sie aus der Zeit an der Wallstreet wusste, wozu sie fähig war. Statt sich in Nachtschichten ein Bild über die komplizierte finanzielle Situation von Unternehmen zu machen, durchkämmte sie nun fast rund um die Uhr Forschungsliteratur zu Hirnschäden, gründete eine Stiftung, holte die besten Wissenschaftler an Bord, publizierte als erste Nicht-Neurowissenschaftlerin einen Fachartikel in der Zeitschrift Neuron und reiste an Kongresse, wo sich die wichtigsten Forscher trafen. Was sie dort erfuhr, war so niederschmetternd, dass viele die Glocke geläutet hätten. Selbst die Stammzellentherapie, so sagte ihr ein führender Neurologe, würde Nathaniels beschädigte Hirnareale nicht wiederbeleben können. Niazis einzige Hoffnung war die Aussage von Sally Temple, der Leiterin des weltweit grössten Stammzelleninstituts, des NSCI in New York. Sie sagte ihr, auch wenn grosse Teile des Hirns dauerhaft beschädigt seien, könnten manche Fähigkeiten zurückerlangt werden, wenn die Rehabilitierung intensiviert und verbessert werde.

In der Folge stürzte sich Niazi in die Arbeit, trug fünf Jahre lang alles Wissen zusammen, das sie zu verschiedensten Rehabilitationsansätzen bei Gehirn- und Rückenmarkschäden fand, und suchte nach hoffnungsvoller Grundlagenforschung, die Hinweise geben könnte für neue Therapieansätze. Das finanzielle Polster aus der Zeit, als sie in der Finanzbranche über eine Million Dollar pro Jahr verdient hatte, erlaubte ihr, sich ganz dieser neuen Aufgabe zu widmen und «vielen Wissenschaftlern gehörig auf die Nerven zu gehen» mit ihrer Hartnäckigkeit. Die Erfolge waren weniger spektakulär als erhofft, aber dennoch sehr bewegend für Niazi. Nach einer ersten Sitzung mit Elektrostimulation des Gehirns sagte Nathaniel plötzlich aus heiterem Himmel «Hi», vier Jahre später kam nach einer weiteren Behandlung das Wort «Mama» dazu.

Nilofar Niazi ist realistisch genug, um bei ihrem Sohn keine Wunderdinge mehr zu erwarten. Ihr grösstes Ziel ist es, die Rehabilitation von Menschen mit neuronalen Einschränkungen zu verbessern. Das schliesst auch Schlaganfallpatienten ein und Patienten, die an Multipler Sklerose erkrankt sind. «Die meisten Betroffenen sind nach der Ausnahmezeit im Spital und einigen Wochen Reha-Aufenthalt komplett allein und fallen in ein Loch», sagt Niazi. «Gerade in der chronischen Phase brauchen sie Support und eine moderne Behandlung durch Therapeuten, die an ihr Potenzial glauben.»
Vor vier Jahren hat Niazi in Antwerpen ein erstes Reha-Zentrum eröffnet, diesen September nun die Reha-Klinik Nextherapy im Herzen von Zürich. Wie sie als alleinerziehende Amerikanerin ohne Visum und fixes Einkommen, aber mit drei Kindern (eines davon im Rollstuhl) und einem Hund in der Schweiz Fuss gefasst hat, ist eine Geschichte für sich. «Ich habe gelernt, wie wichtig es ist, welche Geschichte man sich über sich selber erzählt», sagt die Unternehmerin. Ihre geht in Kurzform so: Sie wächst in schwierigen Situationen über sich hinaus, arbeitet gerne hart, jammert nicht und zieht Energie daraus, was

sie zum Guten verändern kann. Mit dieser Haltung gelang es ihr, in Zürich nicht nur eine Wohnung, eine Schule für ihren schwer behinderten Sohn und einen Klinik-Standort zu finden, sondern auch eine Bank, die an ihr Projekt glaubte und einen Kredit sprach.

Die Nachfrage nach ihrem ambulanten Therapieangebot ausserhalb von Spitalstrukturen habe sich sehr gut entwickelt, sagt Niazi. Sie rechnet damit, schon 2022 schwarze Zahlen zu schreiben und bald weitere Standorte in Basel, Bern, Genf oder Lausanne zu eröffnen – auch deshalb, weil in der Schweiz Versicherungen und Krankenkassen einen Grossteil der Therapiestunden finanzieren. Höchste Zeit, zum Schluss auf das Stoff-Einhorn zu sprechen zu kommen. Will Niazi mit ihren Reha-Praxen tatsächlich Unicorn-Status, also eine Milliarden-Bewertung erreichen? Sie sei eine grosse Anhängerin von künstlicher Intelligenz und personalisierter Medizin, antwortet Niazi und lächelt. Und sie sehe, welches Potenzial da noch brachliege in der Rehabilitation. So würden Therapiesitzungen mit Roboterunterstützung bis zu tausend Bewegungswiederholungen pro Sitzung ermöglichen statt den 50 Wiederholungen in einer halben Stunde Physiotherapie. Auch evidenzbasierte Virtual-Reality- und Neurogaming-Technologien würden dazu beitragen, dass Betroffene dank der Plastizität des Gehirns trotz Einschränkungen Lernfortschritte erzielen.

Niazis inzwischen 12-jähriger Sohn Nathaniel trainiert jede Woche 12 Stunden in der Nextherapy-Klinik. «Gesund geworden ist er dadurch nicht, aber er hat bisher trotz einem Leben im Rollstuhl keine Osteoporose und musste sich noch keiner Hüftoperation unterziehen», sagt seine Mutter. Manchmal müsse man dankbar sein, dass sich die Situation nicht verschlimmere. Und indirekt habe Nathaniel viel Gutes bewirkt. Ohne seine Erkrankung hätte Nilofar Niazi sich kaum so ins Zeug gelegt, um ein Therapieangebot aufzubauen, das Hunderten von Patienten die Rehabilitation erleichtert und die Lebensqualität verbessert. ■

Kontakt und Information: *www.nextherapy.ch*

PAECH NIKO
Der Ökonom, der kein Wachstum will
und kein Smartphone besitzt

2.5.2020

«Sind wir dressierte Affen oder aufgeklärte Menschen?»

«Souverän ist nicht, wer viel hat, sondern wer wenig braucht», sagt der deutsche Ökonom Niko Paech. Er ruft zu einem «Rückbau der Globalisierung» auf und plädiert dafür, weniger zu konsumieren und mehr zu reparieren. Paech weiss aus eigener Erfahrung, was es bedeutet, aus dem Konsumkarussell auszusteigen und den wirklich wichtigen Dingen Zeit und Aufmerksamkeit zu schenken.

Herr Paech, der Kollaps des Gesundheitssystems wegen der Corona-Epidemie konnte vermieden werden, nun rückt zunehmend die Angst vor einer schweren Rezession in den Mittelpunkt. Wie wirkt das auf Sie, wenn die Leute dazu aufgerufen werden, besonders viel zu konsumieren, um die Wirtschaft wieder anzukurbeln?

NIKO PAECH: Ich habe Verständnis dafür, dass man einen Absturz ins Bodenlose verhindern will. Deshalb braucht es unternehmerische und staatliche Investitionen, um das Einkommen und die Güterversorgung auf einem Minimalniveau zu stabilisieren. Aber insgesamt ist eine Verringerung der Produktion und des Verkehrs nötig, um die Ökosphäre zu erhalten. Wir haben zu lange darauf vertraut, dass die Umweltprobleme durch technischen Fortschritt überwunden werden können. Das Gegenteil ist der Fall. Die angeblich sauberen Technologien haben manche Probleme noch verschärft.

Inwiefern?

Ob Sie nun die Abfallmengen, die Artenvielfalt, die Wasserknappheit, die CO_2-Emissionen oder die Bodenversiegelungen als Richtgrösse nehmen: Alle Statistiken zeigen, dass wir nichts erreicht haben durch die viel beschworene grüne Wende und unsere Technologiegläubigkeit. Der Elektrofahrrad-Boom hat nicht dazu geführt, dass mehr Leute ihr Auto in der Garage stehen lassen, aber er hat den Bedarf an Elektrizität, Erdöl und Rohstoffen für die Akkus massiv erhöht. Die Fotovoltaik- und Windkraftanlagen haben zu einer Entstellung der Landschaft geführt und stellen einen massiven Eingriff in die Natur dar – und gleichzeitig sinken die Treibhausemissionen kaum. Technologische Innovationen ändern nichts daran, dass unser Wohlstand auf ökologischer Plünderung beruht. Das Einzige, was hilft, ist eine Reduktion, sprich: eine Postwachstumsstrategie.

Ist die Corona-Epidemie in Ihren Augen eine Art Weckruf?

Es ist offensichtlich, dass die Corona-Krise die gleichen Ursachen hat wie der Klimawandel, der Artenschwund und viele weitere von uns verursachte Krisen. Hoffentlich ist das für viele ein Anlass, über Alternativen zum angeblichen Wachstumszwang nachzudenken. Die meisten haben zwar wahnsinnig Angst davor, dass die Wachstumsmaschinerie ins Stocken gerät, aber wenn wir an unseren Konsum- und Mobilitätsansprüchen festhalten, mit dem Billigjet zur nächsten Party fliegen, uns alle Arbeiten von Energiesklaven abnehmen lassen und das Bruttosozialprodukt zum alleinigen Indikator des Gelingens machen, müssen wir sehr bald neue Planeten erschliessen. Die Dinge sind offensichtlich ausser Kontrolle geraten.

Worin zeigt sich das?

2008 hat die Hypothekarkrise in den USA eine weltweite Finanz- und Verschuldungskrise ausgelöst, die schwerste Krise seit dem Ende des Zweiten Weltkriegs. Gut zehn Jahre später zeigt sich erneut, dass niemand diese globalisierte Industriegesellschaft kontrollieren kann. Es ist eine Schönwetter-Ökonomie, die in guten Zeiten spottbillig und «just in time» die tollsten Wohlstandsartefakte ausspuckt, die aber jederzeit wie ein Kartenhaus in sich zusammenfallen kann. Wir befinden uns im Blindflug und produzieren Risiken über Risiken. Weil wir so arrogant waren, sind wir in mittelalterliche Zustände zurückgefallen: Plötzlich sind elementare Dinge wie die Gesundheit und die Versorgung mit Gütern des täglichen Gebrauchs nicht mehr sichergestellt. Es ist höchste Zeit, unser Fortschrittsdenken neu zu kalibrieren und einen massvollen Rückbau der Globalisierung und Technologisierung in Angriff zu nehmen.

Wenn man Ihre Bücher liest und Ihre Vorträge hört, gewinnt man den Eindruck, Sie möchten das Rad der Zeit zurückdrehen.

Ich setze mich dafür ein, dass wir Sicherheit und Integrität zurückerlangen. Wir können lange über Klimaziele debattieren und Szenarien ausrechnen. Solange wir nicht bereit sind, uns mit einem CO_2-Verbrauch von einer Tonne pro Person und Jahr zu begnügen, sind wir Ignoranten oder Heuchler. Der Luxus, den wir in einem mörderischen Pokerspiel gewonnen haben, steht uns nicht zu – wir haben ihn ertrickst, indem wir die Kosten und Schäden verschoben haben. 60 Prozent der Umweltschäden, welche die Schweizer verursachen, schlagen im Ausland zu Buche. Unsere Konsumgesellschaft muss sich beschränken. Entweder tut sie es «by design» oder «by desaster», sprich: freiwillig und bewusst oder weil weitere Katastrophen uns dazu zwingen. Endlos werden die Staaten die Konsequenzen unserer Lebensweise nicht mit weiterer Verschuldung abfedern können.

Was schlagen Sie konkret vor?

Die von mir in die Debatte eingebrachte Postwachstumsökonomie beruht auf mehreren Schritten: Erstens gilt es, Wohlstandsballast abzuwerfen. Das ist kein Verzicht, sondern eine Entlastung, weil wir die Zeitsouveränität zurückgewinnen und so den Stress und die Reizüberflutung überwinden; zweitens müssen wir wieder mehr auf Eigenproduktion setzen, unsere handwerklichen Fähigkeiten zurückgewinnen, die Lebensdauer von Geräten durch Instandhaltung und Reparatur verlängern und die Gemeinschaftsnutzung von Haushaltgegenständen etc. ausbauen. Drittens braucht es wieder regionale Versorgungssysteme und einen Rückbau der globalisierten Industrie. Urban-Gardening-Initiativen oder Reparatur-Organisationen wie das Schweizer Unternehmen Revendo, das seine Kunden mit Apple-Geräten versorgt, ohne ein einziges neues Produkt zu verkaufen, sind ermutigende Beispiele für diesen Weg.

Wie genügsam leben Sie selber?
Ich besitze kein Auto, kein Eigenheim, keinen Fernseher, kein Smartphone, noch nicht einmal ein Mobiltelefon. Geflogen bin ich ein einziges Mal in meinem Leben. Kürzlich habe ich mit viel Freude ein weiteres Mal mein zwölfjähriges Notebook repariert. Die Waschmaschine teile ich mit vier Nachbarn.

Leiden Sie unter den Einschränkungen?
Im Gegenteil. Ich führe ein sehr genussvolles Leben, schwelge in Literatur und Musik, spiele in zwei Bands und esse gerne gut – seit den 1970er-Jahren vegetarisch. Es tut unheimlich gut, sich von Überfluss zu befreien und sich auf jene Dinge zu konzentrieren, die durch eigene handfeste Mitwirkung entstehen. Arbeit bedeutet ja ursprünglich das: miteinander etwas herstellen. Es bedeutet nicht, alles so zu organisieren, dass man nur noch Informations- und Geldflüsse steuert, alles delegiert, was zeitraubend oder anstrengend sein könnte, und sich in seinem Convenience-Dasein amüsiert und optimiert. Wenn wir wieder mehr aufeinander angewiesen sind und zusammenspannen, wird unser soziales Kapital reichhaltiger, wir sind zufriedener und weniger einsam. Und die Dinge gewinnen für uns an Wert dadurch, dass wir ihnen mehr Zeit und Aufmerksamkeit schenken.

> *Wir gehen mit dieser Welt um, als hätten wir noch eine zweite im Kofferraum.*
> JANE FONDA

Sie haben sich zu Beginn Ihrer Laufbahn politisch engagiert. Trauen Sie der Politik inzwischen nicht mehr zu, die Weichen anders zu stellen?
Jedes demokratische Land hat die Politiker, die es verdient. Kein Politiker kann es sich leisten, sich gegen die Lebensrealität seiner Wähler zu stellen. Die Politik reglementiert nicht die Gewohnheiten der Wählermehrheit, sondern spannt sich willfährig vor den Karren dieser Handlungsmuster, um nicht in Ungnade zu fallen. Wir sollten deshalb nicht nach politischen Lösungen schreien. Erst wenn in der Zivilgesellschaft ein Aufstand der Handelnden stattfindet, die sich

dem Steigerungswahn verweigern und mit ihrer Lebenspraxis einen anderen Weg einschlagen, kann die Politik ihre Angst vor einer Postwachstumsökonomie verlieren.

Und woher nimmt der Einzelne die Motivation, auf Gewohntes zu verzichten?
Letztlich müssen wir uns alle die Frage stellen, wer wir einmal gewesen sein wollen: dressierte Affen, die auf den Glitzer des Konsums reingefallen sind und damit den Planeten ruiniert haben, oder aufgeklärte Menschen, die verantwortungsvoll mit ihrer Freiheit umgegangen sind. Niemand wird sagen können, er habe nicht gewusst, was er mit seinem Lebensstil anrichte. Und wir schaden damit ja nicht nur der Umwelt, sondern viel direkter uns selber. Mitten im Konsumrausch nimmt unser Wohlbefinden ab. Die Suizidrate, die Burnout-Erkrankungen, der Psychopharmaka-Gebrauch – all deren Statistikwerte schiessen in die Höhe. Und wegen der Reizüberflutung sind wir unfähig, den erbeuteten Luxus überhaupt noch zu geniessen.

Sie werden regelmässig heftig angefeindet, die Beschreibungen reichen von Spinner über Öko-Diktator bis zum «meistgehassten Mann Deutschlands». Warum nehmen Sie das auf sich?
Was mich antreibt, ist die Empörung darüber, mit welcher Rücksichtslosigkeit Menschen einen Wohlstand beanspruchen, der ihnen nicht zusteht. Dieser Wohlstand ist nicht das Resultat eigener Arbeit, sondern Ausdruck unserer Gier und Verantwortungslosigkeit. Er beleidigt jedes intakte Gerechtigkeitsempfinden. Natürlich umarmen mich die Leute nicht, wenn ich an den Grundfesten unserer Konsumgesellschaft rüttle und ihnen den Spiegel vorhalte. Die Anfeindungen nehme ich in Kauf, denn ich bin überzeugt, dass es Störenfriede braucht, die die Systemlogik in Frage stellen.

Und Sie haben wirklich nie erwogen, für die Grünen in den Wahlkampf zu ziehen?
Die Grünen in Deutschland entsprechen heute jenen Leuten, vor denen sie selbst gewarnt haben, als sie sich gründeten. Ihre Fortschrittsbesoffenheit versperrt den Blick für die Notwendigkeit, mit dem Wachstumsdogma zu brechen. Stattdessen biedern sie sich bei den Wählern mit grünen Wachstumsver-

sprechen an. Die grünen Parteien in der Schweiz mögen etwas weniger schlimm sein. Meine Hoffnungen ruhen auf den regionalen und lokalen Initiativen, die vorleben, wovon es mehr braucht. Solidarische Landwirtschaftsinitiativen wie Radiesli im Raum Bern, Regionalökonomien mit Lokalwährungen, Reparaturstätten und Tauschgelegenheiten. Das sind alles konkrete ökologische Gegenentwürfe zur Wachstumsversessenheit, getreu dem Motto: Souverän ist nicht, wer viel hat, sondern wer wenig braucht.

> *Wer etwas will, findet Wege. Wer etwas nicht will, findet Gründe.*
>
> WILLY MEURER

Niko Paech forscht und lehrt als Professor für Plurale Ökonomik an der Universität Siegen. Zu seinen Forschungsschwerpunkten gehören die Umweltökonomie und Nachhaltigkeitsforschung. Der 60-Jährige zeigt in seinem Konzept der Postwachstumsökonomie Alternativen zum Wachstumszwang auf. Paech ist Autor diverser Bücher, etwa ‹Befreiung vom Überfluss› und ‹All you need is less› (gemeinsam mit Manfred Folkers).

Information: *www.postwachstumsoekonomie.de*

13.11.2018

Ein Unternehmer warnt vor seinem Gift

Das Töten von Insekten war lange Zeit ein gutes Geschäft für Hans-Dietrich Reckhaus. Doch dann wurde der Appenzeller zu ihrem grössten Retter. So ist der 52-Jährige umgestiegen, ohne Arbeitgeber oder Branche zu wechseln.

Man stelle sich vor: Eine Fluggesellschaft fragt den Kunden vor dem Ticketverkauf, ob er wirklich fliegen wolle, denn das belaste die Umwelt. Oder ein Schokoladeproduzent warnt auf seinen Produkten freiwillig davor, dass der viele Zucker die Gesundheit ruinieren könne. Hans-Dietrich Reckhaus hat gerade etwas Ähnliches beschlossen: Ab Anfang 2019 versieht er seine Insektensprays mit der Aufschrift: «Produkt tötet wertvolle Insekten.»

Manche seiner Produkte stattet Reckhaus schon seit längerem mit umfangreichen Informationen über den Wert der Insekten aus, die damit getötet werden. Wer die Sprays, Fliegen- oder Mottenfallen kauft, bekommt ein schlechtes Gewissen und wird indirekt aufgefordert, den Kauf ein nächstes Mal zu überdenken. «Mein Ziel ist tatsächlich, den Markt zurückzudrängen, von dem ich lebe», sagt Reckhaus. Aber warum ist der Mann vom Insektenbekämpfer zum Insektenretter mutiert?

Sein Werdegang hatte lange Zeit keinerlei rebellische Züge. Mit harter Arbeit hatte sein Vater ein Biozid-Unternehmen aufgebaut, sein Sohn sollte es später noch besser machen. Abitur in Bielefeld, ein Sommersemester in Harvard, danach das Wirtschaftsstudium in St. Gallen – nur das Beste hielten die Eltern für gut genug. Reckhaus enttäuschte sie nicht, absolvierte das Studium an der HSG in vier Jahren. Dass er zwischenzeitlich mit Depressionen zu kämpfen hatte, zu Tabletten griff, weil er sich schwertat mit dem Dünkel mancher Mitstudenten und der einseitigen Ausrichtung auf materiellen Gewinn, wusste kaum jemand.

Die einzige Extravaganz, die sich Reckhaus junior leistete, war, dass er nach Abschluss des Studiums noch eine Doktorarbeit in Angriff nahm, sehr zum Ärger seines Vaters. Der fand, das sei Zeitverschwendung und einen solchen Titel könne man kaufen. Doch Reckhaus erwarb die Doktorwürden in zweieinhalb Jahren. Als er 1992 ins Familienunternehmen eintrat, merkte er, dass die Theorie aus St. Gallen im KMU-Alltag wenig hilfreich war. Als der Vater ihm die Firma mit 20 Angestellten nach zwei Jahren komplett übergab, fand der Juniorchef nur halbwegs den Tritt. Zwar stabilisierte er das Unternehmen, kam morgens als Erster und ging als Letzter, aber an vielen Tagen las er Romane im Büro. Manchmal, wenn er den Trott in Bielefeld gar nicht mehr aushielt, setzte er sich in den Zug nach Zürich, fuhr von dort weiter nach Chur, diskutierte in einem Bergrestaurant mit einfachen Leuten und schrieb an einem Roman.

Der Wunsch, Schriftsteller zu werden statt Insektenvernichter, war es auch, der ihn bewog, mit seiner Frau in die Schweiz zu ziehen. So gründete Reckhaus in Appenzell-Ausserrhoden eine zweite Firma mit dem Hauptziel, sich selber anzustellen und mehr Zeit fürs Schreiben zu gewinnen.

Stattdessen liefen die Geschäfte plötzlich rund. Reckhaus kam mit dem Einkäufer eines grossen Schweizer Detailhändlers in Kontakt, wurde mit drei Vertretern von globalen Konzernen zu einer Präsentation eingeladen – und bekam überraschend den Zuschlag. Anfänglich für 4 Produkte, später wurden es 75. Bald kam ein zweiter Grosskunde dazu, und die Firma wuchs auf 60 Mitarbeiter, 10 davon in der Schweiz, 25 Millionen Euro Umsatz insgesamt. Reckhaus verkaufte dabei nicht nur Chemie, sondern entwickelte giftfreie ökologische Alternativen, darunter Motten- und Fliegenfallen.

Bis 2012 ging es kontinuierlich aufwärts. Dann wandte er sich an die Konzeptkünstler Frank und Patrik Riklin in der Hoffnung, sie würden seine neu patentierte ökologische Fliegenfalle breit bekannt machen. Die Künstler antworteten ihm lapidar: «Dein Produkt ist schlecht – es tötet Fliegen.» Und weiter: «Wie viel Wert hat eine Fliege für dich als Insektenbekämpfer?» Diese Frage, sagt Reckhaus, habe ihn «im Mark getroffen». Der Vorschlag der Riklins, er solle sein Geschäftsmodell ändern und zum Insektenretter werden, schien absurd, weil er die Firma und 60 Arbeitsplätze bedrohte. Aber nach zwei schlaflosen Nächten willigte er ein, zumindest mit einer Kunstaktion den Insekten symbolisch etwas zurückzugeben.

> *Das Leben ist schon interessant ... Am Ende werden die grössten Herausforderungen zu dem, auf das du am meisten stolz bist.*
> DREW BARRYMORE

Die Aktion «Fliegen retten in Deppendorf» sorgte für einiges Aufsehen, nicht nur im Nachbardorf des Firmensitzes, sondern dank der Riklin-Brüder auch international. 902 lebendig gefangene Fliegen brachten die Gäste zum Dorffest mit. Eine von ihnen wurde zur Gewinnerin gekürt, auf den Namen Erika getauft, mit dem Flugzeug von Paderborn nach München geflogen und von dort per Taxi ins Schlosshotel Elmau chauffiert. Das ambivalente Verhältnis zwischen Mensch und Insekt sollte durch diese komische Überhöhung der Fliege Erika ins Bewusstsein der Leute gebracht werden.

Der Schuss ging nach hinten los. Die Eltern von Hans-Dietrich Reckhaus buchten vor Schreck die erste Kreuzfahrt ihres Lebens, so peinlich war ihnen die Sache. Drei der vier Grosskunden, mit denen der Unternehmer 80 Prozent seines Umsatzes machte, erklärten ihn für wahnsinnig. Die Angestellten fanden, die Viertelmillion wäre besser in Löhne oder Infrastruktur investiert worden.

Doch Hans-Dietrich Reckhaus war es ernst mit der Sache, ernster, als er zunächst selber begriffen hatte. Der damals 46-Jährige folgte fortan konsequent dem Grundsatz «Reduzieren – Ökologisieren – Kompensieren», forcierte Produkte ohne chemische Inhaltsstoffe und lancierte unter dem Label «Insect Respect» ein Kompensationszertifikat: Wer Produkte seiner neuen Marke «Dr. Reckhaus» kaufte, ermöglichte damit den Anbau neuer Grünflächen, die Insekten als Lebensraum dienen. Eine erste solche Ausgleichsfläche entstand

auf dem 200 Quadratmeter grossen Dach des Hauptsitzes. Diese Öko-Abgabe verteuert die Produkte um fünf bis zehn Prozent.
Reckhaus vertiefte sich immer mehr in die Materie und schrieb zwei Bücher zur Bedeutung der Insekten. Ohne Insekten, so eine seiner Erkenntnisse, überlebt der Mensch nur wenige Monate, 75 Prozent der Kulturpflanzen würden nicht mehr bestäubt, 90 Prozent der Süsswasserfische würden aussterben, ebenso die meisten Vogelarten. Und der Insektenbestand ist stark rückläufig: 40 Prozent der 30 000 heimischen Insektenarten sind in ihrem Bestand gefährdet. Dies wegen der industrialisierten Landwirtschaft und der Versiegelung von fruchtbarem Boden, der in der Schweiz täglich die Fläche von 10 Fussballfeldern zum Opfer fällt. «Obwohl sie für unser Ökosystem so wichtig sind, haben Insekten keine Lobby», stellte Reckhaus fest. Und so wurde er zu einem ihrer grössten Fürsprecher.

Kritisiert wird er noch immer, weil er zwei Drittel seines Umsatzes auch heute noch mit Insektiziden macht. Am liebsten würde er den «kleinen Chemietanker» von heute auf morgen liquidieren. Aber das hätte zur Folge, dass er die Mitarbeiter auf die Strasse stellen müsste. «Ich will kein Aktivist sein, sondern die Branche als Akteur transformieren», sagt Reckhaus, konkreter: «die heutigen Produktionsmitarbeiter mittelfristig zu Landschaftsgärtnern umschulen.» Bei zwei ersten Mitarbeitern steht eine solche Umschulung nun bevor, weil Reckhaus im Auftrag von 20 Unternehmen insektenfreundliche Flächen anbauen kann.

Ökonomisch betrachtet sei sein Engagement grenzwertig, sagt der Unternehmer. Denn er verbringe seit sechs Jahren die Hälfte seiner Zeit mit Dingen, die sich nicht rechnen. Das habe die Firmenrendite geschmälert und sein Einkommen auf ein Fünftel reduziert. Doch allmählich spürt der 52-Jährige Rückenwind. Wurde er zu Beginn in seiner Branche wie ein Aussätziger behandelt, erhält er nun fast schon im Monatstakt Auszeichnungen für sein Engagement, zuletzt Ende Oktober eine des Europäischen Chemieverbands. Für sein Gütesiegel «Insect Respect» konnte er mit der Drogeriemarkt-Kette dm einen ersten Grosskunden gewinnen, vor kurzem ist auch Aldi Süd aufgesprungen.

Hans-Dietrich Reckhaus hat als Insektenretter einen Ehrgeiz entwickelt, der ihm als Insektizidhersteller fremd war. Seine Produkte der Linie Insect Respect, die heute keine fünf Prozent zum Umsatz beisteuern, will er «richtig gross machen» und dereinst mit ihnen auch den US-Markt erobern. Zunächst steht aber die Schweiz im Fokus. Dieser Tage veranstaltet Reckhaus in Aarau den ersten Tag der Insekten. Gemeinsam mit Hans Herren, Träger des Alternativen Nobelpreises, Bertrand Piccard und weiteren Mitstreitern will er dort einen Akzent setzen gegen das Insektensterben. Und einmal mehr vor den eigenen Produkten warnen. ■

Kontakt und Information: *www.insect-respect.org*

Inzwischen verkauft auch Migros die Produkte mit dem Gütesiegel Insect Respect. Reckhaus hat 2021 3,5 Millionen Packungen davon verkauft und die «Insect Respect Akademie für Landschaftsgärtner» gegründet.

ANGELINA SEIFERT
Von der Pflegefachfrau zur Spitex-Gründerin

7.12.2019

Wenn die alleinerziehende Mutter als Unternehmerin durchstartet

Angelina Seiferts Gründergeschichte steht so in keinem Lehrbuch: Kaum hatte sie die Betriebsbewilligung für ihre Psychosoziale Spitex erhalten, wurde Seifert zum zweiten Mal Mutter – die neue Firma musste ohne Geschäftsführerin starten. Drei Jahre später beschäftigt die 39-Jährige 16 Angestellte, darunter viele Mütter.

Frau Seifert, gibt es einen idealen Zeitpunkt für den Schritt in die Selbstständigkeit?

ANGELINA SEIFERT: Wenn man auf den idealen Moment wartet, startet man vermutlich nie. Bei mir waren die Umstände alles andere als ideal. Als ich meine Firma gründete, war ich alleinerziehende Mutter einer kleinen Tochter und mit dem zweiten Kind schwanger.

Warum sind Sie das Wagnis trotz schwieriger Umstände eingegangen?

Es ist gut, dass man im Voraus nicht genau weiss, was alles auf einen zukommt – sonst hätte ich mich möglicherweise nicht getraut. Ich hatte ein Jahr nach der Geburt meiner Tochter begonnen, zusätzlich freiberuflich als Pflegefachfrau zu arbeiten. Ich wollte nach 18 Jahren Schichtbetrieb mit Nacht- und Wochenendeinsätzen in psychiatrischen Kliniken selber über meine Arbeitszeit bestimmen, um meine Mutterrolle besser wahrnehmen zu können. Und ich wollte nach neun Jahren belastender Arbeit in der geschlossenen Abteilung der Psychiatrischen Universitätsklinik Zürich auch raus aus der stationären Betreuung.

Wie gelang der Umstieg?
Es lief so gut an, dass ich nach einem halben Jahr freiberuflicher Tätigkeit meine Festanstellung kündigte. Die Krankenkassen streichen immer mehr Bettentage, aber die Menschen mit psychischen Erkrankungen werden deswegen nicht gesünder. Deshalb hat die Nachfrage nach ambulanter psychiatrischer Pflege in den letzten Jahren stark zugenommen. Als ich dann mit meinem Sohn schwanger war, musste ich mich entscheiden, ob ich eine Vertretung suche, um meine neuen Kunden nicht grad wieder zu verlieren, oder ob ich eine Firma gründe und Personal einstelle.

Sie setzten auf die Karte Risiko.
Ja, ich entschied mich für die Flucht nach vorne und gründete eine eigene Psychosoziale Spitex in Dietikon. Was das im Detail bedeutete, begriff ich wie erwähnt erst nach und nach. Jeder Schritt war eine Herausforderung. Ich kümmerte mich um die Betriebsbewilligung, stellte diplomierte Pflegefachfrauen ein mit deutlich höheren Pensen, als ich Aufträge vorliegen hatte, schrieb einen Businessplan, schaffte mir ein Betriebssystem für die Pflegedokumentation an, organisierte ein Geschäftsauto, druckte Flyer und gestaltete eine Website. Das kostete alles viel Zeit, Nerven und auch Geld. Zum Glück hatte ich von meiner Mutter erfahren, dass es in Zürich den Verein GO! gibt, der Kleinunternehmer mit Krediten unterstützt.

> *Vor jeder Ihrer Entscheidungen muss die Einsicht stehen, dass sich Risiken prinzipiell nicht beherrschen lassen – sonst wären sie keine.*
>
> REINHARD K. SPRENGER

Und als die Firma gegründet war, verabschiedeten Sie sich erst einmal in den Mutterschaftsurlaub?
(lacht) Das Timing war extrem eng, aber es ging gerade noch auf: Am 1. Juli 2016 traf die Betriebsbewilligung ein, am 8. Juli erhielt ich die Zusage für den Kredit über 15 000 Franken und am 9. Juli kam mein Sohn zur Welt. Meine

Firma startete erst einmal ohne Geschäftsführerin, aber ein paar Tage nach der Geburt habe ich mich dann auch eingeschaltet. Im Rückblick war das für alle hilfreich, dass es am Anfang auch ohne mich funktionieren musste. Es half mir, schneller und konsequenter zu delegieren, meinen Mitarbeiterinnen mehr Verantwortung zu schenken.

Nach drei Jahren beschäftigen Sie schon 16 Angestellte mit 750 Stellenprozenten. Wie gut lässt sich die Leitung des Unternehmens mit der Kinderbetreuung vereinbaren?
Durch das rasche Wachstum ist der Spielraum grösser geworden. Ich betreue nur noch eine Handvoll Kunden selber. Montag und Dienstag bin ich für meine Kinder da. An den anderen Tagen übernehmen meine Mutter, eine Tagesmutter und mein Ex-Mann die Betreuung. Grundsätzlich geht das gut auf. Aber natürlich hat man nie ganz frei als Unternehmerin, das Telefon klingelt auch am Montag und Dienstag, und die Arbeit ist nie weit weg.

Ging die Rechnung auch finanziell auf für Sie? Viele Unternehmer zahlen sich ja in den ersten Jahren keinen oder nur wenig Lohn aus.
Ja, die Schulden sind abbezahlt, und ich habe mir schon sehr bald einen richtigen Lohn ausbezahlt – unter anderem, weil der Vermieter mir sonst die Woh-

nung gekündigt hätte. Der finanzielle Druck und der Wunsch, rasch unabhängig zu werden, waren sogar eine Extramotivation beim Aufbau der Firma. Heute sind wir solid aufgestellt, aber es gibt sicher noch Potenzial für weiteres Wachstum. Zahlreiche Ärzte, Therapeutinnen und Akteure der Sozialarbeit in der Region kennen unser Angebot noch nicht oder möchten persönlich überzeugt werden. Ich will das Wachstum nicht forcieren, ihm aber auch nicht im Weg stehen – auch wenn man mit 16 Angestellten eine andere Verantwortung auf den Schultern trägt, als wenn man nur die eigenen Rechnungen zahlen muss. Es ist aber auch sehr befriedigend, anderen Müttern eine attraktive Teilzeitstelle anbieten zu können.

Würden Sie Wiedereinsteigerinnen den Schritt in die Selbstständigkeit empfehlen?

Das muss jede Frau für sich entscheiden. Ich habe es nie bereut, diesen Weg gewählt zu haben. Wichtig finde ich, dass sich niemand zu sehr von der Angst vor Fehlern bremsen lässt. Es ist doch völlig in Ordnung, etwas zu wagen und damit keinen Erfolg zu haben – wir können immer eine Menge lernen im Scheitern. Mich hat zudem beeindruckt, wie viel Unterstützung ich erfahren habe in den letzten Jahren. Die Entscheidung, ob wir Hilfe annehmen und wen wir darum bitten, liegt bei uns. Sobald wir nicht mehr glauben, alles alleine schaffen zu müssen, erleben wir, wie wertvoll unser Netzwerk ist.

Konnten Sie das besser als andere, weil Sie beruflich mit Kunden zu tun haben, die das Leben nicht mehr aus eigener Kraft meistern können?

Ich bin durch meinen Beruf sicher sensibilisiert für solche Themen. Wenn man Suchtkranke betreut oder Menschen, die an einer Depression erkrankt sind, darin unterstützt, wieder eine stabilisierende Tagesstruktur zu finden, relativiert das die eigenen Sorgen und fordert einen gleichzeitig dazu auf, sich selber Sorge zu tragen und gut auf Stresssignale zu achten. Im Moment erlebe ich die vielen Herausforderungen als sehr positiv. Durch den Schritt von der Angestellten zur Unternehmerin habe ich die Freude an der Arbeit wiederentdeckt. ■

***Kontakt und Informationen:** www.psychosoziale-spitex.ch*

STAUB MATS
Vom Dramaturg zum Leiter eines Erinnerungsbüros

28.5.2011

«Die Neugier war meistens grösser als die Angst»

Mats Staub wollte Manager werden, doch nun erfindet er sich Jahr für Jahr ein neues Projekt. Dabei ist ihm wichtig, die Menschen zum Erinnern anzuhalten. «Es braucht Momente des Innehaltens, um sich zu vergegenwärtigen, was gewesen ist, woher etwas kommt, wie wir zu denen geworden sind, die wir sind – und ob das so bleiben soll», sagt der 39-jährige Künstler.

Herr Staub, Sie realisieren Jahr für Jahr eigene Kunstprojekte. Einmal eine Audio-Bar mit Liebesbriefen, dann ein Erinnerungsbüro, in dem Sie die Erinnerungen von Enkeln an ihre Grosseltern aufzeichnen, und nun verwandeln Sie die Berner Rathausgasse in einen Ausstellungsort. War in Ihrem Leben die Neugier immer grösser als die Angst?

MATS STAUB: Die Angst war nicht klein, aber die Neugier konnte sich meistens durchsetzen. Wenn es stimmt, dass man entweder Glückssucher oder Unglücksvermeider ist, dann gehöre ich sicher zu jenen, die das Glück suchen. Das Wirtschaftsgymnasium begann ich noch mit dem erklärten Ziel, später ein Manager zu werden. Glücklicherweise weckten ein guter Deutsch- und Musiklehrer andere Interessen. Nach der Matura hätte ich am liebsten ein Zwischenjahr eingelegt und jeden Monat einen anderen Beruf ausprobiert – vier Wochen in einer Fabrik, vier Wochen im Büro, vier Wochen als Strassenwischer und so weiter. Die wirtschaftliche Lage war aber so unsicher, dass ich fürchten musste, ein Jahr in der Fabrik hängen zu bleiben. Also begann ich dann doch, Theaterwissenschaften, Journalistik und Religionswissenschaften zu studieren.

Da waren Sie immer noch auf gutem Weg, später einen ganz gewöhnlichen Beruf zu ergreifen.

Ich arbeitete neben dem Studium als Journalist. Das war fantastisch, weil mir diese Rolle erlaubte, unterschiedlichsten Menschen Fragen zu stellen. Die Kehrseite war, dass man für alles zu wenig Zeit hatte. Wenn ich eine Geschichte so recherchierte und schrieb, wie ich das für richtig hielt, standen Aufwand und Ertrag in keinem Verhältnis. Zudem tat ich mich bald schwer mit der Rolle des Theaterkritikers. Was zählte, war doch, ob mich eine Aufführung berührte, und genau dies war nicht möglich, wenn ich möglichst objektiv darüber schreiben musste.

Nach dem Universitätsabschluss wechselten Sie die Seite und wurden Assistent am Neumarkttheater.

Ja, «Tramaturg», wie der Beamte ins Formular schrieb, als ich mich in Zürich anmeldete. Ich bin da hineingerutscht und erhielt relativ rasch die Chance, etwas Eigenes zu machen. Das Theater ist ja sehr feudalistisch organisiert, es gibt die Könige, sprich: die Intendanten, und wenn du deren Gunst hast, kannst du etwas tun. Ich schlug das Projekt «5000 Liebesbriefe» vor, das den Theaterbesuchern erlauben sollte, in vielstimmige Liebesgeschichten aus dem 20. Jahrhundert einzutauchen. Das ungewohnte Projekt zog allen Bedenken zum Trotz sehr viele Besucher an, auch solche, die sonst nie einen Fuss in dieses Theater gesetzt hätten.

Man wird oft zu dem, was man von sich selbst glaubt, zu sein. Wenn ich mir ständig sage, dass ich etwas nicht kann, dann ist die Wahrscheinlichkeit gross, dass ich es am Schluss wirklich nicht fertigbringe. Auf der anderen Seite, wenn ich an mich glaube, so werde ich mir die Fertigkeiten aneignen, die ich brauche und es tun, auch wenn ich diese jetzt noch nicht besitze.

MAHATMA GANDHI

Trotz des Erfolgs verliessen Sie das Neumarkttheater.

Wenn der König abdankt, muss der Hofstaat auch gehen. Es gab aber noch einen tieferen Grund. Ich war als Dramaturg immer im Spannungsfeld zwischen Intendant und Regisseur. Da wirst du oft zwischen fremden Interessen zerrieben, kommst eigentlich immer zu spät und kannst nur das Schlimmste verhindern. Da ich mich bei einem Gastspiel verliebt hatte, lockte der Umzug nach St. Petersburg. Ich fragte mich: Was wird dich mehr reuen, wenn du als Grossvater auf dein Leben zurückschaust? Nicht Chefdramaturg in Hamburg geworden oder nicht nach Russland gezogen zu sein? Ich entschied mich für das Abenteuer und adaptierte das Liebesbriefe-Projekt für Russland und später für Wien.

Und dann lancierten Sie in Bern das Langzeitprojekt «Meine Grosseltern», das inzwischen weit über die Landesgrenzen hinaus Erfolge feiert. Hat es Sie nie gestört, keiner Erwerbsarbeit mit sicherem Einkommen nachzugehen?
Nach der Rückkehr in die Schweiz habe ich das versucht. Als notorischer Vielarbeiter sagte ich mir: 80 Prozent Brotjob und 70 Prozent Kunst, das müsste aufgehen. Leider ging es überhaupt nicht auf. Nach Feierabend im Büro konnte ich nicht einfach auf Inspiration schalten. Ich realisierte, dass ich mich mit einem sogenannten Standbein zu wenig bewegen kann, dass ich beide Beine brauche, um in der Kunst etwas zu realisieren. Natürlich ist es schwierig, die Ungewissheit auszuhalten. Ich habe nur eine ungefähre Ahnung, was ich in einem oder zwei Jahren machen werde, und kann nicht sicher sein, dass ich mich davon werde ernähren können.

Zuletzt haben Sie 2,5 Monate in der Berner Rathausgasse gelebt und Gespräche aufgezeichnet mit den Bewohnern. Was war Ihr Antrieb für dieses Projekt?
Es gab ein langjähriges Interesse und einen plötzlichen Impuls. Bereits beim Liebesbrief- und beim Grosseltern-Projekt standen Lebensgeschichten von Menschen im Zentrum, die nie prominent gewesen sind. Und seit fünf Jahren hatte ich den Arbeitstitel «Blick hinter erleuchtete Fenster», weil ich mich bei abendlichen Stadtspaziergängen oft fragte, was für Geschichten dahinter verborgen sind und wie verschiedenste Schicksale zu einer Nachbarschaft in derselben Strasse geführt haben. Im letzten Herbst betreute ich im Schlachthaus Theater an der Rathausgasse eine Theaterproduktion – da dachte ich auf einmal, dass man sich hier mit derselben Aufmerksamkeit wie in einer Ausstel-

lung bewegen sollte. Im Frühling quartierte ich mich hier ein, führte Gespräche, nahm mir viel Zeit und gewann das Vertrauen von immer mehr Geschäftstreibenden und Bewohnern. Die Besucher werden nun im Schlachthaus-Theater mit einem iPod ausgerüstet und können damit durch die Gasse gehen und all den Lebensgeschichten lauschen.

Welches Anliegen verfolgen Sie mit Ihrer Arbeit?
Ich finde es gut, wenn sie Menschen zum Erinnern anhält. Anhalten ist durchaus wörtlich zu verstehen. Es braucht Momente des Innehaltens, um sich zu vergegenwärtigen, was gewesen ist, woher etwas kommt, wie wir zu denen geworden sind, die wir sind – und ob das so bleiben soll. Vieles, womit wir uns im Alltag beschäftigen müssen, ist doch eigentlich Schrott. Ich bin kein Nos-

talgiker, benutze ein Smartphone und blättere auch in Gratisblättern, aber ich möchte mich nicht nur mit Unwesentlichem herumschlagen. Wenn wir etwas tiefer in Lebensgeschichten anderer Menschen eintauchen, führt das immer auch zu einer Auseinandersetzung mit uns selbst.

> *Ich habe in meinem Leben schon unzählige Katastrophen durchlebt – die wenigsten davon sind eingetreten.*
> MARK TWAIN

Schliessen Sie aus, wieder eine feste Anstellung anzunehmen?
Ich weiss es nicht. Jedes Mal, wenn ich einem Impuls gefolgt bin, der tief aus mir kam, sind daraus gute Projekte entstanden. Ich kann nur hoffen, dass das weiterhin funktioniert. Im Moment recherchiere ich in Wien, dort gibt es ähnlich spannende Gassen wie die Rathausgasse – und ich möchte mit dem «Memory Bureau» in England Geschichten von Grosseltern sammeln. ■

Kontakt und Information: *www.matsstaub.com*

2020 ist er mit dem Schweizer Theaterpreis ausgezeichnet worden. In der Zwischenzeit hat Mats Staub weitere Langzeitprojekte realisiert («21», «Zehn wichtigste Ereignisse meines Lebens» und «Death and Birth in My Life»).

4.8.2012

STEUDER ANANTA
Vom Elitesoldaten zum Zen-Mönch und Meditationstrainer

«Das Einzige, worauf es wirklich ankommt, ist Stille»

Pausenlos aktiv zu sein, ist leicht – auf Dauer aber nicht bekömmlich. Wer die Entspannung vernachlässigt, gerät früher oder später aus dem Gleichgewicht. Ananta Steuder hat das am eigenen Leib erfahren. Durch die Zen-Meditation lernte er, die rotierenden Gedanken zum Ruhen zu bringen und sich in der Stille von allem zu befreien, was ihm eingetrichtert worden war.

Herr Steuder, Sie sind Meditationslehrer und bezeichnen die Stille als Basis all Ihres Tuns. Wie schaffen Sie es, sich stille Momente zu bewahren und sich nicht von der Hektik des Alltags treiben zu lassen?

ANANTA STEUDER: Es gab in meinem Leben eine grosse Wende. Nach dem Scheitern meiner zweiten Ehe habe ich alles aufgelöst. Ich kündigte die Wohnung, trennte mich von meinem Hab und Gut und ging weg, ohne zu wissen, ob ich wieder zurückkehre. Ein Jahr lang lebte ich in einem Zen-Kloster in Japan, ohne Medien, ohne Ablenkung, es gab nur die Gemeinschaft im Kloster und die Meditation. Als ich wieder in die Schweiz zurückflog, war mir eines vollkommen klar: Das Einzige, worauf es wirklich ankommt, ist Stille: sich hinsetzen, schweigen, die Aufmerksamkeit auf den Atem richten und sich selber wahrnehmen.

Das klingt ein wenig weltfremd.

Es gibt die Gefahr, sich in die Stille zu verlieben, dauerhaft in spirituelle Höhen zu entschwinden und keinen Fuss mehr in den Alltag zu setzen. Das halte ich für eine Sackgasse. Bei der Zen-Meditation geht es nicht um Weltflucht, sondern um mehr Balance und Gelassenheit im Hier und Jetzt. Die Meditation gibt den Rahmen und sorgt für die Verwurzelung, der Alltag ist die Feuerprobe, in der wir uns bewähren sollen.

Bei vielen ehrgeizigen Berufsleuten bleibt kein Raum für Stille im Alltag. Der Kalender ist randvoll, es gäbe dauernd noch mehr zu tun. Wie verbinden Sie Meditation und Aktivität?

Es ist nicht einfach, Stille in den Alltag zu integrieren, und allein ist es besonders schwierig. Im Zen-Zentrum Scheunenberg, wo derzeit sechs Menschen in Wohngemeinschaft leben, ist die Stille ein fester Bestandteil jedes Tages. Wir beginnen um 5.15 Uhr mit 20 Minuten Meditation, dann folgen eine körperliche Übungsreihe, nochmals 20 Minuten Stille und anschliessend das gemeinsame Frühstück. Danach sind wir alle bereit für die Herausforderungen des Arbeitstages. Der nächste Fixpunkt ist das gemeinsame Nachtessen. Um 21.20 sitzen wir noch einmal für 40 Minuten gemeinsam in der Meditation, danach ist Schweigen.

Ist das nicht ein furchtbar enges Korsett?

In meiner Wahrnehmung ist es ein sehr gesunder Rahmen. Früher waren die Menschen zwischen Sonnenaufgang und Sonnenuntergang aktiv, mit Einbruch der Nacht begann die Zeit der Stille. Wir haben leider vergessen, dass es weder normal noch gesund ist, die Nacht zum Tag zu machen. Wir können uns darüber hinwegtäuschen, uns wach halten mit künstlichem Licht und Koffein, aber im Körper hinterlässt das Spuren. Die Folgen zeigen sich im vegetativen Nervensystem und speziell im Atem. Wir tendieren dazu, zu viel zu sprechen und hyperaktiv zu sein, und vernachlässigen das tiefe Ausatmen, die Entspannung, das Weich-Werden. Da ist etwas fundamental aus dem Gleichgewicht geraten. Dazu gehört auch, dass in unserem Kopf pausenlos die Gedanken rotieren. Wenn wir uns zur Meditation hinsetzen und trotz körperlichen Beschwerden sitzen bleiben, tritt irgendwann der Moment ein, in dem wir durch die Gedanken nicht mehr gestört werden. Wir identifizieren uns dann nicht länger mit ihnen, sondern nehmen uns selber wahr und stossen zum Urgrund vor, aus dem alle Dinge entstehen und in den alle zurückgehen.

Warum ist die pausenlose Aktivität für viele so attraktiv? Warum finden Manager, die mit vier Stunden Schlaf auskommen und 80 Stunden pro Woche arbeiten, so viele Nachahmer?

Das hat viel mit den Prägungen in den ersten Lebensjahren zu tun. Wenn es uns an Selbstvertrauen fehlt, verlangen wir nach ständiger Zuwendung und Bestätigung. Oft entsteht der Hang zu Macht, Dominanz und Kampf aus einem Minderwertigkeitsgefühl, einer inneren Leere heraus. Wir versuchen, das Loch mit Geld, Prestige und Ansehen zu stopfen, und müssen dafür ständig schneller, besser, grösser sein als die anderen. Das bedeutet Dauerstress und permanente Versagensangst. Wenn wir uns der Prägungen bewusst werden, können wir sie auflösen – allerdings nicht auf intellektueller Ebene. Und es ist immer ein Wagnis. Jede Therapie führt an den Abgrund. Die Meditation ist der Sprung, den wir am Rand des Abgrunds wagen können, wenn wir bereit sind, ein wenig Kontrolle abzugeben. Paradoxerweise fürchten wir uns panisch vor diesem Sprung, weil wir nicht wissen, wo wir landen werden. Wo sollten wir landen, wenn nicht bei uns selber?

Das ist nicht immer eine angenehme Angelegenheit.

Wir identifizieren uns oft stark mit den Rollen, die wir über die Jahre angenommen haben, und klammern uns daran fest. Bei der Meditation geht es auch darum, wieder leer zu werden, uns von all dem zu befreien, was man uns eingetrichtert hat. Ein Kleinkind ist ein stiller Teich mit klarem Wasser, man kann bis auf den Grund schauen. Dann werfen die Eltern Steine in diesen Teich, später tun es Lehrer, Sporttrainer, Pfarrer, viele andere. Wir nehmen all diese Steine auf, meinen, es sei unser Eigenes, und lassen uns dadurch programmieren. Wenn wir 30- oder 35-jährig sind, ist das Wasser trüb. Wir spulen als Selbstläufer unser Programm ab, wähnen uns auf Kurs, aber wir sehen nicht auf den Grund, wissen nicht, wer wir sind.

Und die Meditation wäre dann die Suche nach dem Original?
Ja. Wenn wir uns in Stille hinsetzen, dann schweigt das Handy, schweigt der Partner, schweigt der Chef. Niemand kann in diesem Moment weitere Steine in unseren Teich werfen. Allmählich setzt sich der Moder, alles sinkt auf den Grund, das Wasser wird klar, wir sehen das Eigentliche. Das gibt uns Gelassenheit und Vertrauen zurück. Wir müssen dann nicht länger auf Nebenschauplätzen glänzen, durch intellektuelle Brillanz oder einen bis in die letzte Faser austrainierten Körper.

Wie sind Sie selber mit der Meditation in Berührung gekommen?
(Lacht) Ich habe die erste Hälfte meines Lebens damit verbracht, aus mir einen richtigen Mann zu machen – oder das, was ich dafür hielt. Frühe Erlebnisse von Unterlegenheit und Schwäche führten dazu, dass ich alles daran setzte, stark und unverletzlich zu werden. Ich stand mit 12 Jahren zum ersten Mal vor Publikum im Boxring und härtete mich später in der Armee in einer Elitetruppe weiter ab. Mein Hauptziel war, meinen Bauch so hart wie möglich zu machen. Mit 30 Jahren machten sich gravierende Atemprobleme bemerkbar, dazu kam ein problematischer Umgang mit Alkohol. Ich begann, heimlich zu meditieren – und erlebte das wie eine Offenbarung. Im Kloster in Japan wurde mir dann bewusst: Alles, was ich 30 Jahre lang hart gemacht hatte, kann ich jetzt die nächsten 30 Jahre allmählich wieder weich machen. Später, in der Arbeit als Therapeut und Meditationslehrer, merkte ich, dass es vielen Männern und auch manchen Frauen so geht.

> *... denn schlimmer als zu sterben ist es, nicht zu wissen wofür man lebt.*
> GIOCONDA BELLI

Woran denken Sie?
Ich erlebe immer wieder Manager, die gerne und überzeugend den «Tough Guy» geben, aber unfähig sind, sich selber wahrzunehmen, sich berühren zu lassen, etwas anzunehmen. Manche trainieren in der raren Freizeit noch für Ironman-Triathlon-Wettkämpfe. Fast vier Kilometer schwimmen, 180 Kilometer Rad fahren und zum Schluss einen Marathon laufen – warum macht das jemand? Er muss eine immense Spannung in sich haben. Der Versuch,

diese Spannung durch Abhärtung auszugleichen, ist nicht immer der beste Weg. Manchmal ist es besser, zu fragen, wo diese Spannungen aufgebaut wurden, ob es Gewalt gab in der Kindheit, physische oder psychische. Wenn man vor solchen Fragen davonrennt, ist die Gefahr gross, dass man in den Mustern der Kindheit gefangen bleibt und diese weitergibt. Wenn wir die Risse in unserem Urvertrauen erkennen und akzeptieren, können wir sie Schritt für Schritt schliessen. Dann brauchen wir vielleicht keinen Ironman mehr, um uns kraftvoll zu fühlen. ■

Zu neuen Ufern aufbrechen bedeutet auch, den sicheren Hafen zu verlassen.

ANGELIKA MACK

***Kontakt und Information:** steuder@zencom.ch, www.zencom.ch*

18.11.2021

TAUGWALDER GABRIELA
Von der Anwältin zur Hypnosetherapeutin

Die Anwältin, die ihre Kundschaft in Trance versetzt

Zwei Jahrzehnte lang war Gabriela Taugwalder auf internationalem Parkett als Anwältin tätig. Jetzt startet sie als Hypnosetherapeutin eine zweite Karriere. «Es wäre dem Leben gegenüber undankbar gewesen, wenn ich im Bekannten verharrt hätte», sagt die 55-Jährige.

Sie treten auf Ende Jahr aus Ihrer Anwaltskanzlei aus. Ist Ihnen der Anwaltsberuf verleidet?

GABRIELA TAUGWALDER: Nein, ich bin nie ungern zur Arbeit gegangen und habe mich bis zuletzt sehr engagiert in diesem Beruf, an vielen Tagen von 8 bis mindestens 22 Uhr. Aber manchmal lohnt es sich, auch Dinge loszulassen, die man mag. Der Psychiater C. G. Jung hat geschrieben, das grösste Hindernis für persönliche Entwicklung sei ein erfolgreiches Leben. Mir wurde bewusst: Ich bin gerne Anwältin, aber viele Seiten von mir haben keinen Platz in diesem Beruf. Es wäre dem Leben gegenüber undankbar gewesen, wenn ich im Bekannten verharrt hätte. Deshalb habe ich mich vor vier Jahren mit über fünfzig für ein ungewisses Abenteuer entschieden.

> *Was will ich vom Leben? Das ist die falsche Frage. Die eigentliche Frage ist: Was will das Leben von mir?*
> UNBEKANNT

Zumindest finanziell dürften Sie gut abgesichert sein. Sie waren Partnerin in zwei Kanzleien mit internationaler Klientel.

Es stimmt, ich gehöre im Immaterialgüter- und Werberecht zu den gefragten Expertinnen, und das hat sich auch finanziell ausgezahlt. Mit Abenteuer meine ich nicht, dass ich in ein paar Monaten meine Rechnungen nicht mehr zahlen kann. Aber vom mehrfach ausgezeichneten Profi zur blutigen Anfängerin zu werden, das brauchte schon Mut. Mit Ausnahme eines Kollegen, der mich fragte, ob ich jetzt 52 Wochen pro Jahr Ferien machen würde, waren die Reaktionen auf den Wechsel jedoch erstaunlich positiv.

Und dies, obwohl die Hypnosetherapie nicht den besten Ruf hat?
Oft wird Hypnosetherapie mit Showhypnose verwechselt. Das eine hat aber mit dem andern nichts zu tun. Hypnosetherapie ist eine wissenschaftlich anerkannte und sehr effektive Therapieform, die in der Schweiz leider noch ein viel zu stiefmütterliches Dasein fristet. Viele denken im Zusammenhang mit Hypnose an Rauchentwöhnung und Abnehmen. Das Feld der Hypnose ist aber viel weiter. Ich verrichte keine Wunderdinge, sondern sehe mich als Begleiterin auf einem kurzen Stück Lebensweg, als Katalysator für Veränderung. Das gelingt besser im Trancezustand, weil man so der Gefühlswelt näherkommt.

Wie sind Sie mit der Hypnose in Berührung gekommen als Anwältin?
Durch glückliche Zufälle. Das Kind eines Freundes litt unter Prüfungsangst, brachte lauter ungenügende Noten nach Hause, obwohl es blitzgescheit ist. Ich recherchierte ein wenig und empfahl, einen Hypnosetherapeuten aufzusuchen. Nach einer Sitzung war die Blockade weg, von da an gab es nur noch gute Noten. Ich wurde neugierig, besuchte einen Einführungsabend und belegte bald darauf den ersten Ausbildungsblock. Ich lernte unglaublich gerne, saugte das Neue förmlich auf und fühlte mich sofort zuhause. Und ich erinnerte mich, dass ich ursprünglich hatte Psychiaterin werden wollen.

Warum sind Sie Anwältin geworden?
Mein Vater verbrachte als Kind nach einem Armbruch wegen eines Kunstfehlers des Arztes viel Zeit im Kinderspital weit weg von zuhause. Seine Eltern, die im Oberwallis nicht auf Rosen gebettet waren, mussten Vieh verkaufen, um den Prozess zu finanzieren, verloren aber vor Gericht. Diese Ungerechtigkeit führte bei mir zu einem ausgeprägten Gerechtigkeitssinn und Kampfgeist. Und wenn ich mich einmal auf einen Weg begeben habe, kehre ich ungern vor der Gipfelaussicht um.

Sie haben in den letzten Jahren zahlreiche Hypnosetherapie-Ausbildungen absolviert und schon in Teilzeit als Therapeutin gearbeitet. Gibt das Sicherheit für den definitiven Umstieg?
Fachlich fühle ich mich gut gewappnet und das Feedback bestärkte mich auf meinem Weg. Aber manche Aspekte der Selbstständigkeit fordern mich her-

aus. Der Beruf ist nicht reguliert und viele ungenügend ausgebildete Therapeuten drängen auf den Markt. Auch ist der unmittelbare Nutzen der Arbeit weniger gut zu beziffern als nach einem erfolgreich verhandelten Vertrag oder einem gewonnenen Prozess. Ich ertappe mich dabei, Hemmungen zu haben, dafür Geld zu verlangen. Schön ist, dass ich intuitiver und kreativer arbeiten kann und es um die Essenz geht. Die Menschen kommen mit wichtigen, teilweise existenziellen Themen zu mir und wir suchen einen Weg, wie sie wieder in ihre Kraft finden.

Setzen sich auch Manager in Ihren Hypnosesessel?

Tatsächlich suchen mich oft erfolgreiche Manager und gestandene Unternehmer auf. Bei vielen machen sich körperliche und psychische Folgen der Dauerbelastung bemerkbar. Und nicht wenige leiden darunter, dass ihr Leben wie die reinste Erfolgsgeschichte aussieht, sie sich aber unsicher und unzufrieden fühlen. Man spricht in diesem Zusammenhang vom Hochstapler-Syndrom: Betroffene berichten, dass sie sich bei weitem nicht so gut fühlen, wie andere sie sehen und es ihrem Status entspräche. Die Folgen sind Angst- und Ohnmachtsgefühle, emotionale Panzerung, manchmal Panikattacken.

Und daran können Sie etwas ändern, wenn Sie Ihre Kundschaft in Trance versetzen?

Unter Hypnose können wir einerseits belastende Erfahrungen aus der Vergangenheit abrufen und die Erinnerung verändern: Wenn uns Lehrer oder Elternteile kritisiert oder schikaniert haben, imaginieren wir beispielsweise in Trance eine starke Figur, die uns den Rücken stärkt und beisteht. Dadurch kann sich ein Grundgefühl verändern. Andererseits können wir innere Bilder der Gelassenheit und Stärke abrufen und diese auf schwierige Situationen übertragen. Zu vielen Schlüsselthemen können wir über den Intellekt das damit verbundene Gefühl und unbewusste Automatismen nicht verändern. In Trance können wir über Suggestionen ans Unbewusste mehr Ressourcen mobilisieren.

Hilft das auch im Umgang mit der belastenden Pandemie-Situation?

Ja, es hilft dabei, der Angst, dem Grübeln und dem Schwarz-Weiss-Denken entgegenzuwirken, die durch die anhaltende Unsicherheit bei vielen entstehen. Wenn wir die Umwelt als unsicher wahrnehmen, tendieren wir zum Festklammern, Erstarren oder einem unreflektierten Hyperaktivismus. Gerade bei Angststörungen sind Hypnosesitzungen sehr wirksam. Es wäre wünschenswert, dass mehr Ärzte und Psychotherapeutinnen dieses Potenzial erkennen und nutzen würden. Vielleicht kann ich hier helfen, die eine oder andere Brücke zu bauen.

> *Viel mehr als unsere Fähigkeiten sind es unsere Entscheidungen, die zeigen, wer wir wirklich sind.*
>
> JOANNE K. ROWLING

Gibt es etwas, dass Sie bei Ihrer Hypnosetätigkeit vermissen?
Am ehesten wohl die Mailsignatur. Wenn ich als Anwältin ein Mail verschicke mit der Kanzleiadresse in der Signatur, erhalte ich meistens postwendend eine Antwort. Wenn ich die gleiche Nachricht als Hypnosetherapeutin unterzeichne, warte ich manchmal vergeblich auf eine Rückmeldung.

Kontakt und Information: *www.taugwalder-hypnose.ch oder info@taugwalder-hypnose.ch*

14.7.2012

«Ich entdeckte ein Paradies, an dem ich immer vorbeigerannt war»

Sein Vater schnitzte Kirchenbänke, seine Mutter schickte ihn ins katholische Internat und erwartete, dass er Priester wird. Doch Andreas Tröndle wandte sich nach dem Theologie-Studium dem Tanz zu, weil er «Spiritualität am eigenen Leib erfahren» wollte. Wenn der 47-Jährige in die Kirche zum 5-Rhythmen-Tanz einlädt, ist der Zuspruch grösser als bei den meisten Gottesdiensten.

Herr Tröndle, über Sie hiess es vor einiger Zeit in der «SonntagsZeitung»: «Er füllt Säle und Kirchen, bringt die Traurigen zum Lachen, stimmt die Hadernden versöhnlich.» Erkennen Sie sich in dieser Beschreibung wieder?

ANDREAS TRÖNDLE: Das ist ziemlich pathetisch formuliert, aber alles in allem trifft es wohl zu. Ich sehe ja, in welcher Verfassung die Leute an meine Tanz-Veranstaltungen kommen. Viele sind gestresst vom Berufsalltag, die Gesichtszüge sind angespannt, der Körper ist steif. Dann geben sie sich zwei Stunden oder länger dem körperlichen Erleben hin, der Kopf kommt zur Ruhe, die Gedanken verschwinden – das allein hat eine ordnende und versöhnliche Wirkung. Am Ende gehen die Teilnehmer sehr aufgeräumt und entspannt nach Hause.

Ihr Leben steht heute ganz im Zeichen des Tanzens. Haben Sie einen weiten Weg zurückgelegt oder hat sich das früh abgezeichnet?
Ich bin in einem streng katholischen Umfeld aufgewachsen. Mein Vater war Schreiner und stellte hauptsächlich Kirchenbänke her, meine Mutter war sehr gläubig und erwartete von mir, dass ich Priester werde. Man hat in einer solchen Konstellation drei Möglichkeiten: Man rebelliert, man erfüllt brav die Erwartungen oder man sucht einen dritten Weg. Ich ging aufs katholische Internat, studierte später Theologie und war dann fünf Jahre in der Jugendseelsorge tätig. Ich taugte weder zum Rebellen noch zum angepassten Kirchendiener, aber ich wusste lange Zeit nicht, wie dieser dritte Weg aussehen könnte. Ich interessierte mich für spirituelle Fragen, wollte verstehen, wozu wir da sind, was der Sinn unseres Körpers ist, wie die Welt beschaffen ist. Die Antworten der Theologie waren mir zu theoretisch – ich wollte Spiritualität am eigenen Leib erfahren. Und gleichzeitig war da dieser extreme Bewegungsdrang, ich konnte mich nicht ruhig halten, zappelte, stiess überall an – heute würde man sagen: ADS.

> *Tu deinem Leib etwas Gutes, damit deine Seele Lust hat, darin zu leben.*
> TERESA VON ÁVILA

Haben Sie da schon getanzt?
Ich ging in Discos und hatte dort wegen meiner Luftsprünge und anderer Tanzausbrüche bald einen zweifelhaften Ruf. Für mich war das ein Ventil, die Energie musste sich irgendwie entladen. Ansonsten habe ich den grössten Teil meines Lebens gegen meinen Körper gekämpft. Ich behandelte ihn wie ein Objekt, was durchaus reizvoll war. So trieb ich teilweise exzessiv Sport, verlangte ihm bei Langstreckenläufen, Bergwanderungen oder Mountainbike-Touren alles ab. Ich brauchte das als Kontrast zum kopflastigen Theologiestudium, aber so hoch ich die Ziele auch steckte, es erfüllte mich nicht, sie zu erreichen. Es blieb etwas Kompensatorisches, und die Sehnsucht, mich zuhause zu fühlen in meinem Körper, blieb ungestillt. Das änderte sich erst, als ich den 5-Rhythmen-Tanz entdeckte. Diese Form enthielt alles, nach dem ich immer gesucht hatte.

Erzählen Sie von Ihren ersten Erfahrungen damit.

Ich wusste wenig darüber und ging etwas ängstlich zu diesem ersten Kurs in Deutschland. Ich vermisste klare Anleitungen und insgeheim dachte ich: «Die spinnen doch, was soll das, dieser wilde Tanz?» Beim ersten Rhythmus geht es darum, sich in weiblichen, runden, harmonischen Bewegungen auszudrücken. Das war Neuland für mich, so hätte ich nie freiwillig getanzt, weil ich es für unmännlich hielt. Und plötzlich merkte ich, wie gut mir das tat; es war wie ein Heimkommen, obwohl ich ganz neue Seiten an mir entdeckte. Insgesamt war diese erste Erfahrung mit dem 5-Rhythmen-Tanz gleichzeitig verstörend und befreiend. Man verliert zwar die Koordinaten, an denen man sich immer orientiert hat, aber man spürt im gleichen Moment, dass es viel mehr zu gewinnen gibt. Ich hatte das Gefühl, durch diese Art des Tanzens ein Paradies zu entdecken, an dem ich in meinem Leistungswahn immer vorbeigerannt war.

Wie wichtig war die spirituelle Komponente?

Ich habe durchs Tanzen viele Bibelstellen in ganz neuem Licht sehen gelernt. Zum Beispiel das Gebot: «Liebe deinen Nächsten wie dich selbst!» Was heisst das denn? Man kann viel Gescheites darüber sagen, aber die wirkliche Bedeutung von Selbstliebe hat sich mir erst im Tanz erschlossen, als der Verstand ausgeschaltet war. Im Tanz erlebte ich mich und andere Menschen auf eine neue Art, es ist eine andere Form der Wahrnehmung und Begegnung. Wer tanzt, entwickelt ein erweitertes Selbstverständnis und eine tiefere Verbindung mit der Welt. Dadurch kann er sich offener zeigen und muss weniger mit den Waffen des Intellekts um Anerkennung kämpfen.

Die rotierenden Gedanken, die im Tanz zur Ruhe kommen – ist das der Hauptgrund, dass die Leute für Ihre Tanzkurse vor der Kirche Schlange stehen, während viele Pfarrer vor leeren Bänken predigen?

Das ist eines meiner wichtigsten Anliegen. Wie gelingt es, den Kopf, der ständig plappert und dabei meistens die gleiche Platte abspielt, zur Ruhe zu bringen, damit der Mensch Neuland betreten kann? Wir sind eine furchtbar kopflastige Gesellschaft. Ich sehe immer wieder zu Beginn meiner Veranstaltungen, wie sich die Leute schwertun, ihren Kopf in Bewegung zu bringen; manche schleppen den ganzen Körper hinter ihrem Kopf her. Deswegen ist es wichtig, an einem friedvollen Ort zusammenzukommen, wo nicht geredet wird und sich alle frei machen können von den Schranken des Denkens. Den Körper gehen zu lassen und ihm auf dieser Entdeckungstour zu folgen, ist eine sehr befreiende Erfahrung. Sie weitet die Wahrnehmung und das Energiespektrum. Es ist wie eine Expedition in den Dschungel: Man weiss nicht, welchen unheimlichen Pflanzen und wilden Tieren man begegnen wird. Für viele ist es eine sehr emotionale Erfahrung, es tauchen Ängste auf und es fliessen Tränen, weil Gefühle an die Oberfläche kommen, die lange Zeit weggesperrt waren. Aber letztlich werden wir stärker, wenn wir berührbarer werden.

Man hat Sie auch schon als «tanzenden Prediger» und den 5-Rhythmen-Tanz als neustes Trendprodukt der Esoterik-Branche bezeichnet. Stört Sie das?
Ja, die Esoterik-Schublade, das ist unvermeidlich. Sagen wir es so: Es gibt viele Suchende, die sich nach einem tieferen Wissen und einer Verbindung zum Göttlichen sehnen, starre Kirchenstrukturen jedoch ablehnen. Manche von ihnen kommen in meine Kurse. Ich selber verspüre keinerlei Bedürfnis, eine Ideologie zu verbreiten oder zu einem Guru zu werden. Vielleicht bin ich tatsächlich eine Art Priester geworden, wenn auch ein ganz anderer, als meine Mutter sich gewünscht hat. Ich will kein Priester sein, der aus einer Machtposition heraus sein Wissen vermittelt, ich sehe mich eher als Diener, der die Menschen zur Spiritualität verführt und sie in einen Raum bringt, wo sie in Verbindung treten können zur tiefsten Wahrheit in ihrem Inneren.

Zu Ihren Tanzanlässen in Kirchen kommen regelmässig über 100 Leute, viele versuchen vergeblich, einen Platz zu ergattern. Wie reagieren die ehemaligen Studienkollegen darauf, die als Pfarrer keinen vergleichbaren Zuspruch haben?
Es gibt schon Theologen aus meiner Studienzeit, die mich fragen, wie ich dieses Herumzappeln in Kirchen «Beten» nennen könne. Für mich liegt das auf der Hand. Beten heisst für mich, mit dem Göttlichen in Verbindung zu treten. Das gelingt mir in der Bewegung besser, als wenn ich das «Vaterunser» nachbete. Ich hatte schon als Kind die Vision, dass Menschen in einer Kirche sich irgendwann bewegen und Gefühle zeigen können. Wozu haben wir Ge-

fühle, wenn wir sie zu 99 Prozent unterdrücken? Wozu haben wir einen Körper, wenn wir ihn nicht spüren? Für mich ist der Körper heute ein Gefäss, über das ich die Welt entdecken und mich mitteilen kann. Dies in einer Kirche zu tun, halte ich für sehr stimmig – auch wenn ich dazu immer als Erstes die Kirchenbänke aus dem Weg räumen muss, die mein Vater gezimmert hat. (Lacht)

Könnten Sie sich vorstellen, beruflich etwas ganz anderes zu machen?
Nein, es ist für mich eine Berufung, der ich folgen will und muss. Kürzlich wollte mir ein Versicherungsvertreter eine teure Berufshaftpflichtversicherung verkaufen. Er fragte mich eindringlich: «Was machen Sie denn, wenn Sie nach einem Unfall plötzlich im Rollstuhl sitzen?» Ich weiss es nicht, aber ich würde sicher weiter mit dem Körper arbeiten und vielleicht für behinderte Menschen ein Angebot machen. Ich kann damit nicht einfach aufhören, es ist ein Teil von mir. Darum wird es für mich auch keine Pensionierung geben. Manchmal ist das natürlich auch ein Fluch, wenn man so ganz mit seinem Beruf verschmilzt. Dann wünsche ich mir für Augenblicke einen Job, in dem ich um 17 Uhr den Stift hinlegen könnte. Aber das Positive überwiegt eindeutig. Es ist eine extrem spannende Reise. Vermutlich kenne ich erst ungefähr fünf Prozent der Möglichkeiten, die das Leben bietet – es gibt also noch viel zu entdecken. ■

> *Ich habe grosse Sehnsucht nach dieser ganz besonderen Art von Welt, in der man arbeiten und atmen und sich manchmal wie verrückt freuen kann.*
> ANNA SEGHERS

Kontakt und Information: *www.tanzdichganz.ch, www.5rhythms.ch*

TSCHUGMALL ISABELLE

Von der Bankerin zur Safari-Reiseleiterin

Ein Leben zwischen Elefanten und Aktienkursen

Isabelle Tschugmall kündigte ihren Job in der Finanzbranche, um in Afrika den Umgang mit Wildtieren zu lernen. Nun arbeitet sie als Safari-Guide in Botsuana und für ein Schweizer Finanzportal. Die 32-Jährige sagt, sie habe in Afrika ihr Urvertrauen wiedergefunden.

Die Exotin, die Furchtlose, die Verrückte: Das sind Zuschreibungen, die Isabelle Tschugmall regelmässig hört. Bei einem früheren Arbeitgeber hiess es, sie lache zu oft und zu laut. Spätestens da wusste die Zürcher Oberländerin, dass sie im falschen Film war. Nach fünf Jahren in verschiedenen Funktionen bei der Zürcher Kantonalbank war sie Teilzeit im Marketing einer Pharmafirma tätig und studierte daneben Kommunikationswissenschaften. Und auch sonst war alles perfekt aufgegleist, der Partner, die Wohnung in Rüschlikon, die Aussicht auf Familie. Da spürte Tschugmall zum ersten Mal, dass sie nicht in diesem goldenen Käfig bleiben wollte. Die 25-Jährige schrieb sich für ein Auslandsemester in Peking ein und lebte in der fremden Metropole mit 30 000 Studierenden auf einem Campus. Unglaublich allein habe sie sich gefühlt in den ersten Tagen, aber auch befreit. Sie konnte wieder atmen und merkte: Sie kann mehr, als sie dachte. Und es findet sich immer ein Weg.

Zwei Jahre später war Tschugmall als Produkt- und Marketingmanagerin eines Zürcher Finanzdienstleisters tätig. Das Team war gut, die Arbeit nicht uninteressant, aber wenn sie ehrlich war, langweilte sie das alles grausam. Ein perfektes Leben, nur fand sie darin nicht wirklich statt. Als sich nach einem Treffen mit ihren früheren Studienkollegen aus China in Berlin der Rückflug nach Zürich verspätete, fiel ihr am Flughafen ein Buch in die Hände, das ihre Situation perfekt beschrieb. Autorin Gesa Neitzel beschrieb im ersten Teil ihres Buchs «Frühstück mit Elefanten: Als Rangerin in Afrika», was sie alles vermisst hatte in ihrem geordneten Leben in Deutschland: das Spontane, die Abenteuer, den Zugang zu den eigenen Emotionen und zur Intuition. Tschugmall verschlang das Buch und dachte zuerst: Wie kann jemand so mutig sein! Und kurz darauf: Das will ich auch. Sie nahm Kontakt mit der Autorin auf, erfuhr von einem Safari-Guide-Ausbildungscamp in Botsuana und meldete sich wenige Tage später an. Von Afrika und Wildtieren hatte sie zu diesem Zeitpunkt keine Ahnung. Als sie ihren Eltern von ihrem Entschluss erzählte, brach ihre Mutter in Tränen aus und der Vater sagte kein Wort.

Aktion ist der grundlegende Schlüssel für Erfolg.

PABLO PICASSO

An den ersten beiden Ausbildungstagen wusste Tschugmall selber nicht, was sie genau suchte «im Busch», als einzige Frau und einzige Europäerin. Doch dann war sie schlicht überwältigt von dieser Natur, die nichts von ihr erwartete und sie so viel lehrte. Erstmals hatte sie das Gefühl, sie müsse nicht performen, niemandem gefallen, sondern dürfe einfach sich selber sein, auf ihren Bauch hören und lernen. Tschugmall trennte sich von ihrem Partner, löste die Wohnung in der Schweiz auf, verkaufte praktisch all ihr Hab und Gut und lebte fortan in einem Zelt auf dem Autodach oder in Lehmhütten in Botsuana. Als sie in Zürich im November 2018 einen ersten Vortrag über ihre Tätigkeit als Safari-Guide hielt, kamen über 100 Interessierte. Mehrere Gäste wollten noch am gleichen Abend eine Safari bei ihr buchen. Es war der Startschuss zu ihrer Unternehmerlaufbahn. «Viele Teilnehmer interessieren sich nicht nur für die Tierwelt oder die Landschaft, sondern sie suchen ihr inneres Feuer, den verschütteten Zugang zu ihren Emotionen», sagt die Zürcherin. Wenn man gemeinsam in der Natur unterwegs sei, würden sich viele Kanäle öffnen. Und man nehme sich selber nicht mehr so wichtig. «Wenn dich ein Löwe anschaut, merkst du sofort, wie klein und abhängig du bist.» Sich selber in der Natur zu verorten – «und zwar zuunterst in der Nahrungskette» – sei ein befreiendes Erlebnis und mache demütig, sagt Tschugmall. Sie selber habe in Afrika ihr Urvertrauen wiedergefunden. Sie erlebe jeden Tag gefährliche Momente, fühle sich dadurch aber nicht in Gefahr, sondern lebendig.

Als Anfang März 2020 die Corona-Pandemie ausbrach, waren Tschugmalls Safari-Reisen bis Ende Juli praktisch ausgebucht. Sie mussten allesamt abgesagt werden. Glücklicherweise hatte sie kurz zuvor einen Investor an Bord geholt. Um die Angestellten in Botsuana nicht entlassen zu müssen, strich sich die 32-Jährige ihren Lohn und nahm verschiedene Marketingmandate an. Auch 18 Monate später ist die Planung schwierig, die Einreisebestimmungen können sich von Woche zu Woche ändern. Tschugmall hat sich insofern abgesichert, als sie mit einem Bein wieder in der Finanzindustrie tätig ist. Mit den Kollegen, für die sie früher strukturierte Produkte und ETF-Fonds beworben hatte, arbeitet sie seit März für die «Global Green Xchange», eine auf nachhaltige Anlagen spezialisierte Informations- und Bewertungsplattform. Daneben betreibt sie mit ihrer Schwester ein Hilfswerk, das Frauen in Botsuana in Notlagen unkompliziert unterstützt. Und weil sie sich geschworen hat, in Zukunft immer ihrem Herzen zu folgen und primär Dinge zu tun, die ihr selber Spass machen, hat sie mit einer befreundeten Sexologin die Vortragsreihe «Sexari» lanciert. An diesen Themenabenden lernen die Besucherinnen und Besucher viel über das Sexualverhalten der Tiere – und entdecken manchmal überraschende Parallelen zum Menschen.

Ihr grösster Luxus sei, dass sie heute keinen Erwartungen mehr genügen müsse, sagt die 32-Jährige und ergänzt lachend: «Es gibt ohnehin niemanden in der Schweiz, der etwas Ähnliches macht und mit dem man mich vergleichen könnte.» ■

Kontakt und Information: *www.yishainthemiddle.com*

URECH BEAT
Vom Flugbegleiter zum Seifenmacher von Arosa

18.2.2021

«Dann fühlen Sie sich wie der König von Frankreich»

Vor gut 17 Jahren hat sich Beat Urech entschieden, Seifenmacher zu werden. Anfänglich musste er die Leidenschaft mit zwei Brotjobs querfinanzieren, nun laufen die Geschäfte wie geschmiert.

Gut gelaufen ist sein Geschäft schon im Jahr zuvor, doch nach Ausbruch der Corona-Pandemie im Frühling 2020 hat Beat Urech ein Jahr lang praktisch durchgearbeitet in seiner Seifenmanufaktur in Arosa. Er habe es nicht darauf angelegt, aus der schwierigen Situation Profit zu schlagen, sagt der Unternehmer, aber weil plötzlich die ganze Schweiz übers Händewaschen und andere Hygienefragen gesprochen habe, seien die Bestellungen in seinem Online-Shop regelrecht explodiert nach dem ersten Lockdown. Bis zu 3000 Seifen pro Woche habe er ausgeliefert – nicht nur an Privatkunden, sondern auch an Läden und Firmen, die Seifen als Werbeartikel verwenden. Zu einem Grosskunden wurde in dieser Zeit auch das Eidgenössische Departement für auswärtige Angelegenheiten, das bei Urech und zwei anderen Seifenproduzenten je 22 000 Stück bestellte, um die Botschaften und Konsulate mit zeitgemässen Geschenkartikeln einzudecken.

Wenn man seine Ruhe nicht in sich findet, ist es zwecklos, sie andernorts zu suchen.
FRANÇOIS DE LA ROCHEFOUCAULD

Beat Urech gehört zu einer Handvoll Seifenmachern in der Schweiz, die weiterhin konsequent auf Handwerk setzen. Dass er den Beruf erlernt hat, verdankt der 47-Jährige einem Zufall. Nach der Jahrtausendwende arbeitete der gelernte Drogist als Flugbegleiter für die Swiss. Beim Zappen blieb er eines Abends bei einem Dok-Film über das Seifenhandwerk hängen und machte so einseitig Bekanntschaft mit dem schillernden Friedrich Weiss, der die letzte Seifensiederei Wiens betrieb: «Wissens, wenn Sie sich mit dieser Seife rasieren, fühlen Sie sich wie der König von Frankreich und bekommens eine Schmusehaut.» Beat Urech hat die Worte von Weiss noch 17 Jahre nach der Erstausstrahlung des Dok-Films im Ohr. Diesen Menschen mit beeindruckendem Berufsstolz wollte er kennenlernen, schwor sich Urech noch am gleichen Abend. Und als er Weiss einige Monate später in Wien besuchte, war er so angetan von dessen Charisma und den wunderbar duftenden Produkten, die er im Koffer heim nach Arosa trug, dass für ihn feststand: Er wollte für den Rest seines Lebens als Seifenmacher tätig sein.

Die Idee war, dass Urech zu Beginn die Produkte von Weiss in der Schweiz vertreiben und vom Experten lernen konnte. Doch Weiss starb kurz nach ihrem ersten Kontakt, Urech war auf sich allein gestellt und tröstete sich mit der Vorstellung, «dass der Meister mir von oben über die Schultern schaut». So musste sich Urech beim Aufbau des Geschäfts auf sein Drogistenwissen, Online-Recherchen und unzählige Experimente stützen. 2007 verkaufte er seine ersten Rosmarinseifen und nahm einen einfachen Webshop in Betrieb, um die in der elterlichen Küche hergestellten Produkte zu verkaufen. 2012 konnte er sich in der Schreinerei seines Vaters einmieten und die Produktion professionalisieren, 2014 gab er den Flugbegleiter-Job, 2019 auch den Yoga-Unterricht auf, um sich ganz auf die Seifenproduktion zu konzentrieren. Eine gute Entscheidung, denn 2019 und 2020 konnte er den Umsatz jeweils mehr als verdoppeln.

Den Boom von kalt gepressten Naturseifen erklärt sich der 47-Jährige damit, dass die in sorgfältiger Handarbeit hergestellten Produkte die Haut nicht austrocknen, sondern dank einem PH-Wert von 8,5 – ähnlich jenem des Fruchtwassers im Mutterbauch – angenehm pflegen. «Die Industrialisierung und das Profitdenken der Konzerne schaden unserer Haut», sagt Urech und betont, eine basische Hautpflege sei ebenso wichtig wie eine basische Ernährung, sonst sei der Körper permanent übersäuert. Aufgrund der Corona-Pandemie hätten viele Menschen damit begonnen, sich wieder besser um ihre Gesundheit zu kümmern, etwa vermehrt selber zu kochen und sich mehr Zeit für die Körperpflege zu nehmen. Die Grundzutaten für seine Seifen bezieht Urech allesamt aus biolgischer Produktion, das Sonnenblumen-, Rizinus- und Kokosöl sowie die Kakaobutter. Dazu kommen regionale Produkte wie Schafmilch, Honig, Kohle und Holz sowie ätherische Öle.
Der Bestseller aus Urechs Seifensortiment ist seit längerem die Arvenseife; Vater Urech, der Schreiner, produziert nebenan gerillte Seifenauflagen ebenfalls aus Arvenholz. Das ganze Sortiment zeichnet sich durch Naturnähe und Einfachheit aus, ausgefallene Formen sucht man ebenso vergeblich wie künstliche Farben oder Düfte. «Wir machen keine extravaganten Sachen, sondern beschränken uns auf die zeitlose Essenz», sagt Urech. Seifenblöcke à 90 Gramm und 12 Franken, weder abgerundet noch verziert, jedes Stück mindestens fünf Mal von Hand weiterverarbeitet.

Trotz diesen heiligen Prinzipien bleibt Raum für Veränderung und Innovation. Kürzlich hat Urech sich entschieden, zwei Mitarbeiter einzustellen und die Produktion in andere Hände zu geben, damit er nicht mehr länger an sieben Tagen pro Woche 12 bis 14 Stunden arbeiten muss. Auch das Sortiment entwickelt sich. Vor zwei Jahren brachte Urech die erste Haarseife auf den Markt, bald folgen eine Rasierseife und ein Deo. Zudem will er einen plastikfreien Schwingkopf-Rasierer eines Familienunternehmens aus München über seine Seite vermarkten, «weil die Nachfrage nach handgemachten, nachhaltigen Produkten rasant steigt».

> *Die Dinge, die wir falsch gemacht haben, bereuen wir weniger als diejenigen, die wir gar nicht erst versucht haben.*
> UNBEKANNT

Wie der König von Frankreich fühle er sich zwar bis heute nicht, sagt Urech, aber den Traumberuf gefunden zu haben und davon leben zu können, das sei ihm Glück genug. ■

Information: *www.seifenmacher.ch*

WASESCHA MAURA
Von der Putzfrau
zur Luxusimmobilien-Maklerin

18.8.2012

«Mein wichtigstes Startkapital war mein Lachen»

Als Putzfrau eroberte die gebürtige Italienerin Maura Wasescha die Herzen der betuchten St. Moritzer Kundschaft – und vermittelte bald erste Wohnungen und Häuser für sie. Heute ist Maura Wasescha eine wichtige Vertrauensperson für jene, die für 40 000 Franken zwei Wochen lang eine Wohnung mieten oder für 50 Millionen Franken ein neues Haus kaufen.

Frau Wasescha, Sie kamen als 19-Jährige in die Schweiz und begannen als Kellnerin im Bahnhofbuffet St. Moritz. Später waren Sie alleinerziehende Mutter und verdienten als Putzfrau und Hauswartin den Lebensunterhalt für die Familie. Hätten Sie sich damals träumen lassen, einmal mit Luxusimmobilien zu handeln?

MAURA WASESCHA: Nein, das war unvorstellbar. Aber ich habe davon geträumt, einmal eine eigene Firma zu haben – allerdings nur im Geheimen, denn ich war ja bloss ein «Tschinggeli» in der reichen Schweiz.

Immerhin hatten Sie in Italien die Hotelfachschule absolviert und die Matura gemacht.

Das stimmt, aber das hat mir wenig genützt in der Schweiz. Ich träumte davon, in Mailand Sprachen zu studieren, aber dann kam alles anders. Weil meine Cousine, die als Kellnerin in St. Moritz arbeitete, einen Autounfall hatte und ihre Stelle nur behalten konnte, wenn sie eine Vertretung fand, sprang ich kurzfristig für sie ein. Mein wichtigstes Startkapital war nicht die Ausbildung, sondern mein Lachen und dass ich früh gelernt hatte zu arbeiten. Ich komme aus einer einfachen Familie, mein Vater war Buschauffeur, meine Muttter Schneiderin. Ab meinem elften Lebensjahr arbeitete ich an Samstagen mit ihr in einer Trattoria und bewirtete Hochzeitsgesellschaften. Wir konnten gratis essen und am Abend sogar tanzen, das war wunderbar. Mir war von jungen Jahren an klar: Man muss sich alles hart erarbeiten, es fällt einem nichts in den Schoss.

Und diese Einstellung hat Ihnen geholfen, als Sie nach dem Scheitern Ihrer ersten Ehe allein für sich und Ihre zwei Kinder sorgen mussten?

Ich musste in dieser Zeit viele harte Entscheidungen fällen. Zunächst war es für eine nach katholischen Prinzipien erzogene Frau eigentlich undenkbar, den Mann zu verlassen. Ich rang lange mit mir, spürte aber, dass ich mich und meine Kinder schützen musste. Meine Kinder gaben mir viel Kraft in dieser Zeit. Durch die Arbeit als Putzfrau und Hauswartin kam ich mit Bauherren und Eigentümern in Kontakt. Der Umgang mit Menschen fiel mir leicht, das ist mir in die Wiege gelegt worden. Ich lachte viel, auch in diesen schwierigen Zeiten, und machte immer ein bisschen mehr für meine Kunden, als sie erwarteten. Dann las ich, dass die Firma Interhome Eigentümer sucht, die ihre Wohnungen vermieten. Das kam wie gerufen für mich.

> *Es wird einem nichts erlaubt. Man muss es nur sich selber erlauben. Dann lassen sich's die anderen gefallen oder nicht.*
>
> JOHANN WOLFGANG VON GOETHE

Wie muss man sich Ihre Vermittlungsarbeit vorstellen?

Ich überzeugte die Eigentümer, ihre Objekte über Interhome auszuschreiben – und erhielt pro Vermittlung 100 Franken Provision. Wenn ich so nach einiger Zeit 500 Franken Cash auf die Hand bekam, war das eine enorme Belohnung für mich. Als Verkäuferin war ich in meinem Element, schon im Service habe ich immer am meisten Trinkgeld erhalten, weil ich die Menschen mochte. Bald machte ich Reinigungsarbeiten für Interhome, später half ich der Chefin bei Übersetzungsarbeiten und der Kommunikation mit italienischen Eigentümern – und bald wurde Interhome-Gründer Bruno Franzen auf mich aufmerksam und begann, mich zu fördern. Dank diesem strengen Mentor lernte ich enorm viel. Nach kurzem war ich die beste Interhome-Verkäuferin in Europa, nach vier Jahren durfte ich die Verantwortung für die Filiale in St. Moritz übernehmen, wo mich sechs Sekretärinnen unterstützten.

Warum haben Sie diesen Job wieder aufgegeben?

Es war eine sehr aufregende, aber auch sehr intensive Zeit. Immer öfter sehnte ich mich nach Ruhe. (Lacht) Statt ins Kloster zu gehen, verliebte ich mich dann aber in einen Kunden aus St. Moritz mit einer Druckerei in Bern, für den ich mehrere Wohnungen vermietete. Und dann ging alles sehr schnell. Sechs Monate nach dem Kennenlernen heirateten wir, kurz darauf wurde ich ungewollt schwanger, obwohl ich nach medizinischer Einschätzung keine Kinder mehr bekommen konnte. Ich wollte nicht, dass unser Kind den Vater nur am Wochenende sieht. So zog ich nach Bern, und aus der hyperaktiven Business-Frau wurde eine Hausfrau und Mutter, die sich bald um zwei Söhne zu kümmern hatte.

Lange haben Sie das nicht ausgehalten.

Stimmt. Nach der Geburt meines zweiten Sohnes begann ich, meine eigene Firma aufzubauen. Es kam immer wieder vor, dass langjährige Kunden mich anriefen, obwohl ich schon länger nicht mehr bei Interhome angestellt war. So entstand die Idee, Luxusobjekte für eine sehr anspruchsvolle Kundschaft anzubieten. Die Banken waren nicht überzeugt von meinem Geschäftsmodell, aber mein Mann ermutigte und unterstützte mich. Ich begann ohne grosse Erwartungen und sah jedes neue Mandat als Geschenk an. Bald lief es so gut, dass ich eine AG gründete. Heute haben wir in der Schweiz rund 30 Luxus-Objekte zum Kauf und weitere 30 zur Vermietung im Angebot. Dazu kommen weitere 35 Immobilien an ausgesuchter Lage in Italien, Mallorca und Kroatien. Ich bin sehr wählerisch, weil die Kundschaft unverwechselbare Objekte und eine gehobene Ausstattung wünscht.

Was lässt sie sich das kosten?

Die Kaufpreise liegen zwischen 5 und 100 Millionen Schweizer Franken. Die Preise für die Vermietung hängen stark von Objektgrösse und Dauer ab. Eine

Faustregel: Für die zweiwöchige Vermietung können Sie den Ansatz eines gehobenen 5-Sterne-Hotels minus 10 bis 20 Prozent rechnen.

Das ergäbe bei 14 Tagen à 3000 Franken rund 42 000 Franken Mietpreis.
In dieser Grössenordnung bewegt es sich, ja. Aber entscheidend ist nicht der Preis, sondern das ganze Dienstleistungspaket. Meine Kunden wollen einfach Ferien ohne Stress und Sorgen, sie sollen sich um nichts kümmern müssen. Wenn sie eine Putzfrau, einen Ski- oder Tennislehrer, eine Yoga-Trainerin, einen Privatkoch oder einen Limousinen-Service wünschen, kümmern ich und mein Team uns sofort darum.

Sie putzen nach wie vor selber?
Nein, das mache ich heute nicht mehr, auch die Vermietung läuft im Normalfall über mein Team in Bern und St. Moritz. Meine Hauptaufgabe ist es, Kunden beim Kauf oder Verkauf zu beraten. So bin ich viel unterwegs, am Wochenende war ich zum Beispiel in Biarritz. In der Schweiz ist das Immobiliengeschäft sehr kompliziert geworden, es gibt viele neue Gesetze, man braucht Anwälte und Notare. Da ist es wertvoll, jemanden mit Erfahrung an der Seite zu haben, auf dessen Diskretion man zählen kann.

Laufen die Geschäfte schlechter oder besser seit Ausbruch der Finanzkrise?
Es ist schwieriger geworden. Die Leute sind verunsichert und dadurch vorsichtiger, auch die sehr vermögenden. Luxusimmobilien sind aber gerade in unsicheren Zeiten eine ideale Investition. Wenn die Lage stimmt, dann verlieren sie nicht an Wert, sofern man es sich leisten kann, auf den guten Moment zum Verkauf zu warten.

Mal ehrlich: Ist es nicht manchmal ermüdend, dauernd mit Schwerreichen zu tun zu haben, die sich alles leisten können und trotzdem nicht glücklich sind?
Für mich ist es sehr interessant, gerade weil ich in ganz anderen Verhältnissen aufgewachsen bin. Die meisten sehr vermögenden Menschen sind im Inneren einfach geblieben. Sie sind zugänglich, dankbar und tun viel Gutes, ohne es an die grosse Glocke zu hängen. 98 Prozent meiner Kunden sind wunderbare Leute. Natürlich gibt es Ausnahmen. Ich glaube aber nicht, dass Geld den Charakter verdirbt. Er zeigt sich vielleicht deutlicher, wenn jemand viel Geld hat.

Was bedeutet Ihnen Wohlstand und Luxus?
Wissen Sie, was das Wichtigste ist? Sich nicht mit anderen zu vergleichen. Das macht krank. Auch die Superreichen finden immer jemanden, der eine noch grössere Yacht hat. Deshalb ist es so wichtig, sich innerlich reich zu fühlen. Ich bin glücklich, dass wir vor zwölf Jahren aus der Dachwohnung in Schönbühl in ein eigenes Haus in Bremgarten ziehen konnten. Und der grösste Luxus für mich sind Ferien. Seit meinem sechsten Lebensjahr habe ich davon geträumt, einmal durch Kalifornien zu reisen. Meine Mutter hat mich damals nur ausgelacht und gesagt: «Geh besser in die Kirche!» Zu mehr als zwei Wochen Ferien pro Jahr hat es danach nie gereicht. Diesen Sommer nun – 47 Jahre danach – sind wir en famille 7000 Kilometer durch Kalifornien gereist, dreieinhalb Wochen lang. Sie können sich nicht vorstellen, welch grossartiges Erlebnis das für mich war. ■

***Kontakt und Information:** maura.wasescha@maurawasescha.com, www.maurawasescha.com*

WEBSTER ADRIAN
Vom Milchmann
zum Motivationsguru
für Topmanager

29.5.2010

«Ich will die Qualitäten der Kindheit zurückholen»

Der Brite Adrian Webster weiss, was harte Arbeit ist. Sein Vater war Arbeiter in einem Kohlebergwerk, er selber verdiente sich als Polizist und Milchmann die Sporen ab. Heute ist Webster einer der gefragtesten Referenten Englands, bis weit über die Landesgrenzen hinaus. Am Swiss Economic Forum will er Manager an die Träume ihrer Kindheit erinnern.

Herr Webster, wie ist es möglich, dass einer, der zuerst Polizist und dann Milchmann war, so namhafte Unternehmen wie IBM oder Procter & Gamble auf der Kundenliste hat?

ADRIAN WEBSTER: Ja, das war ein weiter Weg. Entscheidend waren vermutlich zwei Dinge: Ich hatte immer viel Spass bei der Arbeit und ich hatte eine Menge Glück. Einen Karriereplan habe ich nie gemacht. Aber ich traf in regelmässigen Abständen Menschen, die mich ermutigten, das Besondere zu versuchen.

Sie haben tatsächlich alle paar Jahre neue Herausforderungen gesucht. Was hat Sie da angetrieben? Als Kind aus ärmlichen Verhältnissen hätten Sie sich auch damit zufrieden geben können, ein guter Polizist zu sein.

Mein Vater arbeitete in einem Kohlebergwerk, er schuftete hart, verdiente aber immer zu wenig. Ich hatte daher grossen Respekt vor Menschen, die hart arbeiten, wollte aber unbedingt genug Geld verdienen. Die Arbeit als Polizist in Bristol war spannend, es war ein guter Job in einem sehr turbulenten Umfeld – die Station in Bristol galt als eine der schwierigsten Adressen für Polizisten. Gleichwohl spürte ich, dass das auf Dauer nicht mein Leben war. Ich war der Arbeit zwar gewachsen, konnte meine Talente aber nicht richtig zur Entfaltung bringen. So ging ich ans College, um zu studieren. Die reine Kopfarbeit befriedigte mich aber nicht. Ich habe vermutlich nicht das grösste Gehirn, meine Intelligenz ist bescheiden. So suchte ich bald einen neuen Job.

Wie kamen Sie auf die Idee, Milch zu verkaufen?

Die Liebe, die Liebe … Ich war mit einem Mädchen zusammen, dessen Vater Bauer war. Er suchte nach neuen Wegen, die Milch seiner Kühe zu verkaufen. So lancierten wir einen Direktverkaufbetrieb. Ich klopfte als Milchmann an Tausende von Türen und versuchte, Hausfrauen und Ladenbesitzer von unserem Produkt zu überzeugen. Mit der Zeit merkte ich, dass die Leute mich mochten, dass ich überdurchschnittlich gut verkaufte.

> *Nichts wird so oft unwiederbringlich versäumt wie eine Gelegenheit, die sich täglich bietet.*
> MARIE VON EBNER-ESCHENBACH

Parallel dazu arbeiteten Sie als Radiomoderator. Und nach den ersten Erfolgen als Milchmann verkauften Sie so ziemlich alles, von Tiefkühlprodukten bis zu Immobilien. Das wirkt, als hätten Sie sich nicht für einen Beruf entscheiden können.

Ich wollte immer möglichst viel ausprobieren und in allen möglichen Bereichen überdurchschnittliche Resultate erreichen. Es ist doch ein Jammer, wie viele Menschen das Leben nicht auskosten. Sie finden sich früh mit einer Rolle ab und verschieben das schöne Leben auf später. Die meisten sterben, bevor sie es geniessen können.

Könnte es auch sein, dass die Armut, die Sie im Elternhaus erlebt haben, Sie angetrieben hat, es besonders gut zu machen?

Darauf hat mich noch niemand angesprochen, aber das ist wohl wahr. In den frühen Jahren rannte ich vermutlich dem Geld hinterher, auch wenn mir das nicht bewusst war. Ich sehe meinen Vater noch heute vor mir, wie er nach Hause kam und den Inhalt seines Geldbeutels auf den Tisch leerte vor den Augen meiner Mutter. Das waren sehr bedrückende Momente, denn meist stellte sich heraus, dass es nicht möglich war, damit die Kosten für Strom und Essen zu bezahlen. Ich wollte nie in eine solche Situation kommen. Deshalb setzte ich alles daran, mich von dieser Geschichte zu befreien.

Später machten Sie Karriere im IT-Business, wurden zum besten Verkäufer des amerikanischen Modem-Herstellers US-Robotics.
Das Verkaufen fiel mir immer leicht. Als ich aber die Verantwortung für ein Team übernehmen und dieses führen sollte, tat ich mich vorerst schwer. Ich war es nicht gewohnt, Manager zu sein – zu allem Übel hatte ich ein sehr bescheidenes Budget. So war ich gezwungen, überdurchschnittliche Motivationstechniken einzusetzen. Ich richtete am Morgen, am Mittag und am Abend kurze Ansprachen an mein Team, ermutigte meine Mitarbeiter, gab ihnen Anerkennung. Danach gingen sie jeweils mit geladenen Batterien an die Arbeit. Eines Tages hörte ein Kunde, der gerade im Haus war, meine kleine Ansprache. Er überredete mich, zu seinen Verkäufern zu reden, später zur ganzen Belegschaft. Das wurde rasch zum Selbstläufer und ich galt plötzlich als Motivationsguru.

Zwölf Jahre machten Sie das neben Ihrem Manager-Beruf, seit 10 Jahren nun sind Sie vollamtlich Referent. Worin unterscheiden Sie sich von Ihren Konkurrenten?
Manchmal muss ich selber lachen, wenn ich neben Olympiasiegern, Präsidenten und Konzernchefs irgendwo auftrete. Ich kann keine Extremexpeditionen oder Goldmedaillen vorweisen, aber ich kenne den Alltag hart arbeitender Menschen, kenne ihre Sorgen und ihre Träume. Deshalb gelingt es mir meistens, diese Menschen dazu zu inspirieren, das Aussergewöhnliche zu tun, über sich hinauszuwachsen. Im Gegensatz zu anderen Rednern bin ich kein Prediger, sondern einer, der sich den wichtigen Fragen des Lebens gerne mit Humor nähert.

Ihr Buch «Polar Bear Pirates and their Quest to reach Fat City» erinnert eher an ein Kinderbuch denn an ein Buch für ehrgeizige Berufsleute.

Sehr schön, genau darum geht es mir. Ich will die Qualitäten der Kindheit in unser Berufsleben zurückholen. Kinder haben vor dem Schuleintritt unendlich viele Fragen und eine enorme Begeisterungsfähigkeit. Ich habe den Weg von vielen erfolgreichen Menschen genauer untersucht und festgestellt: Sie alle haben es geschafft, sich die Träume ihrer Kindheit zu bewahren, sich nicht durch all die Hindernisse und all die Neins bremsen zu lassen. Natürlich reagieren viele Manager skeptisch, wenn sie meinen kleinen Eisbär sehen. Manche fragen sich besorgt: «Was will der Typ hier? Was nimmt der wohl für Drogen?» Wenn sie mir zuhören, begreifen sie rasch, dass es mir darum geht, die vielen schlummernden Talente in den Unternehmen zu wecken. Es ist eminent wichtig, dass alle Mitarbeiter ihre Talente und Leidenschaften an ihrem Arbeitsplatz entfalten können.

> *Es ist nie zu spät – nie zu spät von vorne anzufangen, nie zu spät glücklich zu sein!*
>
> JANE FONDA

Nun treten Sie nächste Woche am Swiss Economic Forum in Interlaken auf. Welche Botschaft haben Sie für die Schweizer Manager?

Erst einmal freue ich mich sehr, endlich die Schweiz kennenzulernen. Das Motto des Forums lautet bekanntlich «ReStart!» Das passt sehr gut zu meiner Botschaft, dass wir alles daran setzen sollten, wieder die Energie unserer Kindheit anzuzapfen. Das erlaubt uns, leidenschaftlich und unternehmerisch zu handeln und auch anderen genug Freiraum zu geben, dass sie ihre Träume leben können. Dadurch würden die Unternehmen nicht nur menschlicher, sondern auch viel erfolgreicher. ■

***Kontakt und Information:** www.adrianwebster.com*

23.4.2011

«Ich hatte Angst, am Rand der Gesellschaft zu bleiben»

Christian Wenk ist ein gefragter Referent zum Thema mentale Stärke. Kein Wunder: Der 37-Jährige feiert trotz Querschnittlähmung Erfolge als Arzt und Pianist. Gut zehn Jahre nach seinem folgenschweren Unfall bilanziert er: «Ich bin mutiger geworden und kann heute mehr bewegen als vorher.» Sein erstes Rollstuhltraining in der Stadt wird er aber nie vergessen.

Herr Wenk, Sie sind Oberarzt, Pianist, Sportler, Unternehmer und Referent – schaffen Sie dieses beeindruckende Pensum trotz oder wegen Ihrer Behinderung?

CHRISTIAN WENK: Ich habe vor dem Unfall sehr viel gemacht und mache seither immer noch viel. Als Persönlichkeit habe ich mich nicht verändert. Die Wahrnehmung in der Öffentlichkeit ist eine andere. Die Leute staunen, dass ich als Paraplegiker so viel unter einen Hut bringe. Tatsächlich ist es so, dass alles ein bisschen mehr Antrieb, Zeit und Energie braucht, angefangen beim Aufstehen. Man kann sich aber sehr weit an einen normalen Alltag annähern.

Stimmt es, dass die Lebenszufriedenheit von Paraplegikern nach einiger Zeit höher ist als vor dem Unfall?

Es gibt eine Schere. Die einen hadern mit der Situation und leiden, andere schaffen es, ihre Möglichkeiten viel bewusster und dankbarer wahrzunehmen.

Unsere Schwierigkeit ist, dass die Leute zuerst den Rollstuhl wahrnehmen und erst dann allenfalls die Fähigkeiten. Ein Unversehrter gilt als fähig bis zum Beweis des Gegenteils. Ein sichtbar Behinderter muss seine Umgebung mühsam immer neu von seinen Qualitäten überzeugen. Das braucht unendlich Energie. Daran kann man leicht zerbrechen.

Wie haben Sie die ersten Tage im Rollstuhl erlebt?
Vor dem Unfall war ich 186 cm gross, ein Athlet, der sich gerne in Menschenmengen bewegte, Blickkontakt suchte … es kam mir vor wie ein Flirt mit der Menge. Dann war ich plötzlich im Rollstuhl, fühlte mich handicapiert, wertlos. Ich werde nie mein erstes Stadt-Rollstuhltraining vergessen. Wir fuhren durch die Zürcher Innenstadt und ich merkte, wie sich die Passanten abwendeten, wie mir die Leute auswichen. Als wir in einem Café Halt machten, fragte die Kellnerin meine Begleitung, was ich trinken möchte. Das war ein Schock. Ich hatte Angst, am Rand der Gesellschaft zu bleiben. Erst mit der Zeit lernte ich, mich auf meine Stärken zu konzentrieren und mir das Selbstwertgefühl wieder zu erarbeiten.

> *Ich will sehen, was passiert, wenn ich nicht aufgebe!*
> UNBEKANNT

Wie schafft man es, sich trotz des Verlusts auf das Positive zu konzentrieren?
Ich bin überzeugt, dass wir hier eine Aufgabe haben. Unsere Lebensgeschichte macht uns mit allen Stärken und Schwächen zu dem, was wir sind. Das zu wissen, ist in der schwierigsten Situation besonders hilfreich. Wir können das Verlorene beklagen oder das Erlebte dankbar als Teil unseres Lebens annehmen. Ich glaube, dass alles, was uns widerfährt, eine tiefere Bedeutung hat. Dieses Urvertrauen hatte ich schon vorher, es ist durch den Unfall bestärkt worden. Aber ich will nichts beschönigen: Natürlich gibt es Rückschläge und Tränen.

Sie sagten, Sie seien seit dem Unfall kein anderer als vorher. Hat sich dennoch etwas verändert?
Ja, ich kenne meine Ressourcen besser und empfinde mehr Dankbarkeit. Erst durch den substanziellen Verlust habe ich gelernt, wie wenig selbstverständlich alles ist, wie sehr das Leben ein Geschenk ist. Natürlich ist die Querschnitt-

lähmung eine Einschränkung – aber das ist bei weitem nicht meine grösste Schwäche.

Wie meinen Sie das?
Im Leben geht es doch in erster Linie darum, glücklich zu sein. Bei diesem Unterfangen stehen wir uns oft selber im Weg. Wir sind nicht mutig oder nicht ehrlich genug, bringen zu wenig Energie auf. Ich bin durch den Unfall und die Folgen mutiger geworden und kann dadurch heute mehr bewegen in dieser Gesellschaft. Andere stehen scheinbar auf der Sonnenseite des Lebens, fühlen sich aber elementar behindert. Ich erinnere mich an ein Podiumsgespräch mit drei Top-Managern und drei erfolgreichen körperlich Behinderten. Alle sechs Teilnehmer sprachen über ihre grössten unsichtbaren Behinderungen. Am Ende war im Publikum jedem klar, dass der fehlende Mut, einen Traum zu verwirklichen, oder die fehlende Einsicht, sich im entscheidenden Moment genügend Zeit zu nehmen für Partner oder Kinder, viel schwerer wiegen als die Unfähigkeit zu gehen.

Sie sind frischverheiratet und scheinen sich überhaupt nicht eingeschränkt zu fühlen. Man liest sogar von einem Fallschirmsprung.
Wissen Sie, was das grösste Hindernis war auf dem Weg zu meinem Fallschirmsprung? Ich musste mich überwinden, einen Laden zu betreten und mich zu outen, dass ich als Behinderter mit dem Fallschirm abspringen möchte. Alles andere verlief problemlos. In den meisten Fällen behindern wir uns selber.

Dass Sie im Alltag auf bauliche Hindernisse treffen, ist keine Einbildung, sondern Realität.
Stimmt. Sogar in Neubauten werden viele unnötige Stufen und Schwellen eingebaut. Ich habe mich so arrangiert, dass ich gut funktionieren kann. Wenn mir eine Treppe im Weg steht, setze ich mich auch mal auf den Hintern und ziehe den Rollstuhl nach. Meine Erfahrung ist: Das Glas ist nie halb leer oder halb voll, es ist immer fast voll. Ich habe einmal mit einem Tetraplegiker die Probe aufs Exempel gemacht: Auf einem ersten Blatt listeten wir Dinge auf, die ausser Reichweite sind; auf einem zweiten diejenigen, die noch möglich sind oder möglich werden könnten. Die zweite Seite war am Ende wesentlich

voller. Wenn jemand, der weder Hände noch Füsse brauchen kann, mehr Ressourcen als Einschränkungen hat – wer in unserer Gesellschaft sollte dann mehr Punkte auf der Verlustseite haben?

Das Leben ist nicht so, wie es sein soll. Es ist so wie es ist. Entscheidend ist, was wir daraus machen.

VIRGINIA SATIR

Wie kann es gelingen, Menschen mit Behinderung auch im Berufsalltag besser zu integrieren?

Wir werden es uns nicht mehr lange leisten können, Menschen mit Behinderung auszugrenzen und über den Sozialstaat zu finanzieren. Mein neues Projekt setzt genau hier an. Ich will wissenschaftlich beweisen, dass Menschen mit Behinderung am Arbeitsplatz gleich gut oder häufig sogar besser sind. Mich fragt heute niemand mehr nach meiner Behinderung, wenn ich mich um eine Arztstelle bewerbe. Ich will dazu beitragen, dass andere Menschen mit Behinderung die gleiche Erfahrung machen und Vertrauen geniessen, bevor sie sich bewiesen haben. ■

Kontakt und Information: *www.christianwenk.ch*

Zur Person: *Christian Wenk (37) ist als Oberarzt im interdisziplinären Notfallteam der Klinik St. Anna in Luzern tätig. 2009 bis 2010 arbeitete er im Schweizer Paraplegiker-Zentrum Nottwil. Wenk war international erfolgreicher Duathlet, bevor er im September 2000 beim Radtraining in Japan frontal in ein falsch geparktes Auto fuhr. Seither ist er querschnittgelähmt. Nebenberuflich tritt Wenk als Pianist und Referent auf. Bald wird er eine neue Aufgabe als Landarzt im luzernischen Schenken übernehmen.*

ZÜRCHER MARTINA
Von der Chefredaktorin zur Weltenbummlerin im VW-Bus

16.9.2019

«Wir leben so, dass wir später nichts bereuen»

Aufgewachsen ist Martina Zürcher im Berner Seeland, zu Hause fühlt sie sich auf der ganzen Welt. Seit sie Job und Wohnung gekündigt hat, lebt die 39-Jährige mit ihrem Partner Dylan Wickrama im VW-Bus. Es lohne sich, wenig zu besitzen und viel Zeit zu haben, sagt die Weltenbummlerin.

Frau Zürcher, warum haben Sie vor vier Jahren Job und Wohnung gekündigt und sich entschlossen, in einem VW-Bus zu leben und ortsunabhängig zu arbeiten?

MARTINA ZÜRCHER: Immer dann, wenn ich in meinem Leben auf mein Herz gehört habe, bin ich gut gefahren. Bewarb ich mich auf ausgeschriebene Stellen, kam ich nicht zum Zug, versuchte ich mein Glück intuitiv mit Blindbewerbungen, klappte es. So arbeitete ich als Floristin nach Abschluss der Ausbildung für neun Monate in den USA, so bekam ich später meinen Traumjob beim Radio, und so wurde ich schliesslich Reisejournalistin. Ich bekam zufällig im Flughafen das Magazin «Transhelvetica» in die Hände, las es während des Flugs mit wachsender Begeisterung, schrieb den Herausgeber an, wurde Praktikantin, Redaktorin und schliesslich Co-Chefredaktorin. Ich wusste deshalb: Wenn etwas ruft, muss ich dieser Stimme folgen.

Wer oder was hat denn gerufen vor vier Jahren?
Meine Entscheidung, drei Zimmer gegen vier Räder einzutauschen, hat eine Vorgeschichte. Ich absolvierte während des Journalismus-Studiums ein Auslandsemester in Indien und lernte dort Dylan Wickrama kennen. Er hatte im Kanton Glarus sechs Jahre lang eine Autowerkstatt geführt, war aber gerade auf Weltreise mit seinem Motorrad, als wir uns 2011 begegneten. Drei Jahre später kehrte er in die Schweiz zurück und wir zogen zusammen. Die Geschichten, die er unterwegs erlebt hatte, waren einfach zu gut, um nicht weitererzählt und aufgeschrieben zu werden. Ich hatte seit jungen Jahren davon geträumt, ein Buch zu schreiben, also nahm ich mir eine halbjährige Auszeit und schrieb Dylans Erzählungen nieder; wie er in Panama ans Ende der Strasse gelangt ist und sich ein Floss gebaut hat, das durch den Motor des Motorrads angetrieben wurde. Sechs Wochen war er so im Pazifik unterwegs, trotzte Stürmen und ging schliesslich wegen starker Strömungen auf dem Meer verloren. Er fand den Weg zurück an Land nur dank Delfinen.

Diese Geschichte brachten Sie unter die Leute?
Wir reisten durch Europa, um das Buch bekannt zu machen und Vorträge zu halten. Dylan stammt aus einfachsten Verhältnissen in Sri Lanka, sein Vater starb, als er sechsjährig war, er litt Hunger und musste früh der Mutter helfen, die vier Kinder durchzubringen. Seine erste Erfahrung war: Wer kein Geld hat, ist niemand. Entsprechend setzte er alles daran, in der Schweiz hart zu arbeiten, gut zu verdienen, sich Luxus leisten zu können. Eines Tages bot ihm ein Geschäftsmann einen Kredit an, damit er die Werkstatt vergrössern könne. In diesem Moment realisierte Dylan, wie unzufrieden er war in seinem Streben nach mehr. Er verkaufte die Werkstatt, nahm seine Reise in Angriff und realisierte: Unsere wichtigste Aufgabe ist, glücklich zu sein. Wenn wir Ballast abwerfen und ganz im Moment leben, können wir erstaunliche Dinge schaffen. So entschieden wir uns an einem Winterabend 2015, unsere Wohnung zu kündigen und im VW-Bus zu leben. So wurde die Welt zu unserem Zuhause.

Das klingt gut, aber inwiefern macht das glücklicher?
Wenn man nur noch ganz wenige Dinge besitzt, wird das Leben extrem übersichtlich. Entsprechend schärft sich der Blick für das Wesentliche. Wir lieben

das, was wir tun. Letztes Jahr reisten wir auf dem Landweg in die Mongolei und passten unser Reisetempo der Landschaft und den Begegnungen an. Ein halbes Jahr lang keine fixen Termine zu haben, war ein grosses Geschenk an uns selber. Man sollte solche Dinge nicht auf später verschieben. Das Leben kann morgen vorbei sein. Vor knapp zehn Jahren starb meine Sandkasten-Freundin an Krebs, da wurde mir zum ersten Mal so richtig klar, dass wir nicht ewig Zeit haben. Vor knapp drei Jahren kam uns in Deutschland auf der Autobahn ein Falschfahrer entgegen. Wir waren unterwegs zu einem Vortrag und hatten grosses Glück, dass nur unser Bus Totalschaden erlitt, wir aber unversehrt überlebten. Bekannte warnten uns vor der Reise durch Tadschikistan, aber dort wurden wir überall zum Tee eingeladen und erhielten von Menschen, die fast nichts besitzen, kiloweise Aprikosen und Tomaten geschenkt. Im sicheren Deutschland hätten wir dagegen beinahe den Tod gefunden.

> *Wer sich nicht entscheiden kann, muss die Folgen der Entscheidungen hinnehmen, die andere für ihn treffen.*
>
> UNBEKANNT

Heisst das für Sie, dass man nur im Moment leben und gar nicht fürs Alter vorsorgen sollte?

Wir konzentrieren uns schlicht auf die Dinge, die uns glücklich machen und mit denen wir etwas bewirken können. Das heisst nicht, dass wir anderen auf der Tasche liegen. Im letzten halben Jahr haben wir sehr viel gearbeitet, eine Vortragsreihe aufgebaut, einen Film produziert, ein weiteres Buch geschrieben, Reisen organisiert. Zudem habe ich vor 15 Jahren in der mongolischen Hauptstadt Ulan Bator mit drei Mitreisenden eine Suppenküche auf die Beine gestellt, um etwas gegen die Armut dort zu tun. Inzwischen ist daraus eine Tagesstätte geworden, in der täglich 175 Kinder verköstigt und betreut werden. Es geht uns nicht darum, nur noch Freizeit zu haben, sondern wir wollen so leben, dass wir später nichts bereuen. Dadurch, dass wir keine Miete bezahlen müssen, ist der finanzielle Druck geringer und wir können mit Jobs, die wir lieben, genug verdienen.

www.ride2xplore.com
BE·843846
CH

> *Lass dir von niemandem auf der Welt erzählen, dass du nicht genau das sein kannst, was du bist.*
> LADY GAGA

Sie erzählen regelmässig auf Vortragstournee von Ihrem Leben als moderne Nomaden. Welche Reaktionen lösen Sie mit Ihrem Lebensstil aus?

Manchmal stehen am Ende des Abends gestandene Geschäftsmänner mit Tränen in den Augen vor uns, um sich zu bedanken. Ich glaube, wir erinnern viele Menschen an ihre Träume oder daran, was ihnen eigentlich wichtig wäre und was sie aus den Augen verloren haben. Hier in der Schweiz sind wir so sehr auf materiellen Reichtum fixiert – vielleicht erhoffen wir uns das Glück von den falschen Dingen. Deshalb heisst mein neues Buch auch schlicht «Einfach leben». Es lohnt sich, das Leben wieder einfacher, übersichtlicher zu machen. Und dann einfach zu tun, was einem wichtig ist. ■

***Kontakt und Information:** www.ride2explore.com*

Als Anfang 2020 die Welt wegen Corona stillstand, waren die beiden Weltenbummler gerade in der Schweiz und quartierten sich vorübergehend bei Martina Zürchers Eltern ein. Da alle Vorträge bis auf Weiteres abgesagt wurden, nutzen sie die Zeit, um Dylans Reisedokumentarfilm «Am Ende der Strasse» fertig zu schneiden und online zu veröffentlichen. Im Frühling 2021 erfanden sie sich nochmals neu und gründeten gemeinsam mit Dylans Neffen eine Camperwerkstatt, in der sie individuell nach Kundenwunsch Camper umbauen. So überbrücken sie die Zeit, bis sie ihr Nomadenleben wieder aufnehmen können. Ihr Zuhause ist weiterhin der Van.

aussteigen

Teil 3:
Lesen ist gut.
Tun ist besser.

Übungen und Tipps für die ersten Schritte

umsteigen

Was finden Sie hier?

Vielleicht haben Ihnen einzelne Porträts oder Aussagen im einführenden Text einen Floh ins Ohr gesetzt, und Sie spüren Tatendrang über das Lesen hinaus oder haben Fragen, die Ihnen keine Ruhe mehr lassen. Dann finden Sie hier Anregungen für konkrete erste Schritte. Dies kann für den einen ein erstes Sich-Befassen und Anfreunden mit der Idee einer beruflichen Veränderung sein, für den anderen, dessen innerer Prozess schon viel weiter ist, geht es um Konkretisierung und Planung einer solchen Veränderung; und für den Dritten, der eigentlich schon lange weiss, was er machen möchte, steht die Umsetzung im Vordergrund.

Die nachfolgenden Anregungen und Tipps sind deshalb unterschiedlich. Einige überschneiden sich auch. Suchen Sie sich das heraus, was Sie anspricht!

Weitere Materialien, Hinweise auf hilfreiche Bücher, Webseiten und professionelle Unterstützung, auch zu Stress und Burn-out, auf ***www.aussteigen-umsteigen.ch.***

Zur Einstimmung

Notizheft

Kaufen Sie sich ein Heft oder ein Notizbuch und notieren Sie regelmässig: Was fällt Ihnen zu Ihrem Leben, Ihrer Berufssituation oder auch sonstwie auf? Was wünschen Sie sich? Wovon fürchten Sie sich? Worüber freuen oder ärgern Sie sich? Vielleicht ist es auch dieses Buch, das Sie zu Gedanken, Ideen usw. angeregt hat. Halten Sie diese schriftlich fest. Tragen Sie die Notizen immer bei sich und ergänzen Sie sie laufend. Indem Sie Ihre Gedanken zu Papier bringen, erhalten diese eine Form und können von aussen betrachtet werden. Das ist ein wichtiger erster Schritt. Nehmen Sie eine beobachtende, neutrale Haltung ein, vergleichbar mit der Haltung eines Journalisten oder Wissenschaftlers, der einfach feststellt, was er wahrnimmt, ohne es sogleich zu bewerten oder gar zu zensurieren.

Seien Sie wohlwollend sich selber gegenüber, wie von Rumi im nachstehenden Gedicht ausgedrückt.

> *Ganz in der Nähe des Lebens, in dem man zufällig gelandet ist, befindet sich ein anderes, das man genauso gut hätte führen können*
> MARGRIET DE MOOR

Das Gasthaus

Rumi

Das menschliche Dasein ist ein Gasthaus.
Jeden Morgen ein neuer Gast.

Freude, Depression und Niedertracht –
auch ein kurzer Moment von Bewusstheit
kommt als unverhoffter Besucher.

Begrüsse und bewirte sie alle!
Selbst wenn es eine Schar von Sorgen ist,
die gewaltsam dein Haus
seiner Möbel entledigt,
selbst dann behandle jeden Gast ehrenvoll.
Vielleicht bereitet er dich vor
auf ganz neue Freuden.

Dem dunklen Gedanken, der Scham, der Bosheit –
begegne ihnen lachend an der Tür
und lade sie zu dir ein.

Sei dankbar für jeden, der kommt,
denn alle sind zu deiner Führung
geschickt worden aus einer anderen Welt.

Ihr Ort

Kennen Sie einen besonderen Rückzugsort, wo Sie zur Ruhe kommen, Energie tanken oder sich ganz einfach daheim fühlen? Er kann in der Natur sein, vielleicht ein Sitzplatz, am Waldrand, am Wasser oder unter einem Baum, aber auch in Ihrer Wohnung, auf einem Balkon oder sonstwo. Entscheidend ist, dass Sie an diesem Ort Ihre Aufmerksamkeit nach innen richten können. Wenn Sie keinen solchen Ort haben, gehen Sie auf die Suche nach ihm oder schaffen Sie sich einen. Suchen Sie ihn regelmässig auf, besonders wenn Sie sich unentschlossen, verwirrt oder ohne Boden unter den Füssen fühlen. Dort müssen Sie nichts tun, niemand sein, sondern dürfen wie ein Zeuge einfach wahrnehmen, was ist und was in Ihnen hochkommt.

➔ Hinein in den Veränderungsmodus

Auf Menschen zugehen

Gehen Sie innerlich Ihre Freunde und Bekannten durch, auch Leute, mit denen Sie beruflich Kontakt hatten, selbst wenn Sie schon lange nichts mehr von ihnen gehört haben. Gibt es jemanden, auf den Sie neugierig sind, von dem Sie wissen möchten, wie es ihm bis anhin ergangen ist? Melden Sie sich, treffen Sie sich oder machen Sie zusammen einen Spaziergang. Vielleicht haben Sie Hemmungen, sich nach langer Zeit ohne äusseren Anlass wieder zu melden? Was könnte er denken? Aber fragen Sie sich getrost: Was riskiere ich eigentlich? Was kann im schlimmsten Fall passieren? Vielleicht hat er tatsächlich keine Zeit oder keine Lust: Das können Sie aushalten. Es ist für Sie besser, in Kontakt zu treten und von jemandem ein Nein zu hören, als dass Sie sich auf ungeprüfte Annahmen gestützt selber eine Absage erteilen. Zudem: Meistens freuen sich die Menschen über solche Kontaktnahmen. Gewöhnen Sie sich an, mutig zu sein, sich selber und anderen gegenüber.

> *Wenn später einmal,*
> *warum nicht jetzt?*
> *Und wenn nicht jetzt,*
> *wie dann später einmal?*
> AUGUSTINUS

Das Wort «man»

> *Warum willst du dich mit anderen vergleichen? Es gibt niemand der besser du sein kannst als du selber.*
> UNBEKANNT

Gehören Sie zu den Leuten, die oft das Wort «man» benützen? Man sagt, man tut, man tut nicht, man denkt, man weiss, man glaubt, man lebt, oder man lebt nicht. Wer oft «man» sagt, wirkt schwammig, denn er versteckt sich hinter einer allgemeinen Aussage, bei der offen bleibt, ob er über sich spricht oder über die anderen. Entscheiden Sie sich dafür, das Wort «man» künftig durch «ich» zu ersetzen. Wenn Sie «man» sehr oft verwenden, wird die Umstellung kaum von einem Tag auf den anderen Tag möglich sein. Der erste Schritt ist, dass Sie es überhaupt merken, wenn Ihnen wieder ein «man» rausgerutscht ist. Sie können auch einen nahestehenden Menschen bitten, Sie darauf aufmerksam zu machen, wenn Sie «man» sagen. Der zweite Schritt ist, dass Sie beim Registrieren, dass Sie «man» sagen, einfach umschalten. Nehmen Sie wahr, wie sich für Sie die Bedeutung Ihrer Aussagen verändert und wie Sie sich anders fühlen, wenn Sie «ich» sagen und wie Sie von anderen anders wahrgenommen werden. Was fällt Ihnen dabei auf? Schreiben Sie es nieder.

Atmung

Es gehört zu unserer nach aussen orientierten und hektischen Lebensweise, dass wir uns kaum Zeit für uns selber nehmen. Dementsprechend atmen wir häufig kurz und flach. Haben Sie schon einmal beobachtet, wie tief und voll ein schlafendes Kind atmet? Nehmen Sie sich vor, Ihrer Atmung künftig Aufmerksamkeit zu schenken. Sie müssen nicht versuchen, immer tief zu atmen. Es genügt, dass Sie sich entscheiden, regelmässig zu beobachten, *wie* Sie atmen. Dann wird sich Ihre Atmung automatisch verändern. Hilfreich sind auch Erinnerungsstützen, indem Sie zum Beispiel einen Kleber mit einer Zeichnung an Ihren Badezimmerspiegel oder an Ihren PC heften, der Sie ans bewusste Atmen erinnert. Gerade in schwierigen Situationen ist es wichtig, den Atem frei fliessen zu lassen. Bewusstheit beim Atmen hilft uns, präsent zu sein und uns nicht von unseren Gedanken beherrschen zu lassen.

> *Der Zufall ist die in Schleier gehüllte Notwendigkeit.*
> MARIE VON EBNER-ESCHENBACH

Mikroveränderungen im Alltag

Damit Sie in einen Veränderungsmodus (vgl. S. 250) kommen, ist es hilfreich, wenn Sie niederschwellige Mikroveränderungen in Ihren Alltag einbauen, also kleinste Veränderungen, die Sie kaum Überwindung oder Anstrengung kosten. Der Vorteil: Sie verschaffen sich damit erste Erfolgserlebnisse, die Ihnen zeigen, dass Veränderung möglich ist. Das sind wichtige Schritte, um aus dem ständigen Gedankenzirkus auszusteigen und ins Tun zu kommen, so dass nach und nach, wie beim Schneeballeffekt, auch grössere Schritte möglich werden. Sie machen sich dadurch mit einer Ausprobierhaltung vertraut, die für eine erfolgreiche berufliche Neuorientierung entscheidend ist («trial-and-error»-Haltung), und Sie machen zudem erste Schritte in Richtung Selbstwirksamkeit. Hier zur Anregung ein paar Beispiele:

> *Wege entstehen dadurch, dass wir sie gehen.*
>
> FRANZ KAFKA

- Stehen Sie beim Zähneputzen nur auf einem Bein. Sie werden feststellen, wie Ihr Gleichgewichtssinn spürbar zunimmt.
- Wenn Sie mittags immer in der Betriebskantine essen, gehen Sie ab und zu in ein Restaurant. Wenn Sie immer gemeinsam mit anderen essen, gehen Sie manchmal allein essen. Oder umgekehrt.
- Benutzen Sie Treppen statt Lifte und Rolltreppen.
- Nehmen Sie beim Treppensteigen zwei Stufen aufs Mal.
- Machen Sie vor oder nach jedem Toilettengang 10 Kniebeugen.
- Erfinden Sie kleine Variationen für Ihren Arbeitsweg (örtlich oder was das Verkehrsmittel betrifft). Parkieren Sie zum Beispiel Ihr Auto etwas weiter weg und gehen Sie ein Stück des Arbeitsweges zu Fuss.
- Wenn Sie sich schon oft geärgert haben, dass Sie zu viel Kaffee trinken: Ersetzen Sie den Kaffee in der Morgenpause durch Tee oder Wasser.
- Telefonieren Sie im Stehen statt im Sitzen.
- Räumen Sie bei Arbeitsende eine Minute lang den Schreibtisch auf.
- Reduzieren Sie die Präsenz Ihres Smartphones kreativ: Bringen Sie es gar nicht erst mit an den Esstisch. Oder schalten Sie es stumm. Lassen Sie es im Büro, wenn Sie in die Mittagspause gehen, oder in der Küche, wenn Sie ins Bett

gehen. Oder bleiben Sie an Sonntagen offline. Das ist wirksamer als der ewige Vorsatz, es weniger zu benutzen.

Sicher haben Sie noch ganz andere Ideen. Bei Mikroveränderungen geht es darum, dass Sie neue sinnvolle Gewohnheiten einführen und dabei neue Erfahrungen machen. Wozu dienen Gewohnheiten? Gewohnheiten sind mentale Abkürzungen. Unser Hirn speichert Handlungen, die offenbar so wichtig sind, dass sie ständig wiederholt werden, separat ab – getrennt von den selbst gesteckten Zielen, die ständig wieder über den Haufen geworfen werfen. Gewohnheiten vereinfachen unser Leben, weil unser Hirn mehr Ressourcen für andere Dinge hat.

Gute und schlechte Gewohnheiten funktionieren übrigens genau gleich. Sie entstehen, wenn wir eine bestimmte Handlung wiederholt ausführen und dabei belohnt werden. Entscheidend ist die Wiederholung. Erst mit dieser verankert sich die Handlung im Gewohnheitsgedächtnis und wird damit automatisiert und leichter. Der Schlüssel zu einer neuen Gewohnheit ist, es einfach zu tun: Wenn wir die gewünschte Handlung so regelmässig und häufig ausführen, bis sie automatisiert wird, muss das Bewusstsein keine aktive Entscheidung mehr treffen. Oft sind es Kleinigkeiten, die darüber entscheiden, ob wir etwas tatsächlich tun oder nicht. Machen Sie es sich also so einfach wie möglich. Wenn Sie regelmässig joggen wollen, stellen Sie beispielsweise die Laufschuhe vor die Türe, damit sie automatisch daran erinnert werden.

> *Alles, was an Grossem in der Welt geschah, vollzog sich zuerst in der Fantasie eines Menschen.*
> ASTRID LINDGREN

Eine Handlung wird aber erst dann als Gewohnheit in Ihr Gedächtnis einsickern, wenn sie mit einer unmittelbaren Belohnung verbunden ist, Sie sich also beispielsweise gut und klar fühlen und stolz auf sich sind. Das hat mit der Ausschüttung des Botenstoffes Dopamin zu tun, der dafür verantwortlich ist, dass Ihr Gehirn das Wohlbefinden und die Handlung miteinander verknüpft. Weil Sie unmittelbar spüren, wie Ihnen das morgendliche Kaltduschen wohltut, ist die Chance, dass Sie das Gleiche am nächsten Morgen wieder tun, grösser. Aber ohne Wiederholung geht es nicht: Normalerweise braucht es für das Ausbilden einer neuen Gewohnheit zwei bis drei Monate.

Wenn Sie schlechte Gewohnheiten durch neue, bessere Gewohnheiten ersetzen wollen, ist es wichtig, bereits die Verführung, die Ihre schlechte Gewohnheit auslöst, zu reduzieren. Wenn Sie weniger Bier trinken wollen, lagern Sie Ihren Biervorrat im Keller und nicht im Kühlschrank. Organisieren Sie Ihre Umgebung so, dass das unerwünschte Verhalten umständlich und das gewünschte einfacher wird. Dabei geht es nicht um Selbstdisziplin oder Selbstkontrolle. Menschen, die bei Selbstkontroll-Tests gut abschneiden, haben nicht eine bessere Selbstdisziplin, sondern sie sind lediglich schlauer bei der Umwandlung von gewünschten Handlungen in Gewohnheiten.

Hilfreiche Tipps:

- Beginnen Sie klein und lassen Sie sich nicht vom Leitsatz «Go big or go home» verführen. Versuchen Sie also nicht, die ganze obige Liste umzusetzen, sondern beginnen Sie mit nur einer Mikroveränderung: Erst wenn die neue Gewohnheit in Fleisch und Blut übergegangen ist, dürfen Sie – wenn Sie wollen – die nächste angehen.

Das haben wir noch nie probiert, also geht es sicher gut.
PIPPI LANGSTRUMPF

- Verbinden Sie die Mikroveränderung mit einer Alltagshandlung (Morgentoilette, Aufstehen, vor oder nach dem Toilettengang, Treppensteigen). Dadurch haben Sie bereits eine Erinnerungsstütze und die Veränderung wird schneller Teil Ihres Alltags.
- Wenn Sie Lust haben, können Sie Ihre Mikroveränderungen auch langsam steigern (Anzahl, Dauer oder Intensität).
- Seien Sie nachsichtig, wenn Sie die Mikroveränderung mal vergessen. Seien sie also nicht die Person, die besonders hart mit Ihnen ins Gericht geht, sondern vielmehr wie ein guter Freund oder eine gute Freundin, der/die Ihnen positiv zuredet und auch kleine Fortschritte würdigt (vgl. S. 303).

Regelmässige Miniunterbrechungen

Es ist erwiesen, dass uns eine regelmässige Praxis (wie Meditation, Yoga, Atemübung, Body-Scan, autogenes Training) nicht nur spürbar ruhiger und gelassener macht, sondern auch unsere Hirnstruktur positiv verändert.

Jedes Lernen ist nämlich nichts anderes als eine Veränderung unserer Hirnstruktur, indem wir dabei neue Verbindungen (Synapsen) zwischen den Hirnzellen (Neuronen) bilden. Wir werden dadurch auch klarer, fokussierter, entscheidungsfreudiger und tatkräftiger.

Leben wird nicht gemessen an der Zahl von Atemzügen, die wir nehmen, sondern an den Momenten, die uns den Atem nehmen.

MAYA ANGELOU

Nun ist es für die meisten sehr schwierig, von einem Tag auf den andern täglich eine halbe oder eine ganze Stunde Meditation durchzuhalten. Deshalb empfiehlt es sich, mit ganz kleinen Miniunterbrüchen im Alltag anzufangen, die uns weder anstrengen noch eine grosse Motivation erfordern.

Hilfreiche Tipps:

- Verknüpfen Sie Miniunterbrüche mit einer Gewohnheit: Nehmen Sie beispielsweise Ihren Atem vor dem Zähneputzen dreimal bewusst wahr, während er in Ihren Körper einströmt und während er aus Ihrem Körper ausströmt.
- Sie können auch mit sich vereinbaren, jeden Tag mindestens *dreimal* eine halbe Minute lang bewusst Ihren ein- und ausströmenden Atem wahrzunehmen.
- Sie stehen jeden Tag mindestens *drei Mal* auf, schütteln Ihre Beine und Arme aus, drehen den Kopf um die eigene Achse und nehmen dabei Ihren Atem wahr.
- Machen Sie diese Miniunterbrechungen auch dann, wenn Sie merken, dass Sie sich zu versteifen beginnen, dass sich etwas in Ihnen anspannt oder Sie gestresst sind. Die Fähigkeit, bewusst wahrzunehmen, wenn wir gestresst sind, ist übrigens die Grundvoraussetzung, um aus dem Autopilotmodus unseres automatisierten Stressmechanismus auszubrechen (vgl. S. 310).
- Sie können auch ganz einfach *zwei- oder dreimal täglich* für einen kurzen Augenblick das, was Sie gerade tun oder denken, unterbrechen. Begeben Sie sich dabei von der handelnden in eine beobachtende Haltung. Gehen Sie mit Ihrer Aufmerksamkeit nach innen. Beobachten Sie für fünf Sekunden Ihr Handeln, Denken und Fühlen, ohne es zu beurteilen. Damit Sie dies nicht vergessen, helfen Erinnerungsstützen (Gummiband am Handgelenk, Zettel am Toilettenspiegel oder Computer, allenfalls auch Alarmfunktion auf dem Smartphone). Nehmen Sie nach 5 Sekunden Selbstbeobachtung und Innehalten einen tiefen und ruhigen Atemzug. Und fahren Sie fort mit dem, was Sie vorher getan haben. Aber tun Sie das, was Sie tun, ein klein wenig langsamer als vorher, bewusster.
- Bei den Miniunterbrüchen geht es zuerst darum, nichts aktiv zu tun, sondern in eine beobachtende, wahrnehmende und nicht beurteilende Haltung zu kommen: Nehmen Sie Ihren Atem, Ihren Körper (Wo sind Sie locker?

Wo verspannt? Welche Körperteile spüren Sie? Welche nicht? Was ist angenehm? Was ist unangenehm?) sowie Ihre Gedanken, Impulse, Gefühle, Bedürfnisse und Handlungen wahr. Wichtig ist, einfach wahrzunehmen, zu registrieren, ohne zu beurteilen und ohne aktiv etwas verändern zu wollen.

Solche alltagsnahen Praktiken werden einen Einfluss auf Ihr Alltagsbefinden haben. Sie beginnen damit, im Alltag Miniinseln und Raum für sich selber zu schaffen, was in einer hektischen Umgebung besonders wichtig ist. Die Mikroveränderungen im vorangehenden Abschnitt helfen auch. Vielleicht bekommen Sie dann Lust auf mehr. Es gibt zahlreiche Kurse und weitere Angebote, was Wahrnehmungs- und Achtsamkeitspraktiken betrifft (Yoga, Meditation, Atemübungen, Body-Scan, autogenes Training, MBSR (mindful-based-stress-reduction) und anderes).

Treffen Sie konkrete Abmachungen mit sich selber!

Welche Leute tun Ihnen gut? Welche Dinge tun Ihnen gut? Und umgekehrt: Wer oder was tut Ihnen nicht gut? Entscheiden Sie sich, sich vermehrt mit Leuten abzugeben, die Ihnen guttun und die Sie inspirieren. Wenn Sie sich zu neuen Ufern aufmachen wollen, macht es wenig Sinn, darüber mit Leuten zu diskutieren, die immer nur jammern und sich gelähmt und voller Angst an dem festklammern, was sie haben. Suchen Sie den Kontakt zu Leuten, die Ihnen Mut machen und Kraft geben, die sich vielleicht auch mit ähnlichen Themen befassen wie Sie oder die gar schon weiter sind als Sie. Das Gleiche mit Tätigkeiten: Beobachten Sie genau, was Ihnen guttut und was zwar angenehm zerstreut, aber eher in die Kategorie Zeit- und Energiefresser fällt. Wenn es Ihnen guttut, Velo zu fahren oder tanzen zu gehen, tun Sie es. Vielleicht reizt Sie auch etwas, das Sie noch nicht kennen. Überlegen Sie nicht lange, sondern probieren Sie es aus. Sie merken dann sehr schnell, ob es zu Ihnen passt oder nicht. Die entscheidende Frage lautet: Ist jemand oder eine Tätigkeit für Ihre Entwicklung förderlich oder hinderlich? Wenn Sie sich dieser Frage stellen, beginnen Sie, Verantwortung für sich zu übernehmen und Ihr Leben in die eigenen Hände zu nehmen. Sie werden vom Opfer der Umstände zum Unternehmer in eigener Sache.

Es geht bei diesen Dingen nicht um Entscheidungen fürs Leben. Treffen Sie Abmachungen mit sich: «Ich werde das während eines Monats machen und schauen, wie es mir dabei geht. Nach einem Monat ziehe ich Bilanz und entscheide, ob ich das Experiment weiterführe oder ob ich es abbreche und etwas anderes ausprobiere.» Folgen Sie Ihrer Neugierde und gewöhnen Sie sich eine spielerische Haltung des Trial-and-error an: Probieren geht über Studieren.

Unsere Träume können wir erst dann verwirklichen, wenn wir uns dazu entschliessen, einmal daraus zu erwachen.

JOSEPHINE BAKER

Entrümpelungsaktion

Haben sich in Ihren Schränken, im Schreibtisch, im Keller oder im Estrich viele Dinge angesammelt, mit denen Sie eigentlich nichts mehr anfangen können? Durchkämmen Sie Ihre Kleider, Ihre Unterlagen, all die kleinen Sachen und Sächelchen, die Sie aufbewahren, weil Sie sie vielleicht einmal gebrauchen könnten. Bringen Sie alles Unnütze ins Brockenhaus, verschenken Sie es und entsorgen Sie das Unbrauchbare.

Indem wir uns von Sachen trennen, trennen wir uns auch von Gewohnheiten und schaffen Raum für Neues. Nicht von ungefähr empfiehlt *Fredmund Malik* Unternehmen und Führungspersonen, regelmässig einen Tag der systematischen Müllentsorgung durchzuführen. Nach dem Gesetz der Leere übt freier Raum eine Sogwirkung auf Neues aus (vgl. Text auf *www.aussteigen-umsteigen.ch*). Indem Sie sich von Altem trennen, signalisieren Sie Ihrem Gehirn Offenheit für Neues. Wer sich Neuem öffnen will, muss deshalb erst mal Raum schaffen.

Der eine wartet,
dass die Zeit sich wandelt.
Der andere packt sie
kräftig an – und handelt.

JOHANN WOLFGANG GOETHE

Wie ticken Sie?

Ihre Erfolge

Bevor Sie sich auf Neues einlassen, schlagen wir Ihnen einen wohlwollenden Blick zurück auf das bisher Erreichte vor. Da werden Ihnen einige Trouvaillen begegnen. Es lohnt sich, diese auch in die Zukunft mitzunehmen. Nehmen Sie sich einen Moment Zeit und schreiben Sie auf, was Ihnen zu den einzelnen Fragen einfällt, unabhängig davon, ob die Erinnerungen aus der Kindheit, aus der Adoleszenz oder aus dem Erwachsenenalter stammen.

1. Welche Momente des Erfolges, der Überwindung alter Grenzen, welche Erfahrungen des Gelingens sind in Ihnen als Erinnerung gespeichert?

   ....

   ....

2. Was sind Ihre Stärken, Ihre besonderen Fähigkeiten? Bei welchen Tätigkeiten, in welchen Situationen fühlen Sie sich wohl und sind mit sich und der Welt im Reinen?

   ....

   ....

3. Wo und wann entwickeln Sie besondere Ausdauer, können Sie andere mit Ihrer Begeisterung anstecken?

   ....

   ....

4. Wofür wurden Sie gelobt, wofür erhielten Sie besondere Anerkennung?

   ....

   ....

5. Was haben Sie gelernt?

   ....

   ....

6.	Welche Prüfungen haben Sie schon bestanden? (Hier können Sie auch Ihre Sportprüfungen oder Ihre Führerprüfung eintragen – erinnern Sie sich noch, wie aufregend das damals war und wie sehr Sie sich angestrengt haben?) …………………………………… ……………………………………
7.	Was haben Sie schon zustande gebracht, geleistet? …………………………………… ……………………………………
8.	Was schätzen andere an Ihnen? …………………………………… ……………………………………
9.	Was wurde Ihnen in die Wiege gelegt? (Eigenschaften, Qualitäten, Talente usw.) …………………………………… ……………………………………
10.	Gibt es den einen oder anderen Augenblick, auf den Sie stolz sein können? Sind Sie in einer gefährlichen Situation mutig gewesen? Haben Sie Zivilcourage bewiesen? …………………………………… ……………………………………
11.	Ist mal ein Wunder geschehen, haben Sie ein (vielleicht sogar unverdientes) Glück genossen? …………………………………… ……………………………………
12.	Welche Glücksmomente hat es in Ihrem Leben gegeben? …………………………………… ……………………………………
13.	Gibt es besondere Stärken, Talente, angeborene oder früh erworbene Fähigkeiten, auf die Sie ohne Anstrengungen zurückgreifen können, die Ihnen in bestimmten Bereichen des Lebens eine beruhigende Sicherheit vermitteln? …………………………………… ……………………………………

(NACH GERHARD HUHN / HENDRIK BACKERRA, VGL. S. 319)

Haben Sie eine aktive oder eine reaktive Grundhaltung?

Wie nehmen Sie die Welt wahr? Haben Sie sich schon einmal gefragt, ob Sie eine aktive oder eine reaktive Grundhaltung haben? Fühlen Sie sich als Regisseur oder als Statist? Viele Leute sehen sich als Statist, als Opfer der äusseren Bedingungen. Das ist bequem, aber unbefriedigend. Kennen Sie Sätze wie «Da kann man sowieso nichts machen», «Ich möchte schon, aber man lässt mich nicht» oder «Die haben doch alle keine Ahnung!» Wer eine aktive Grundhaltung hat, fragt sich in Situationen, die ihm nicht passen: Was kann *ich* tun, damit es mir besser geht? Welche Handlungsmöglichkeiten habe *ich*, auch wenn die Bedingungen schwierig sind? Wie kann ich sie am besten nutzen?

Reaktive Grundhaltung	Aktive Grundhaltung
Ich orientiere mich in erster Linie an dem, was ich kann. Was ich gern möchte, ist nicht wichtig.	Zuvorderst steht für mich die Frage, was ich tun will und wo ich hinwill.
Ich kann nur wenig, vor allem ist es das, was ich bei meiner jetzigen Arbeit anwende.	Ich habe viele Fähigkeiten und Talente, nur ein Teil hat mit meiner jetzigen Arbeit zu tun.
Mir ist wichtig, was andere von mir denken und erwarten.	Mir ist wichtig, ob ich mit mir im Reinen bin.
Entscheidend ist, was auf dem Arbeitsmarkt gerade gefragt ist: Dort versuche ich, einen Platz zu finden.	Was möchte ich tun? Dafür suche ich den passenden Arbeitsplatz.
Ich verstehe mich als Arbeit-Nehmer.	Ich bin mein eigener Laufbahnexperte/manager.
Arbeit ist ein knappes Gut.	Ich kann immer arbeiten.
Solange es einigermassen geht, bleibe ich, wo ich bin.	Ich überprüfe immer wieder, ob mein Job für mich noch stimmt.
Ich muss es meiner Arbeitgeberin recht machen.	Mein Arbeitgeber ist mein Geschäftspartner auf Augenhöhe.

Das ist eine grundsätzlich andere Art, die Welt wahrzunehmen. Der Blick ist auf mögliche Lösungen und nicht auf die Probleme gerichtet. Wer eine aktive Grundhaltung hat, tut sich leichter mit einer beruflichen Veränderung. Es ist deshalb sinnvoll, dass Sie sich bewusst werden, mit welcher Haltung Sie die Welt wahrnehmen. Anhand der nachstehenden Aussagen können Sie selber herausfinden, ob Sie eher zum Statisten oder zum Regisseur neigen. Daraus ergibt sich zwangsläufig die Frage, wie es auch anders sein könnte, und daraus folgen erste Schritte zu einer neuen, aktiveren Haltung.

Geh an Orte, wo neue Gegenstände, Worte und Menschen dich berühren, dir Blut, Leben, Nerven und Gedanken auffrischen.

RAHEL VARNHAGEN

Reaktive Grundhaltung	**Aktive Grundhaltung**
Wahre Qualität wird irgendwann anerkannt und belohnt.	Ich sorge dafür, dass meine Qualitäten gesehen werden.
Arbeit findet man in Stellenanzeigern und Jobbörsen.	Wenn ich weiss, was ich tun will, suche ich möglichst breit. Wichtig ist mir der persönliche Kontakt zu Unternehmen, Menschen und Märkten. Im Mittelpunkt stehen für mich Beziehungen und Netzwerke.
Ein lückenloser Lebenslauf ist extrem wichtig.	Wichtig ist, dass «meine Geschichte» und meine Motivation verstanden werden.
Ich streue möglichst viele und formell perfekte Bewerbungen.	Meine Bewerbung ist mein Portfolio, das von mir, meinen Zielen und Stärken berichtet. Ich streue sie gezielt.
Expertinnen sollen mir sagen, was ich kann und welcher Job zu mir passt.	Ich kann nur selber entscheiden, was ich beruflich tun möchte.

(NACH TOM DIESBROCK, VGL. S. 319)

Wie gehen Sie mit sich selber um?

Wie gehen Sie in den verschiedensten Lebensbereichen mit sich selber um? Eine Standortbestimmung kann Ihnen interessante Hinweise für Ihre Neuorientierung geben. Eine nützliche Vorlage für eine solche Standortbestimmung finden Sie unter *www.aussteigen-umsteigen.ch.*

> *Überall geht ein frühes Ahnen dem späteren Wissen voraus.*
> ALEXANDER VON HUMBOLDT

Persönliche Entwicklungsaufgabe

Schreiben Sie in die linke obere Ecke des Rechtecks auf der nächsten Seite ein «Talent» von Ihnen, wie Tatkraft, Offenheit, Spontaneität oder Einfühlsamkeit. Überlegen Sie dann, wohin sich diese (positive) Eigenschaft entwickelt, wenn man sie übertreibt: Wie heisst die Eigenschaft, wenn gewissermassen «zu viel des Guten» da ist? Vielleicht haben Sie von nahestehenden Menschen auch schon den Satz «Nun tu doch nicht so, übertreib doch nicht so!» gehört. Tragen Sie diese Eigenschaft in die rechte obere Ecke («Karikatur») ein. Tatkraft kann zum Beispiel in Aktivismus ausarten, Offenheit in Beliebigkeit, Spontaneität in Sprunghaftigkeit, Einfühlsamkeit in Angepasstheit. Überlegen Sie als Nächstes, bei welchen Eigenschaften anderer Menschen Sie allergisch reagieren. Tragen Sie diese unten links bei «Allergie» ein, z. B. Apathie, Rechthaberei, Opportunismus, Sturheit. Dann überlegen Sie sich, was der positive Kern dieser Eigenschaft sein könnte, die Sie rot sehen lässt. Stellen Sie sich vor, Sie nehmen all das Zuviel, das Übertriebene weg, so dass

nur der positive Kern bleibt. Von Apathie könnte das Geduld sein, von Rechthaberei Position beziehen, von Opportunismus Flexibilität und von Sturheit Durchsetzungskraft. Tragen Sie diese Eigenschaft in die rechte untere Ecke bei «Ihre Entwicklungsaufgabe» ein. Entwicklungsaufgabe und Karikatur sind interessanterweise meist Gegensätze, genauso wie Talent und Allergie

Bis du bereit bist, dich von
dem, was du bereits weisst,
verwirren zu lassen,
wird das, was du weisst,
nie grösser, besser oder
nützlicher werden.

MILTON ERICKSON

Haben Sie Ideen, wie Sie diese Eigenschaft bei Ihnen im Alltag verstärken könnten? Wenn Ihnen nichts einfällt: Vielleicht kommen Ihnen Situationen in den Sinn, in denen Sie immer wieder in Ihre automatisierten Reaktionsmuster verfallen und gerade die fragliche Eigenschaft die angemessene Reaktionsweise wäre. Probieren Sie diese neue Eigenschaft bei nächster Gelegenheit aus. Zeigen Sie sich beispielsweise ambitioniert, wenn Sie zur Bescheidenheit neigen.

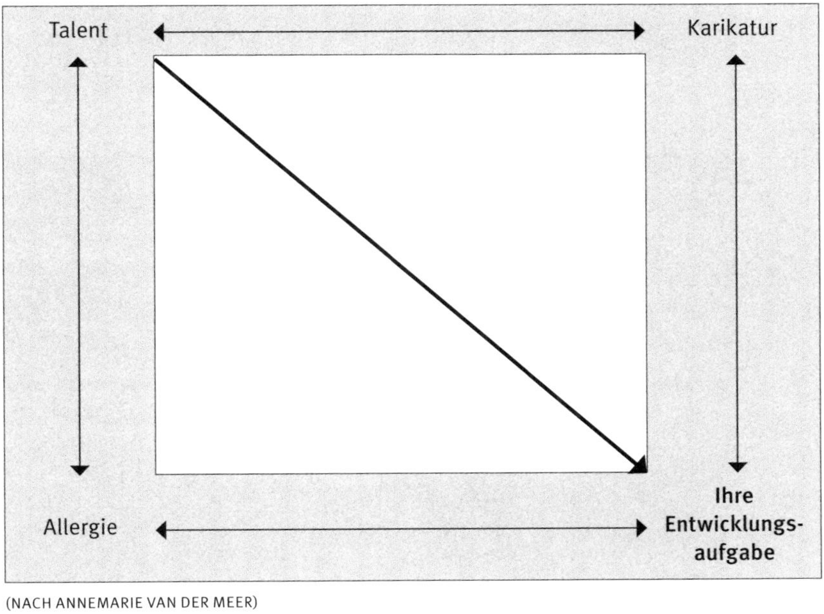

(NACH ANNEMARIE VAN DER MEER)

Wie funktionieren Sie?

Das nachfolgende Schema hilft Ihnen, sich ein Bild davon zu machen, wie Sie funktionieren. Die vier Achsen des Schemas benennen die vier menschlichen Grundausrichtungen (Verhaltensorientierung nach *Fritz Riemann*). Auf jeder Zeile der vier Achsen ist jeweils eine Grundeigenschaft benannt, wobei links der positive Kern und rechts die Übertreibung derselben Eigenschaft steht («zu viel des Guten»), z. B. «exakt» und «pingelig». Kreuzen Sie die Eigenschaften an, die für Sie eine wichtige Rolle spielen. Sie haben dafür insgesamt 20 Kreuze zur Verfügung. Entscheiden Sie sich für diejenigen, welche für Sie am meisten zutreffen. Dabei spielt es für die Auswertung keine Rolle, ob Sie das Kreuz beim positiven Kern, bei der Übertreibung oder in der Mitte der Zeile machen.

> *Es gibt eine Zeit, wo wir die gebrauchten Kleider ablegen, die schon die Form unseres Körpers angenommen haben, und unsere Wege verlassen müssen, die uns immer an dieselben Orte führen. Es ist die Zeit der Überfahrt: Wenn wir sie nicht wagen, müssen wir für immer neben uns selber bleiben.*
>
> FERNANDO PESSOA

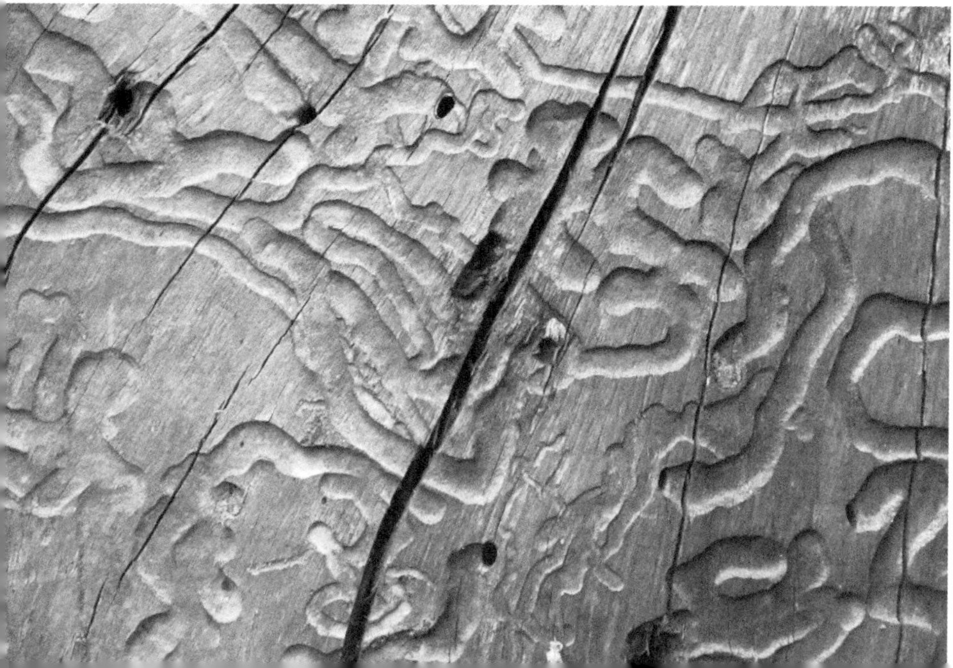

Ich / Autonomie

selbstsicher – gleichgültig gegen andere
konsequent – unnachgiebig
distanzierungsfähig – kontaktschwach
entscheidungsfreudig – einsame Entschlüsse
unbeirrbar – störrisch
kritisch – misstrauisch
eigenständig – eigenbrötlerisch
skeptisch – menschenfeindlich
zielstrebig – unsensibel für andere
unabhängig – stur, losgelöst

Ordnung / Sicherheit

exakt – pingelig
pünktlich – pedantisch
systematisch – starr
ausdauernd – verbissen
fleissig – streberhaft
zuverlässig – langweilig
sauber – putzwütig
verlässlich – bieder
vorsichtig – kleinlich
planend – unflexibel

Freiheit / Bewegung

spontan – chaotisch
gewandt – oberflächlich
flexibel – sprunghaft
situationssensibel – ablenkbar
risikofreudig – leichtsinnig
innovationsfreudig – unstet
mitreissend – launisch
beweglich – flatterhaft
grosszügig – flüchtig
abenteuerfreudig – unzuverlässig

Du / Resonanz

resonanzfähig – resonanzabhängig
einfühlsam – nachgiebig
kameradschaftlich – kumpelhaft
hilfsbereit – aufdringlich
verstehend – lästig
beratend – sich selber überfordernd
empfindsam – empfindlich
zugewandt – klettenhaft
kooperativ – unselbständig
vertrauend – resignierend

Zeichnen Sie nun das nachfolgende leere Profil ohne das gestrichelte Rechteck ab (Sie finden unter *www.aussteigen-umsteigen.ch* auch ein leeres Profil zum Ausdrucken). Addieren Sie dann die Anzahl Kreuze für jede der vier Achsen und tragen Sie diese auf dem Profil ein. Verbinden Sie dann die vier Punkte zu einem Rechteck (siehe gestrichelte Linie als Beispiel).

Auf dem Bild, das sich daraus ergibt, sehen Sie, welche der vier menschlichen Grundausrichtungen bei Ihnen stark und welche schwächer ausgeprägt sind. Gehen Sie jetzt die Eigenschaften bei denjenigen Achsen nochmals einzeln durch, die bei Ihnen wenig ausgeprägt sind. Vielleicht ertappen Sie sich dabei, dass Sie die Tendenz haben, andere Personen, die bei diesen Achsen stark ausgeprägt sind, durch die Brille der Übertreibung zu sehen. Konzentrieren Sie sich nun auf die linke Seite der jeweiligen Eigenschaft (positiver Kern) und überlegen Sie sich, wo und wie Sie in Ihrem Leben für sich diesen Eigenschaften konkret auch mehr Raum geben könnten. Oft sind nämlich gerade die Eigenschaften, die uns bei anderen Personen ärgern, diejenigen, die wir für uns selber stärker entwickeln sollten (siehe auch Übung S. 264–265).

> *Jeder ist ein Genie. Aber wenn du einen Fisch danach bewertest, ob er auf einen Baum klettern kann, dann lebt er sein ganzes Leben im Glauben, er wäre dumm.*
>
> ALBERT EINSTEIN

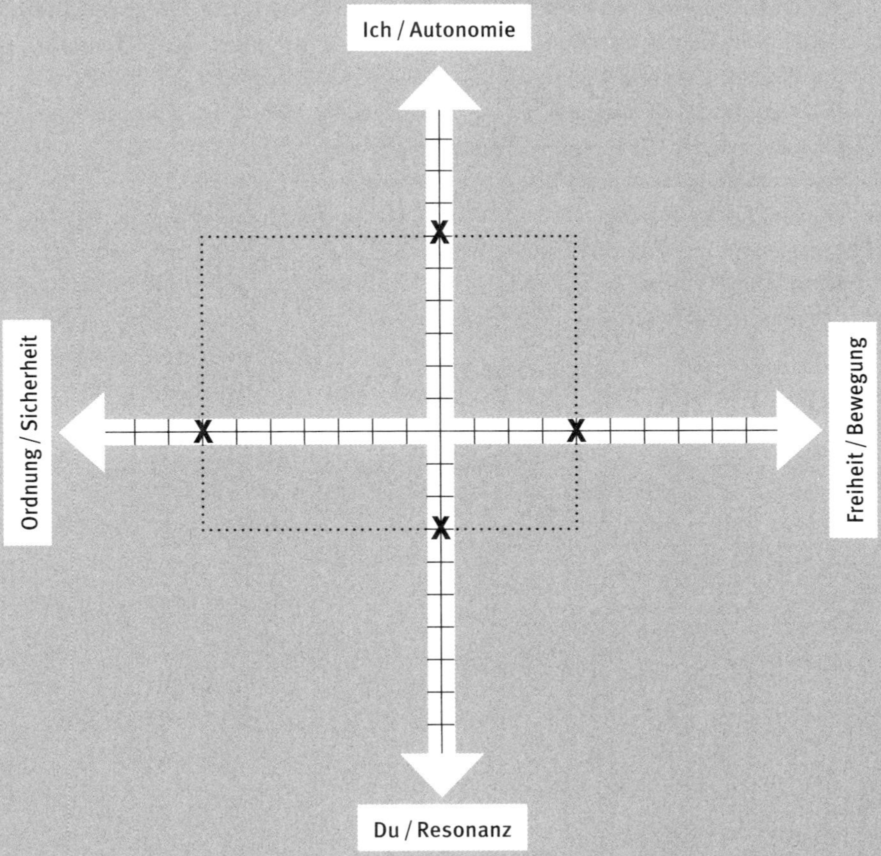

(NACH WERNER VOGELAUER / FRITZ RIEMANN, VGL. S. 319)

Dringlichkeit

Wir neigen im Alltag oft dazu, uns einzig nach dem Dringlichen zu orientieren. Dabei ist es durchaus richtig, Dringliches dann zuerst zu erledigen, wenn es wichtig ist. Oft erledigen wir aber unter dem Deckmäntelchen des Dringlichen Unwichtiges und häufig geben wir uns mit Dingen ab, die weder dringlich noch wichtig sind. Der sich daraus ergebende Zeitmangel führt dazu, dass wir wichtige Dinge, die nicht gleichzeitig dringlich sind, nicht an die Hand nehmen. Es ist jedoch gerade diese letzte Kategorie von Dingen, mit der wir unserem eigenen Leben oder unserer Arbeit eine andere Richtung geben können. Die Art der Einteilung von Aufgaben in wichtige/unwichtige und dringliche/nicht dringliche ist als Eisenhower-Prinzip, nach dem früheren US-Präsidenten und Alliierten-General, bekannt.

> *Du kannst dir nicht aussuchen, wie du stirbst. Oder wann. Du kannst nur entscheiden, wie du lebst. Jetzt.*
> JOAN BAEZ

Eisenhower-Quadrant

	wichtig	nicht wichtig
dringend	Notwendigkeit	Täuschung
nicht dringend	Qualität	Verschwendung

Nehmen Sie sich einen Moment Zeit, um über folgende Fragen nachzudenken (nach Stephen R. Covey):

- Welche Tätigkeit hätte Ihres Wissens mehr als alle anderen bedeutende positive Auswirkungen für Ihr Privatleben, wenn Sie sie richtig und konsequent ausüben würden (beispielsweise ein altes Ihnen liebes Hobby wieder von Zeit zu Zeit pflegen, regelmässig allein spazieren gehen oder mit Ihrer Partnerin oder Ihrem Partner periodisch gemeinsam etwas unternehmen)?
- Welche Tätigkeit hätte Ihres Wissens mehr als alle anderen bedeutende positive Auswirkungen für Ihr Berufsleben, wenn Sie sie richtig und konsequent ausüben würden (beispielsweise die wichtigen aber nicht dringenden Aufgaben auflisten und für diese in Ihrer Agenda Zeit reservieren)?
- Gehen Sie die Tätigkeiten, die Sie regelmässig erledigen, durch: Welche sind weder wichtig noch dringend? Welche sind zwar dringend aber nicht wichtig? Wie wäre es, wenn Sie solche Tätigkeiten künftig einfach liegenlassen und damit Raum für die wirklich wichtigen Tätigkeiten schaffen?

Auch wer sich diese Fragen nicht stellt, entscheidet. Allerdings ist diese Entscheidung unbewusst.

Wenn man in die falsche Richtung läuft, hat es keinen Zweck, das Tempo zu erhöhen.
BIRGIT BREUEL

Woher kommen Sie und wo stehen Sie?

Bleiben oder Gehen?

Sie sind frustriert an Ihrer aktuellen Arbeitsstelle. Naheliegend scheint, etwas Neues zu suchen. Doch eine Stimme in Ihnen fragt: «Weichst du nicht aus?» – «Hast du wirklich alle Möglichkeiten ausgeschöpft, die Situation im alten Job zu verändern?» – «Wer sagt dir, dass es dir in einem neuen Job nicht gleich ergehen wird?»

Bei manchen Krisen ist es das einzig Richtige, zu gehen, ganz im Sinne von «Wenn du merkst, dass du ein totes Pferd reitest, steig ab!». Aber woher wissen wir, ob das Pferd tot ist oder nur ein wenig lahmt? Wie können Sie in einer Krise entscheiden, ob Sie bleiben oder gehen sollen? Folgende Herangehensweisen können an solchen Weggabelungen eine Entscheidung erleichtern.

> *Wir können uns nicht aussuchen, ob wir schwere Zeiten durchleben, sondern nur, wie wir es tun.*
> SANDRA P. ALDRICH

1. Weshalb wollen Sie weg?

Was genau sind die Gründe dafür, dass es Ihnen da, wo Sie jetzt sind, nicht mehr passt? Sammeln Sie auf einem Blatt Papier in einer ersten Spalte alle Punkte. Zensurieren Sie sich nicht, es kann Wichtiges, weniger Wichtiges, Grosses und Kleines sein. Trauen Sie sich, subjektiv zu sein. Dann versuchen Sie das, was Sie aufgeschrieben haben, möglichst genau und konkret zu fassen. Wenn Sie zum Beispiel schreiben, Ihre Arbeit sei langweilig: Gilt das wirklich für alle Tätigkeiten? Für welche gilt es besonders? Welche sind ganz in Ordnung? Liegt das nur an der Tätigkeit an sich, an den Rahmenbedingungen oder könnte es auch an Ihnen liegen? Überlegen Sie sich bei jedem Punkt, welchen Anteil Sie möglicherweise daran haben, dass es so ist, wie es ist. Wenn Ihre Vorgesetzten Ihnen immer nur langweilige Arbeiten geben: Woran könnte das liegen? Was haben Sie bisher getan, damit das so ist oder um das zu ändern? Schreiben Sie Hypothesen und Vermutungen in einer zweiten Spalte auf. Betrachten Sie nun jeden Punkt, der Ihnen nicht passt, und fragen Sie sich, was Sie in Zukunft brauchen und tun können, um in dieser Hinsicht zufriedener zu sein. Was ergeben sich aus diesen Punkten, die Sie unzufrieden machen, für Anforderungen an Ihre künftige Tätigkeit – unabhängig davon, ob Sie bleiben oder gehen? Schreiben Sie diese Punkte in eine eigene dritte Spalte.

2. Kontrapunktische Strategie

Könnte Gehen oder Bleiben in schwierigen Situationen ein Muster sein? Wer immer dann das Weite sucht, wenn es schwierig wird, sollte sich die Frage stellen, ob es für seine Entwicklung nicht förderlicher sein könnte, wenn er lernt, mit Schwierigkeiten anders umzugehen. Für jemanden aber, der die Tendenz hat, nicht loslassen zu können oder aus Pflichtgefühl allzu lange in unerträglichen Situationen zu verharren, könnte es sinnvoller sein, Altes loszulassen, zu gehen und neu zu beginnen. Wie so oft im Leben liegt die Entwicklung in einer Musterunterbrechung. Das ist eine kontrapunktische Art, mit sich umzugehen: Wenn der automatische Impuls ist, abzuhauen, ist allenfalls Bleiben angezeigt. Wenn der automatische Impuls ist, zu verharren, steht vielleicht gerade Gehen an.

> *Ich setzte den Fuss in die Luft, und sie trug.*
> HILDE DOMIN

3. Wir lernen an unseren Grenzen

Eine Klientin hatte mir folgende Zielformulierungen für das Coaching vorgeschlagen: «Entweder fühle ich mich meiner jetzigen Stelle gewachsen oder ich entwickle einen Plan B.» Ich hatte bei dieser Formulierung ein ungutes Gefühl. Nach einigem Rückfragen ergab sich dann folgende Lösung: «In meiner Rolle als Vorgesetzte steuere ich aktiv: Ich nehme meine Handlungsspielräume aktiv wahr, setze mich, wo dies sinnvoll ist, für deren Erweiterung ein und agiere, statt bloss zu reagieren.» Und: «Ich weiss, ob ich mich beruflich am richtigen Ort fühle, andernfalls habe ich einen Plan B.»

Es ist wichtig, sich vorerst seine Talente und Stärken bewusst zu machen und alles in der eigenen Macht Stehende zu tun, damit sich die Dinge in die gewünschte Richtung bewegen. Falls dies nicht zum Erfolg führt und jemand nicht mehr bereit ist, das Alte zu akzeptieren, kommt der Plan B zum Tragen. Es ist besser, sich nicht von ungeprüften Vorannahmen und Hypothesen («Da kann man ja sowieso nichts machen» oder «Ich habe eh keine Chance» etc.) leiten zu lassen, sondern mutig Grenzen auszuloten. Wir lernen und wachsen bekanntlich an unseren Grenzen. Selbst wenn dies nicht zum Erfolg führt, ist es für unsere Psychohygiene besser, als es gar nicht versucht zu haben. Sonst bleibt im Hinterkopf das quälende Gefühl, vielleicht eine Chance verpasst zu haben. Je mutiger Sie aktiv testen, wie gross Ihr Spielraum ist, desto klarer spüren Sie in der Regel, ob Sie bleiben oder gehen wollen. Entscheiden Sie sich dann fürs Gehen, ist es eine Kündigung aus einer Position der Stärke und nicht der Schwäche.

4. Über das «Ob» nachdenken, wenn der Entscheid im Grunde bereits klar ist

Sie haben sich nach einem langen Gärprozess und nach einem gründlichen Abwägen entschieden, zu gehen. Sie wissen auch, wie Sie vorgehen wollen, und Sie haben bereits begonnen, konkrete Schritte zu machen, beispielsweise Bewerbungen zu schreiben. Doch plötzlich tauchen wieder Fragen auf: «Soll ich es wirklich wagen?» – «Was, wenn es schief geht?»

Dass sich in Umbruchphasen Zweifel melden, ist normal. Falls Sie Ihre Entscheidung für den Neuanfang bewusst und sorgfältig getroffen haben und falls der Entscheid im Grunde auch völlig klar ist, sollten Sie sich diesen Zweifeln nicht hingeben, sonst sabotieren Sie sich selber, weil Sie sich in einer Denkspirale verlieren. Falls also die Frage nach dem «Ob» auftaucht, fragen Sie sich kurz: «Hat sich in letzter Zeit etwas Schwerwiegendes verändert?» Wenn nicht, konzentrieren Sie sich weiter auf das «Wie».

5. Gefangen im «Entweder-Oder»

Die Frage, ob Gehen eine Flucht oder die Lösung ist, kann auch von Wertungen abhängen. Denn es sind nicht die Tatsachen, die uns beunruhigen, sondern die Meinungen, die wir uns über die Dinge machen – das hat schon der griechische Philosoph Platon beschrieben. Oft sind wir in einer «Entweder-Oder»-Haltung gefangen. Die Wirklichkeit ist aber meist komplexer. Es gibt selten nur zwei Lösungen. Eine Klientin liebte zwar ihre aktuelle Generalistenaufgabe, glaubte aber, dass längerfristig nur eine Spezialisierung für sie eine Perspektive bieten könne. Es zeigte sich dann aber bei genauerem Hinschauen, dass es andere Möglichkeiten gab, in einem angrenzenden Bereich eine erfüllende Tätigkeit zu finden. Es genügte, die Situation aus einem anderen Blickwinkel zu betrachten. Was sich auf den ersten Blick wie eine

Flucht anfühlte, entpuppte sich letzlich als attraktive Lösung, die es meiner Klientin zudem erlaubte, sich auch ein Privatleben zu gönnen (sie hatte seit über zehn Jahren keine Liebesbeziehung, weil dazu schlicht kein Platz war). Wenn Sie sich also bei Entweder-Oder-Gedanken ertappen, fragen Sie sich stets auch, welche weiteren Optionen es geben könnte.

6. Positiv verstandene Aggression

Eine weitere wichtige Frage ist: Was stärkt oder was schwächt mich mehr? Zu gehen oder das Bisherige aus einer anderen Haltung heraus anders anzupacken? So wich ein Klient in der Führung Auseinandersetzungen aus einer diffusen Mischung von Angst und fehlender Selbstsicherheit allzu gern aus. Einfach den Job zu verlassen hätte für ihn ein Eingeständnis seines Ungenügens, seiner Schwäche bedeutet. Schnell drehten sich die Coaching-Gespräche deshalb um Führungsfragen: Dass er in seiner Führungsrolle Biss entwickelte, Konflikte mutig anging und das tat, was er für notwendig und richtig hielt, ohne es immer allen recht machen zu wollen. Es ging für ihn um eine gesunde Aggression im Sinne der Ursprungsbedeutung des Wortes im Lateinischen: «ad» – «gredi» bedeutet, an eine Sache oder einen Menschen herantreten oder eine Sache anpacken. Die Urbedeutung ist dabei wertfrei: Jedes zielgerichtete Herangehen kann in diesem Sinne als aggressiv bezeichnet werden. Das hatte zur Folge, dass mein Klient begann, sich gegenüber seinem Vorgesetzten stärker zu positionieren, und sich nicht scheute, auch unpopuläre Entscheide zu treffen und dafür Widerstände bei seinen Mitarbeitenden in Kauf zu nehmen. Schon nach wenigen Coachinggesprächen war das Weggehen kein Thema mehr.

> *Man kann nicht jedem gefallen.*
> CAREY MULLIGAN

7. Wenn Du auf einem toten Pferd sitzt, dann steig ab

Manchmal hilft es auch, die Situation aus einer Vogelperspektive zu betrachten. Aus dieser kann sich ergeben, dass jemand «ein totes Pferd reitet», dass er an etwas Gewohnten festhält, obwohl er im Grunde sehr genau spürt, dass es für ihn nicht mehr passt und ihn bloss unzufrieden macht. Oft hängen Skrupel zu gehen auch mit dem Wunsch zusammen, es allen andern recht zu machen. Wenn jemand weiterhin allein nach dieser Maxime lebt, riskiert er, immer unzufriedener, energieloser und frustrierter zu werden und sich zu verlieren. Zentral kann dabei sein, den Schritt des Gehens neu zu bewerten, nämlich nicht als Flucht oder Aufgeben, sondern als Zurücklassen eines toten Pferdes, als Entscheid für sich und als Übernahme von Verantwortung für das eigenen Leben.

8. Das Gras wächst nicht schneller, wenn man daran zieht

Manchmal gilt es auch, die Spannung «Flucht oder Lösung» eine Zeit lang auszuhalten. Klarheit braucht oft Zeit zum Reifen wie die Frucht am Baum. Da gilt es, sich nicht allzu schnell von der eigenen Ungeduld in eine bestimmte Richtung drängen zu lassen. Bei diesem Reifeprozess kann es sinnvoll sein, den Entscheid zunächst einmal bewusst offen zu halten und sich zu erlauben, die verschiedenen Varianten konkret auszumalen: Was sind die Vorteile und Chancen sowie die Nachteile und Risiken, wenn ich bleibe? Was sind die Vorteile und Chancen sowie die Nachteile und Risiken, wenn ich gehe? Der Dichter Rainer Maria Rilke beschreibt es in seinem Brief an einen jungen Dichter so: «Es handelt sich darum, alles zu leben. Leben Sie jetzt die Fragen. Vielleicht leben Sie dann allmählich, ohne es zu merken, eines fernen Tages in die Antwort hinein.»

Gute Entscheidungen brauchen also Zeit. Lösen Sie sich aber auch von der Vorstellung, es gebe den «richtigen Entscheid» oder den «richtigen Zeitpunkt». Ein Entscheid ist nicht ein perfekter Entscheid für die Ewigkeit, sondern er soll in einer bestimmten Situation, mit bestimmten Rahmenbedingungen aufgrund einer persönlichen Situation in einem bestimmten Zeitpunkt stimmig sein, mehr nicht. Das entlastet.

> *Weisst du, was passiert, wenn man sich immer alle Türen offen hält? Dann ziehts, mein Freund. Dann wird man krank.*
>
> MARC-UWE KLING

Fragen zu Ihrer Herkunftsfamilie

1. In welchem beruflichen Milieu sind Sie aufgewachsen?
   (Akademiker, Handwerker, Arbeiter, Künstler, Lehrer usw.)

   ....

   ....

   ....

2. Welche Berufe haben Ihre Eltern ausgeübt?

   Vater ....

   Mutter ....

3. Welche ungelebten beruflichen Träume hatten Ihre Eltern?

   Vater ....

   Mutter ....

4. Welche Berufe kommen in der erweiterten Familie
   (Grosseltern, Onkel, Tanten, Cousins, Geschwister usw.) vor?

   ....

   ....

   ....

5. Wenn im Wohnzimmer Ihrer Eltern das Motto für ihre Einstellung zur Arbeit hängen würde, wie würde es lauten?

   ....

   ....

   ....

6. Welche Wünsche gab es in Ihrer Herkunftsfamilie in Bezug auf Ihre berufliche Entwicklung?

   ....

   ....

   ....

7. Gab es in Ihrer Familie «Prophezeiungen» zu Ihrer beruflichen Laufbahn? (z. B.: Du wirst sicher mal Künstler. Aus dir wird eh nichts Rechtes! Du wirst sicher mal Chef!) Von wem stammen sie? ....
8. Mit welchem Berufswunsch hätten Sie Ihre Eltern vor den Kopf gestossen? ....
9. Betrachten Sie nun das Gesamtbild, das sich ergibt: Sehen Sie Parallelen zwischen den Einstellungen und Glaubenssätzen in Ihrer Familie und der Situation, in der Sie sich aktuell befinden? Was fällt Ihnen auf? Welche Fragen tauchen auf? ....

(NACH THOMAS DIENER, VGL. S. 319)

Die Allerweltsweisheit lehrt,
dass es besser für das Ansehen ist,
auf konventionelle Art zu versagen,
als auf ungewöhnliche Art
Erfolg zu haben.

GILBERT KEITH CHESTERTON

Der rote Faden Ihrer Laufbahn

Die nachfolgenden Fragen helfen Ihnen, den roten Faden, der sich durch Ihre bisherige Laufbahn zieht, zu erkennen. Dabei können Ihnen jene Botschaften, Ereignisse, Umstände und inneren Programme bewusst werden, die Ihre Einstellungen, Ihr Denken, Handeln und Fühlen in Bezug auf Ihre Laufbahn geprägt haben. Nehmen Sie sich Zeit und beantworten Sie die Fragen schriftlich:

1. Was fällt Ihnen ein, wenn Sie das Wort «Karriere» hören? ....
2. Haben Sie eine gute Arbeitssituation? Wie ist es dazu gekommen? ....
3. Was haben Sie bisher getan, um dahin zu gelangen, wo Sie jetzt stehen? Was haben Sie nicht getan? Wie haben Sie Ihre eigene Karriere geplant? ....
4. Befinden Sie sich zurzeit eher in einer Phase der Stagnation oder der Weiterentwicklung? ....
5. Sind Sie irgendwelchen Botschaften oder Erwartungen von aussen gefolgt? Wie lauten diese? Woher stammen sie? ....
6. Gibt es Dinge, die Ihnen gewissermassen in den Schoss gelegt wurden, die Ihnen immer leicht fielen? Welche? ....

7. Wo hatten Sie zu kämpfen, welche Dinge wurden Ihnen nicht geschenkt?

....

....

8. Sind Sie auf Ihrem Berufsweg einem bestimmten Leitspruch gefolgt? Wie lautet er und woher stammt er?

....

....

9. Was wollten Sie eigentlich immer tun, haben es aber nie getan?

....

....

10. Was war Ihnen in Ihrem Berufsleben immer sehr wichtig?

....

....

11. Worauf hätten (oder haben) Sie verzichtet, um Ihre Karriere zu verwirklichen?

....

....

12. Was hätten Sie auf keinen Fall zurückgelassen oder aufgegeben?

....

....

13. Wer hat Ihnen in Ihrer bisherigen Laufbahn am meisten geholfen? Wodurch?

....

....

14. Welche Bedeutung haben Geld, Rang und Titel in Ihrem Leben?

....

....

15. Welche Ihrer Eigenschaften oder Talente haben Ihnen bisher am meisten geholfen?

....

....

16. Gibt es zwischen den Betrieben und Organisationen, in denen Sie gearbeitet haben, Ähnlichkeiten? Wenn ja, welche? Wenn nein, welches sind die wesentlichen Unterschiede?

....

....

17. Was ist für Sie in Ihrem Berufsleben erstrebenswert?

....

....

18. Was ist für Sie in Ihrem Privatleben erstrebenswert?

....

....

19. Wie gut gelingt es Ihnen, Ihr Berufs- und Ihr Privatleben zu vereinbaren? Was gelingt Ihnen besser? Was gelingt Ihnen weniger gut?

....

....

20. Haben sich Ihre bisherigen Investitionen an Zeit und Kraft rückblickend gelohnt?

....

....

21. Würden Sie denselben Berufsweg nochmals beschreiten? Wenn nein, was würden Sie aus heutiger Sicht anders machen?

....

....

22. In welche Richtung zielt momentan Ihre berufliche Weiterentwicklung?

....

....

23. Welche Anstrengungen werden Sie unternehmen, um Ihre jetzige berufliche Situation weiterzuentwickeln?

....

....

24.	Welche Erwartungen haben Sie an Ihren Partner, an Ihre Kinder? ....
25.	Welche Eigenschaften und Fähigkeiten machen in Ihren Augen eine erfolgreiche Führungskraft/Fachkraft aus? ....
26.	Wenn Sie sich Ihre Antworten ansehen: Würden Sie einen Bewerber, von dem Sie genau die gleichen Antworten erhalten, als Mitarbeiter/Führungskraft in Ihrer Organisation einstellen? ....

(NACH HANS-GEORG HAUSER)

Gehen Sie nun Ihre Antworten nochmals durch: Was haben Sie durch die Beantwortung der Fragen über sich erfahren? Wie fühlen Sie sich? Was kommt in Ihnen hoch? Bei welchen Antworten stellen Sie sich Fragen? Wo steht bei Ihnen etwas an? Welche Ideen haben Sie für Ihre Weiterentwicklung gewonnen? – Vielleicht haben Sie auch Lust, diese Fragen gemeinsam mit einer guten Freundin oder einem Gesprächspartner, der gut zuhören kann, zu vertiefen.

Wenn du entdeckst, dass du ein totes Pferd reitest, steig ab.

INDIANISCHES SPRICHWORT

Lebensrad

Die Grafik widerspiegelt die verschiedenen Lebensbereiche. Fünf Felder sind bereits benannt. Für die zwei letzten Felder können Sie frei zwei weitere für Sie wichtige Bereiche wählen, zum Beispiel Gesundheit und Fitness, Sicherheit, Spiritualität, persönliche Weiterentwicklung oder irgendeinen Lebensbereich, der für Sie neben den fünf genannten besonders wichtig ist.

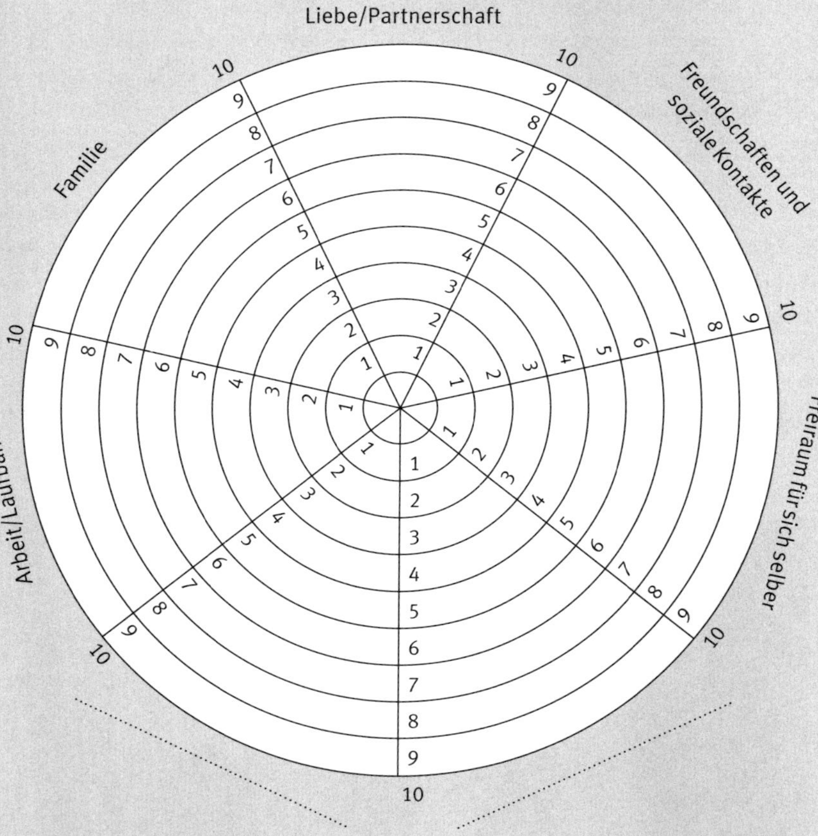

Beantworten Sie jetzt (auf einer Skala von 1 bis 10) zu jedem Bereich die Frage: Wie zufrieden bin ich in diesem Bereich? Überlegen Sie nicht lange. Die allererste Idee, die Ihnen durch den Kopf geht, ist die momentan richtige. Fällt Ihnen zum Beispiel bei Arbeit/Laufbahn eine Vier ein, malen Sie das entsprechende Kreissegment bis zur Vier aus. Dann bearbeiten Sie alle weiteren Segmente entsprechend.

Als Nächstes konzentrieren Sie sich auf das, was weiss geblieben ist. Sie sehen das Ungleichgewicht im Lebensrad auf einen Blick. Widmen Sie sich nun den weissen Bereichen in jedem Feld. Folgende und weitere Fragen können Ihnen dabei weiterhelfen:

- Wie kommt es, dass ich unzufrieden bin?
- Was möchte ich verbessern?
- Habe ich Ideen, wie das konkret umzusetzen ist?
- Was will ich nicht mehr und was will ich stattdessen?
- Wie viel Zeit wende ich heute in diesem Bereich auf, und wie viel Zeit will ich künftig dafür einsetzen?

> *Sei sorgfältig, wie du zu dir selber sprichst, denn du hörst dir zu.*
>
> LISA M. HAYES

Sie können nun die Wirkung der gewünschten Veränderungen testen, indem Sie sich vorstellen, an einem Mischpult mit einem Schieberegler zu sitzen: Wenn Sie einen Bereich hoch regeln, müssen Sie einen andern tiefer einstellen. Denn Sie haben zwar für jeden Bereich 100 % zur Verfügung, aber gesamthaft haben Sie nicht mehr als Ihre Lebenszeit zur Verfügung, und die ist bekanntlich begrenzt.

Es geht allerdings nicht darum, die Zeit jetzt rechnerisch auf alle Bereiche gleichmässig verteilen zu wollen. Je nach Lebensphase nehmen gewisse Bereiche gegenüber den anderen mehr oder weniger Zeit in Anspruch. Wenn Sie eine neue Führungsposition übernehmen oder einen Betrieb gründen, ist das zeitintensiv. Aber es geht darum, jedem Bereich, der für Sie wichtig ist, auch im praktischen Leben ein spürbares Gewicht zu geben. Entscheidend ist, wie zufrieden Sie in Bezug auf den jeweiligen Bereich sind.

Ihre Werte

Denken Sie in aller Ruhe darüber nach, welche Werte oder Bedürfnisse in Ihrem Leben für Sie wichtig sind: Wonach streben Sie? Was wollen Sie leben und erleben? Was treibt Sie an? Was lässt Sie Dinge so tun, wie Sie sie tun? Was wünschen Sie sich, damit Ihr Leben lebenswert ist oder bleibt? Was ist es, was das Leben für Sie sinnvoll macht? Was macht Sie zufrieden? Was muss für Sie gegeben sein, damit sich ein Gefühl der Freude, der Gelassenheit oder des inneren Friedens einstellt? Solche Werte sind beispielsweise Unabhängigkeit, Gesundheit, Anerkennung, Liebe, Wohlstand, Freundschaft, Vertrauen, persönliche Entwicklung, Spiritualität, Fürsorge, Nächstenliebe, Kommunikation oder Sexualität. Aber es gibt noch viele andere (eine erweiterte Liste mit oft genannten Werten und Bedürfnissen finden Sie als Anregung unter *www.aussteigen-umsteigen.ch*). Nehmen Sie sich Zeit! Vielleicht gibt es auch Werte oder Bedürfnisse, die Sie anderen Menschen oder sich selber nur schwer oder gar nicht eingestehen wollen. Wie gehen Sie mit den Werten oder Bedürfnissen um, die Sie sich nicht erlauben? Wie fühlt sich Ihr Körper an, wenn in Ihnen ein Bedürfnis unterdrückt wird? Welche Ideen haben Sie, um in Zukunft mit Ihren Werten und Bedürfnissen anders umzugehen? Schreiben Sie die Werte und Bedürfnisse auf, die Ihnen einfallen,

> *Leben wird nicht gemessen an der Zahl von Atemzügen, die wir nehmen, sondern an den Momenten, die uns den Atem nehmen.*
>
> MAYA ANGELOU

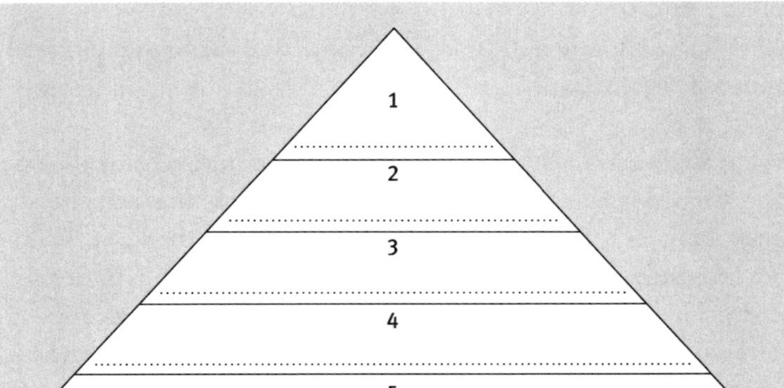

ohne Zensur. Erst wenn Sie sicher sind, dass Sie nichts vergessen haben, ordnen Sie die aufgeschriebenen Begriffe nach ihrer Wichtigkeit der nachstehenden Pyramide zu.

Tragen Sie die drei für Sie wichtigsten Werte in die linke Spalte der nachstehenden Tabelle ein und überlegen Sie anhand von vier Fragen, was dieser Wert für Sie konkret bedeutet. Tragen Sie die Antworten auf der rechten Spalte ein.

Am Beispiel des Wertes «Vertrauen» würden die vier Fragen wie folgt lauten:

- Wie vertraue ich?
- Was heisst Vertrauen für mich?
- Wann vertraue ich?
- Wo vertraue ich?

Wert	Bedeutung
1.	Wie? .... Was? .... Wann? .... Wo? ....
2.	Wie? .... Was? .... Wann? .... Wo? ....
3.	Wie? .... Was? .... Wann? .... Wo? ....

Ein Bewusstsein darüber, welches Ihre Werte sind und was diese für Sie bedeuten, ist die Voraussetzung dafür, dass Sie tragfähige persönliche Ziele formulieren können. Damit Sie ein klares und attraktives Ziel formulieren können, müssen Sie nämlich zuerst wissen, was Sie mit dem Ziel letztlich erreichen wollen.

Wenn du eine Entscheidung treffen musst und du triffst sie nicht, ist das auch eine Entscheidung.
WILLIAM JAMES

«Love it, leave it or change it»

Den Satz «Love it, leave it or change it!» (Liebe es, verlasse es oder ändere es!) haben Sie sicher schon gehört. Er enthält eine tiefe Wahrheit: Wenn mich eine Sache stört, dann habe ich nur genau drei Möglichkeiten: Ich lerne, sie zu mögen, ich verlasse sie oder ich ändere sie, wobei Letzteres auch heissen kann, dass ich mich und meine Einstellung ändere. Auch das «Verlassen» hat zwei Seiten: Ich kann eine Stelle kündigen, aber ich kann sie auch innerlich verlassen. Man nennt das «innere Kündigung.»

Zwischen diesen drei Möglichkeiten können wir uns entscheiden. Andere Möglichkeiten gibt es nicht. Wenn wir uns nicht bewusst entscheiden und einfach weiterfunktionieren, indem wir bloss jammern, haben wir uns unbewusst bereits für die Untervariante innere Kündigung entschieden. Denn wer sich nicht entscheidet, entscheidet sich für die Fortsetzung des aktuellen Zustandes.

Haben Sie eine Sache oder eine Situation, die Sie auf die Palme bringt? Schreiben Sie sie auf. Dann fragen Sie sich, ob diese Sache oder Situation auch gute Seiten hat. Was ist das Positive dran? Gibt es Möglichkeiten, die Situation für sich erträglicher zu machen? Kommen Ihnen Ideen, wie Sie es anstellen müssten, vermehrt das Positive zu sehen und anders mit der Situation umzugehen.

Oder wollen Sie die Sache oder Situation verlassen? Welche Schritte wären dazu notwendig? Welches Risiko und welcher Verlust wären damit verbunden? Worauf müssten Sie verzichten? Was würden Sie dann tun?

Vielleicht könnten Sie auch etwas an der Sache oder Situation ändern? Was könnten Sie konkret ändern, damit es besser wird? Könnten Sie auch etwas an sich ändern, an Ihrer Einstellung? Was müssten Sie lernen, damit Sie sich wieder wohler fühlen? Wie könnten Sie dabei genau vorgehen? Etwas paradox können Sie sich auch fragen, was Sie tun müssten, damit es vollends unmöglich für Sie wird, Dann wissen Sie zumindest klar, was es in Zukunft zu vermeiden gilt.

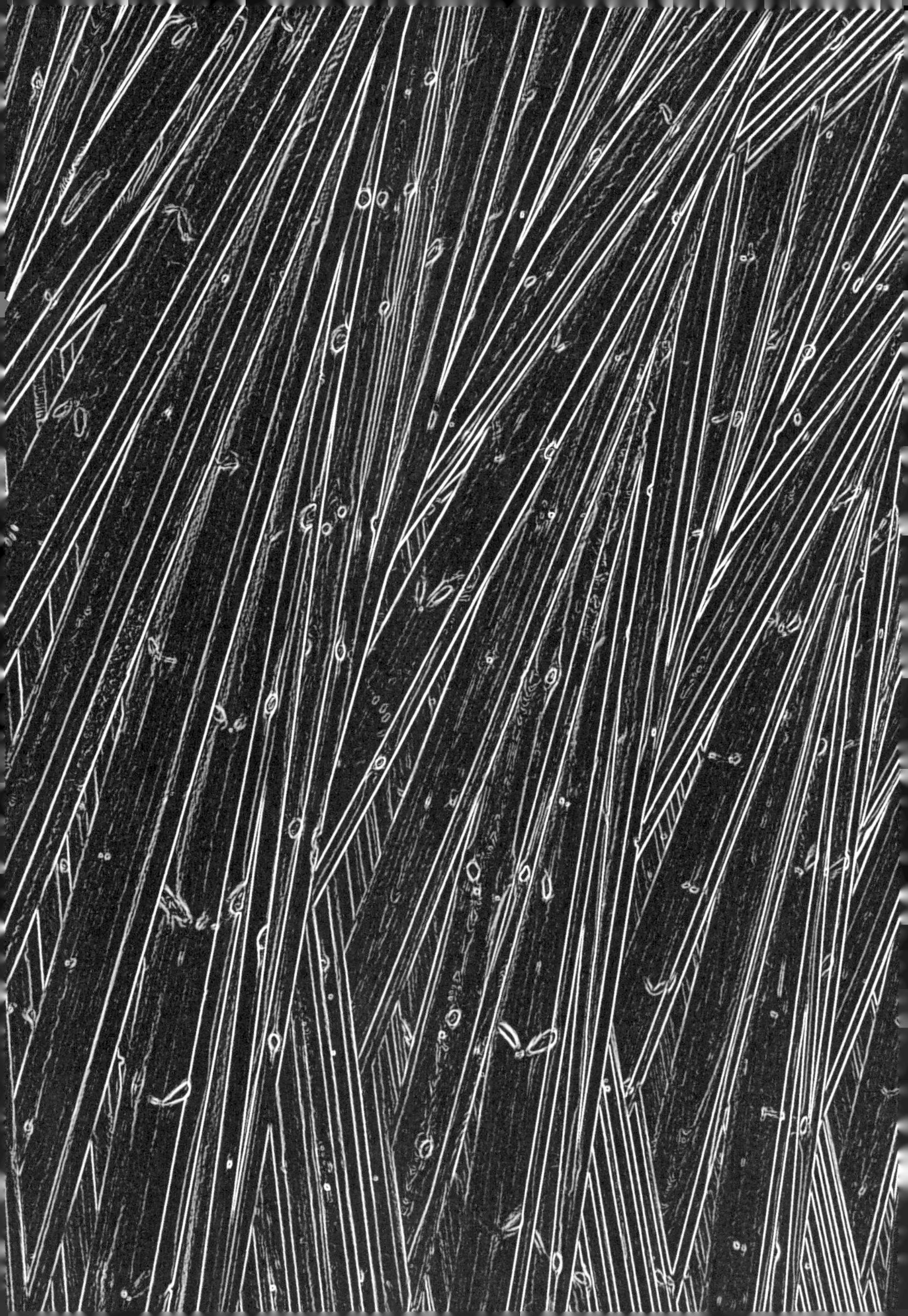

Wohin wollen Sie?

In fünf, zehn, fünfzehn Jahren

Wenn es mit Ihrem Leben gleich weitergeht, wie es aktuell läuft, und sich nichts wirklich ändert: Was wird in fünf, in zehn, in fünfzehn, in zwanzig oder mehr Jahren sein? Beschreiben Sie es und malen Sie es sich aus. Stellen Sie sich vor, Sie stehen am Ende ihres Lebens und schauen zurück: Was haben Sie gelebt? Was haben Sie nicht gelebt? Was von dem, was Sie nicht gelebt haben, hätten Sie gerne gelebt? Was könnte auf Ihrem Grabstein als Motto Ihres Lebens stehen? Wie fühlen Sie sich dabei? Schreiben Sie alles auf, was Ihnen einfällt.

Nicht den Tod sollte man fürchten, sondern, dass man nie beginnen wird, zu leben.
UNBEKANNT

Vorbilder

Fallen Ihnen Menschen aus Ihrer Herkunftsfamilie, aus dem Bekanntenkreis oder auch weitere Personen ein, welche Sie bewundern, weil die etwas aus ihrem Leben gemacht haben? Für welche Fähigkeiten oder Qualitäten bewundern Sie diese Menschen? Vielleicht gibt es auch Leute, auf die Sie neidisch sind. Auf welche ihrer Qualitäten oder Fähigkeiten sind Sie neidisch? Suchen Sie nach einer Fähigkeit, nach etwas, was die betreffende Person gut kann, womit sie Wirkung erzielt. Es kann sein, dass Sie Mühe mit dieser Qualität haben oder sie sogar ablehnen. Möglicherweise fallen Ihnen auch Menschen ein, die für Sie Antibilder sind: So will ich auf keinen Fall werden. Welche Fähigkeiten oder Qualitäten zeichnen diese Antibilder aus? Was machen oder können diese Menschen, das Sie nicht so gut können? Schreiben Sie alles auf, was Ihnen zu diesen Fragen einfällt (vgl. auch ‹Entwicklungsaufgabe›, S. 264).

Wenn du etwas willst, was du noch nie gelebt hast, dann tu, was du noch nie getan hast.
NOSRAT PESESCHKIAN

Ihre Stärken

Welches sind Ihre Stärken? Dazu gehören Talente, Begabungen und besondere Fähigkeiten. Bei welchen Aufgaben und Tätigkeiten fühlen Sie sich wie ein Fisch im Wasser? Was gelingt Ihnen mit links? Bei welchen Aktivitäten vergessen Sie die Zeit? Es geht also um Dinge, die bei Ihnen schon immer vorhanden sind und die Sie ohne Anstrengung einsetzen können. Hinweise auf Talente sind auch Bemerkungen von Kollegen oder Freunden wie «So was hätte ich nicht hingekriegt» oder «Wie hast du das bloss geschafft?» Worum beneidet man Sie? Was fällt Ihnen leichter als anderen Menschen?

Nehmen Sie sich Zeit und fragen Sie auch Ihnen nahestehende Personen, welche Talente diese in Ihnen sehen. Es fällt uns nämlich viel leichter, das wahrzunehmen, was uns Schwierigkeiten bereitet, als das, was mühelos gelingt. Mit den eigenen Talenten ist man viel zu vertraut, um sie überhaupt noch wahrzunehmen. Schreiben Sie alles auf, was Ihnen zu diesen Fragen einfällt.

Ihre Wünsche

Was würden Sie tun, wenn alles möglich wäre? Es geht hier um Ihre tiefsten Wünsche. Viele werden vielleicht spontan sagen: Dann würde ich auf eine Insel in der Südsee ziehen. Aber wenn Sie sich das dann wirklich vorzustellen versuchen, merken Sie, dass es vielleicht doch nicht das wäre, was Sie wirklich wollen.

Was würden Sie tun, wenn Geld, Alter und alle äusseren und inneren Abhängigkeiten, in denen Sie sich befinden, keine Rolle spielen würden? Dazu gehören auch einschränkende Ideen darüber, was sich gehört und was nicht, was normal und was nicht normal ist. Schreiben Sie die Ideen auf, mögen sie noch so verrückt und unrealistisch klingen, ganz ohne Zensur. Dann fragen Sie sich in einem zweiten Schritt, was das tiefe Bedürfnis hinter all diesen Wunschträumen sein könnte (vgl. auch ‹Ihre Werte›, S. 286). Schreiben Sie alles auf, was Ihnen einfällt, auch alle weiteren Assoziationen, die Ihnen bei dieser Übung in den Sinn kommen.

Trenne dich nicht von deinen Träumen. Wenn sie verschwunden sind, wirst du weiter existieren, aber aufgehört haben zu leben.

MARK TWAIN

Vision

Schauen Sie in die von Ihnen gewünschte Zukunft und einigen Sie sich auf eine Jahreszahl. Sie sollte mindestens 10 bis 20 Jahre vor Ihnen liegen. Schreiben Sie zum Beispiel auf: «Ich bin im Jahr 20xx und bin heute x Jahre alt.» Lassen Sie Ihre Gedanken schweifen und schauen Sie auf Ihr Leben als Ganzes. Registrieren Sie, was Ihnen einfällt, und schreiben Sie es auf. Es geht nicht um konkrete äussere Fakten, sondern um alles, was Ihnen in den Sinn kommt. Vielleicht fallen Ihnen Bilder dazu ein, Orte, Gegenstände, Geschichten. Sie dürfen auch zeichnen, Farben benutzen. Wo sind Sie? Beschreiben Sie den Ort. Was tun Sie? Wie sieht Ihre Umgebung aus? Welche Jahreszeit und welche Tageszeit ist es? Wie ist das Wetter? Sind Menschen, Tiere oder Pflanzen in Ihrer Nähe? Wenn ja, welche? Riechen Sie etwas? Wie ist die Luft? Hören Sie Geräusche oder Töne? Wie sind Sie gekleidet? Wie fühlen Sie sich in Ihrem Körper? Halten Sie alles fest, was Ihnen einfällt. Unter *www.aussteigen-umsteigen.ch* finden Sie ein Audiofile, das Sie bei der Visionssuche unterstützt.

Kriterienliste

Tragen Sie nun die Ergebnisse der bisherigen Übungen, die in einem Zusammenhang mit Ihrer beruflichen Neuausrichtung stehen, in einer Kriterienliste (nach Tom Diesbrock) zusammen, und zwar wie folgt: Gehen Sie nochmals die Liste der Punkte durch, wegen denen Sie sich verändern möchten, aber auch alle Punkte, die Ihnen in Bezug auf Ihre Zukunft eingefallen sind, und formulieren Sie daraus Anforderungen an eine künftige Tätigkeit.

Fragen Sie sich bei jedem Punkt, ob er für Ihre berufliche Zukunft besonders wichtig ist, und markieren Sie die wichtigen. Sie können sich bei jedem Punkt fragen: Kann ich mir vorstellen, eine befriedigende Arbeit zu machen, die dieses Kriterium nicht erfüllt? Wichtig ist, dass Sie nicht unpersönlich formulieren, sondern bezogen auf sich selber, zum Beispiel: «Für mich ist wichtig, dass …», «Ich will das und das …», «Für mich ist unverzichtbar, dass …». Zudem sollten alle Formulierungen positiv und möglichst konkret sein, sonst kann die Formulierung ihre Sogkraft nicht entfalten, also anstatt: «Ich will nicht auf ein Familienleben verzichten» zum Beispiel «Ich will die Abende, die Wochenenden und die Ferien mit meiner Familie verbringen.»

Interessenbiografie

Gehen Sie Ihr Leben in Gedanken durch. Nehmen Sie ein Blatt und unterteilen Sie dieses in Abschnitte: Vorschulzeit, Grundschule, Pubertät, Oberstufe/Lehre, Studium, erster Job und so weiter (nach Tom Diesbrock).

Fragen Sie sich nun für jeden Zeitabschnitt: Was war für mich in jener Zeit besonders wichtig?

Was wollte ich werden? Wovon habe ich geträumt? Welche Personen in meiner weiteren Familie habe ich bewundert? Was wollte ich alles verwirklichen? Was gab mir Freude? Was begeisterte mich? Was erregte meine Neugier? Bei welchen Tätigkeiten, Situationen strahlte ich? Bei welchen Tätigkeiten vergass ich Zeit und Raum? Was liebte ich? Wofür schämte ich mich? Was beschämte mich? Wie/was versuchte ich zu sein? Um wessen Liebe und Anerkennung kämpfte ich? Was akzeptierten andere an mir oder meiner Familie nicht? Wie wurde ich durch andere behandelt? Durch wen? Wie wollte ich leben? Wo wollte ich leben? Wie hatte ich mir die Zukunft erträumt? Was hat mich an diesen Bildern fasziniert, was waren damals meine Überlegungen? Was von all dem, was ich mir erträumt habe, hat sich verwirklicht und was nicht? Ist die eine oder andere Idee in mir immer noch lebendig? «Was wäre, wenn ...?»

In Bezug auf die Vorschulzeit können Sie sich zum Beispiel folgende Fragen stellen: Womit habe ich am liebsten gespielt? Welches waren meine Lieblingsfiguren in Märchen und Geschichten? Wer waren die Helden, wem habe ich nachgeeifert? Für die späteren Phasen: Womit habe ich mich am liebsten abgegeben? Welche Hobbys hatte ich? Welche Bücher, Filme, Menschen und Figuren fand ich spannend? Worüber habe ich mir am meisten Gedanken gemacht?

Schreiben Sie ungefiltert alles auf, was Ihnen einfällt.

Fragen Sie abschliessend drei verschiedene Personen Ihrer Wahl, welches ihrer Meinung nach wichtige Interessen von Ihnen sind. Möglicherweise kommen da Sachen zum Vorschein, die Ihnen noch gar nicht eingefallen sind. Nehmen Sie drei Personen aus verschiedenen Bereichen wie Familie, Freunde, Kollegen.

Tragen Sie jetzt all die Punkte, die zusätzlich aufgetaucht sind, in die Landkarte (vgl. nächster Abschnitt) ein.

Wichtig: Es ist normal, dass Ihnen bei dieser Arbeit auch Bedenken, Ängste, Einwände usw. einfallen. Wir empfehlen Ihnen, diese zur Kenntnis zu nehmen und in die Bedenkenliste einzutragen (vgl. ‹Was tun gegen Blockaden›, S. 301), aber lassen Sie sich nicht vom offenen und kreativen Zusammentragen Ihrer Interessen und Neigungen abbringen.

> *Früher hätte ich tatsächlich gesagt: Ich schaffe es einfach nicht, mich zu entscheiden. Heute sage ich: Meine Stärke ist genau das, dass sich bei mir verschiedene Fähigkeiten und Interessen zu einem Puzzle zusammenfügen.*
>
> MONA PETRI

Landkarte

Entwerfen Sie nun aufgrund des Materials der bisherigen Übungen eine Landkarte Ihrer Neigungen, Interessen und Talente (nach Tom Diesbrock). Notieren Sie sich auf einem Blatt alles, was Ihnen einfällt, am besten mit der Mindmapping-Technik (vgl. *www.aussteigen-umsteigen.ch*). Die einzige Regel: Punkte, die mit bereits genannten in Zusammenhang stehen, sollten Sie in deren Nähe platzieren.

Innere Ideenkonferenz

Diese Methode können Sie bei den meisten Übungen in diesem Abschnitt anwenden, besonders, wenn Sie nicht weiterkommen, aber auch, wenn Sie ganz einfach den Blick noch etwas weiten möchten. Sie finden als Anleitung ein Audiofile unter *www.aussteigen-umsteigen.ch*.

Innere Fantasiereise

Mit dieser Methode können Sie einen gewünschten Zustand innerlich hervorrufen und in allen seinen Qualitäten ausmalen. Ein Ziel entfaltet seine Wirkung erst, wenn es attraktiv ist. Zur Attraktivität müssen Sie es mit allen Ihren Sinnen wahrnehmen können. Sie finden ein entsprechendes Audiofile unter *www.aussteigen-umsteigen.ch*.

Konkrete Schritte

> *Das Schwierigste ist die Entscheidung zu handeln, der Rest nur Hartnäckigkeit.*
> AMELIA EARHART

Ausprobieren und Prototypen

Sobald Sie erste Ideen für Ihre künftige Tätigkeit haben, gehen Sie mit diesen Ideen in Berührung und lassen Sie dann auch erste Versuchsballone steigen. Es geht darum, die Ideen in ersten Experimenten oder Protoypen versuchsweise in die Tat umzusetzen, um sich konkrete Erlebnisse zu verschaffen. Entscheidend sind erste Schritte vom mentalen Denken ins konkrete Erleben, Fühlen, Sehen. Prototyp heisst, dass es sich noch nicht um etwas Ausgereiftes handelt. So ist der Protoyp einer Maschine ein Versuchstyp, um in der Realität auszuprobieren und zu erfahren, wie sich die Maschine verhält. Protoypen erlauben es Ihnen, Ihre Hoffnungen, Erwartungen, Annahmen und Ideen zu überprüfen. Folgende Beispiele können Ihnen helfen, Prototypen zu lancieren:

- Generell: Nehmen Sie mit Personen Kontakt auf, welche die vorgestellte Tätigkeit bereits ausüben, und stellen Sie neugierig Fragen: Was hat Sie angezogen? Wie sieht Ihr heutiger Arbeitsalltag aus? Was gefällt Ihnen daran? Was weniger? Wie ist Ihr berufliches Umfeld?
- Für jemanden, der davon träumte, im sozialen Bereich tätig zu sein, empfiehlt es sich zum Beispiel, in einer sozialen Institution eine Schnupperlehre oder ein Praktikum zu machen.
- Wer davon träumt, als Schriftsteller oder Autor tätig zu sein, soll niederschwellig beginnen, Texte zu veröffentlichen, beispielsweise in einem Forum oder einem Blog.
- Recherchieren Sie im Internet oder beim Berufsinformationszentrum über die Tätigkeit, die Sie interessiert: Beschreibungen, Anforderungen, geeignete Ausbildungen etc.
- Lesen Sie im zweiten Teil dieses Buches die Interviews mit Leuten, die sich beruflich verändert haben. In «Beruf und Berufung. Interviews» sowie in «Out of the Box. Vom Glück, die eigene Berufung zu leben» (beide: Mathias Morgenthaler, Zytglogge) sowie auf *www.beruf-berufung.ch/inspiration/interviews* finden Sie weitere Interviews.

- Wenn Sie mit der Idee spielen, Entspannungskurse anzubieten: Starten Sie mit Freunden und Bekannten einen Versuchsballon! Dabei können Sie erleben, wie es Ihnen damit geht, eine Gruppe zu leiten und zu unterrichten. Zudem spüren Sie die Resonanz der Teilnehmenden: Stösst das Ganze auf Interesse? Wie reagieren die Teilnehmenden?
- Sie können sich auch in einen Kurs einschreiben, wo Sie etwas lernen, das Sie für die Tätigkeit brauchen, die Sie sich wünschen. Wenn Sie an Weiterbildungen, Kursen oder Seminaren teilnehmen, lernen Sie automatisch andere Menschen kennen, die sich auch in Umbruchphasen befinden. Der Austausch wird Ihnen zeigen, dass Sie mit Ihren Ideen, aber auch mit Ihren Bedenken und Zweifeln nicht allein sind.
- Auch Rollenspiele sind hilfreich: Erzählen Sie einem Bekannten von Ihren Ideen und bitten Sie ihn, unter dem Motto «Wenn ich Du wäre …» Gedanken, Vorgehensweisen und Fragen zu entwickeln, die ihm zu dieser Idee einfallen.
- Oder tun Sie sich mit drei Personen zusammen und erzählen Sie ihnen von Ihren Ideen. Deren Aufgabe ist es dann, ihre eigenen Überlegungen, Bilder, Ideen, Gedanken, Fragen und Schritte zu Ihrer Idee zu erzählen, wobei eine Person als Träumerin, die zweite als Kritiker und die dritte als Realistin auftritt.
- Tauschen Sie sich mit Bekannten über Ihre Gedanken und Ideen aus. Dabei ist es wichtig, dies mit Leuten zu tun, von denen Sie wissen, dass sie Veränderungen gegenüber aufgeschlossen sind, die womöglich selber bereits durch Veränderungsprozesse gegangen sind und denen Ihre Entwicklung am Herzen liegt. Sonst riskieren Sie, dass die Leute Sie bloss mit Ihren eigenen Ängsten eindecken.
- Führen Sie zu Ihrem Vorhaben eine sogenannte innere Ideenkonferenz durch (vgl. S. 296).

Jobprojekte

Ist es für Sie bereits klar ist, dass Ihre bisherige Tätigkeit für Sie ein totes Pferd ist und Sie etwas Neues suchen? Wenn ja: Haben Sie bereits eine erste Vorstellung davon, in welche Richtung es gehen könnte (vgl. S. 290) und haben Sie bereits eine erste Liste mit Ideen? Dann wählen Sie jene zwei bis drei Ideen aus,

die für Sie am meisten Zugkraft haben, die Sie am meisten motivieren. Machen Sie für jede dieser Ideen ein Jobprojekt. Unter *www.aussteigen-umsteigen.ch* finden Sie zwei Checklisten für solche Jobprojekte, die erste für eine Tätigkeit in einer Anstellung und die zweite für eine selbstständige Tätigkeit.

Was tun gegen Blockaden?

Bedenkenliste

Wenn Sie sich verändern wollen, ist es ganz normal, dass in Ihnen auch Ängste, Bedenken und Kritik hochsteigen. Normalerweise reagieren wir auf diese Bedenken, indem wir uns von ihnen entweder beherrschen lassen oder indem wir sie zu verdrängen versuchen. Tun Sie künftig weder das eine noch das andere, sondern etwas Drittes: Führen Sie in Bezug auf Ihr Vorhaben eine Bedenkenliste (nach Tom Diesbrock). Sobald in Ihnen Ängste, Bedenken oder Kritik hochkommen, tun Sie nichts weiter, als diese einfach zu formulieren und aufzuschreiben. Vereinbaren Sie mit sich, sich mit diesen Bedenken auseinanderzusetzen, aber nicht im Moment. Kehren Sie zu Ihrem Vorhaben zurück. Sie können die Bedenkenliste später angehen (siehe zum Beispiel ‹Konfliktbereinigung› in *www.aussteigen-umsteigen.ch*).

Drei Fragen bei Angst

Dass uns in Veränderungsphasen gelegentlich die Angst befällt, ist normal. Was können Sie tun, um Gegensteuer zu geben? Stellen Sie sich in Ruhe die folgenden drei Fragen (sie stammen vom Autor Tim Ferriss). Stellen Sie sich diese bei jedem Schritt, der Ihnen Angst macht. Sie benötigen dazu drei A4-Seiten:

1. Worst-Case-Liste

Auf der ersten Seite notieren Sie zuerst alles, was schiefgehen könnte. Nehmen Sie sich Zeit und malen Sie sich wirklich das Schlimmste aus. Sie

werden dabei sehen, dass sich gewisse Katastrophen ausschliessen: Sie können nicht gleichzeitig an Covid sterben, wenn Sie bereits einem Herzinfarkt erlegen sind. Schreiben Sie dann zu jedem Punkt auf, was Sie unternehmen könnten, um den schlimmsten Fall zu verhindern. Wie könnten Sie den Schaden reparieren oder zumindest in Grenzen halten? Wer könnte Ihnen helfen? Was würde ein anderer in dieser Situation machen, um das Schlimmste zu verhindern? Fallen Ihnen Menschen ein, denen schon Ähnliches passiert ist: Was haben diese unternommen?

2. Potenzieller Gewinn

Notieren Sie auf dem zweiten Blatt, was Sie sich versprechen, wenn es gut ausgeht: Geistig, emotional, körperlich, finanziell, kurzfristig, langfristig, für Sie, Ihre Beziehungen zu anderen, für andere? Nehmen Sie sich genügend Zeit.

3. Die Kosten der Untätigkeit

Malen Sie sich dann aus, was passiert, wenn Sie das Vorhaben nicht umsetzen. Wie wird sich das auf Ihr Leben auswirken? Wie wird Ihr Leben aussehen, in sechs Monaten, in zwölf Monaten, in drei Jahren?

Die letzte Frage ist die wichtigste, weil wir oft vergessen, dass jeder Entscheid seinen Preis hat, also auch das Verharren im Bisherigen. So lautet denn auch eine spanische Lebensweisheit: «Tu, was Du willst, sagte Gott, und zahle dafür.» Wenn wir nämlich weiterhin in einer Jobsituation verharren, die uns auslaugt, demotiviert und stresst, ohne etwas an ihr zu verändern, so wird sich das negativ auf unsere psychische und körperliche Gesundheit, aber auch auf unsere Beziehungen zu unserem Umfeld auswirken.

Selbstfürsorge

Die Unsicherheiten bei beruflichen Neuorientierungen lösen zwangsläufig Ängste aus. Angst, Hilf- und Orientierungslosigkeit, Gefühle der Ohnmacht und des Ausgeliefertseins, Verletzlichkeit oder mangelndes Selbstvertrauen sind deshalb normale Begleiterscheinungen in Veränderungsphasen. Diese Gefühle aktivieren dabei oft Erinnerungen an innere Zustände, die uns als Kinder und Jugendliche vertraut waren, und drohen uns zu blockieren.

Deshalb können Veränderungen nur dann gelingen, wenn wir pfleglich mit uns selber umgehen. Das bedeutet, dass wir uns selber empathisch, verständnisvoll, unterstützend, geduldig, nachsichtig und liebevoll begegnen, wie das ein idealer Elternteil mit einem Kind tut, das vor einer schwierigen Herausforderung steht. Ein Kind, das lernen will, Ski zu fahren, braucht den elterlichen Zuspruch (dass es nur weiter probieren soll, dass nichts Gravierendes passiere, wenn es stürzt, dass der Elternteil auch nicht von einem Tag auf den andern Tag Ski fahren konnte etc.). Im Englischen gibt es für diesen guten Umgang mit sich selber den schönen Ausdruck «Self-Parenting», also Sich-selber-Beeltern. Nun haben wir alle in unserer Kindheit nicht immer das von unseren Bezugspersonen bekommen, was wir damals gebraucht hätten. Unsere Eltern waren – wie alle Eltern – nicht perfekt. Gerade in stressigen Übergangsphasen neigen wir deshalb dazu, gerade nicht wie wohlwollende Eltern mit uns umzugehen, sondern im Gegenteil uns zusätzlich unter Druck zu setzen, alles möglichst schnell, perfekt und zur Zufriedenheit aller hinzukriegen. Damit sabotieren wir uns selber und verschlimmern die Situation. Wir tun gut daran, stattdessen zu lernen, uns selber gut zuzureden und uns wie ein ängstliches Kind bei der Hand zu nehmen; oder wie es der berühmte Baron Münchhausen tat, uns selber am eigenen Schopf aus dem Sumpf zu ziehen.

Selbstfürsorge umfasst alle Aktivitäten, mit denen wir unserem psychischen und körperlichen Wohlbefinden dienen und die uns helfen, Belastungen und Stress auszugleichen. Sie erhöhen unsere Resilienz bei Rückschlägen oder Durststrecken. Selbstfürsorge kann auch bedeuten, uns etwas zu gönnen, uns zu verwöhnen, uns zu entlasten; oder etwas einzuschränken resp. wegzulassen, das uns schadet (wie lange Arbeitszeit, bestimmte Nahrungs- und Genussmittel, zu viel Konsum sozialer Medien); schliesslich beinhaltet Selbstfürsorge auch die Notwendigkeit, uns gegenüber den Wünschen und Erwartungen anderer zu schützen. Für viele ist das alles andere als einfach, denn für aufopfernde Nächstenliebe ernten wir häufig Anerkennung, während Selbstliebe als

> *Gott, gib mir die Gelassenheit, Dinge hinzunehmen, die ich nicht ändern kann, den Mut, Dinge zu ändern, die ich ändern kann, und die Weisheit, das eine vom anderen zu unterscheiden.*
>
> REINHOLD NIEBUHR

egoistisch oder narzisstisch angesehen wird. Manche haben deshalb schnell Schuldgefühle, wenn sie mal etwas für sich tun – Frauen neigen in der Regel stärker dazu als Männer.

Es ist deshalb wichtig, zuerst einmal die Notwendigkeit der Selbstfürsorge zu erkennen, denn wer für sich sorgt, unterstützt seine Gesundheit, sein Wohlbefinden und seine Handlungsfähigkeit. Manchmal steht der Selbstfürsorge ein schlechtes Selbstwertgefühl im Weg. Wenn ich mir selbst nicht viel wert bin, warum sollte ich denn Mühen, Kosten und Zeit in Kauf nehmen, um gut für mich zu sorgen? Glaubenssätze wie «Ich verdiene es nicht», «Ich bin weniger wert als die anderen» oder «ich muss mich anpassen und meine Bedürfnisse unterordnen» hemmen eine gesunde Selbstfürsorge (zur Wirkung von Glaubenssätzen vgl. S. 312).

In einem zweiten Schritt gilt es, unsere Defizite bei der Selbstfürsorge anzuerkennen. Häufig haben wir blinde Flecken oder wir bagatellisieren Defizite wie unzureichenden Schlaf, mangelnde Körperhygiene oder körperliche Beschwerden. Sätze wie «So schlimm ist das ja gar nicht», «Ich halte das schon aus», «Es wird bald irgendwie besser werden» führen dazu, dass wir keine Verantwortung für die nötigen Veränderungsschritte übernehmen.

Mehr Selbstfürsorge erfordert wie alle anderen Verhaltensänderungen langfristiges Üben; wir sollten uns regelmässig vergegenwärtigen, wie wichtig es ist, gut zu sich zu schauen. Zudem brauchen wir verbindliche Ziele und idealerweise Unterstützung und Ermutigung durch nahestehende Personen.

In einem tiefgreifenden Veränderungsprozess sind vor allem folgende Aspekte der Selbstfürsorge entscheidend dafür, ob eine angestrebte Veränderung gelingt:

- Unsere Bedürfnisse, Wünsche, Gefühle, Stärken, Talente, Ideen, Wahrnehmungen, Impulse und Grenzen wahr und ernst nehmen und für sie einstehen.
- Mit uns selber verständnisvoll, positiv, geduldig, unterstützend, motivierend, nachsichtig und liebevoll umgehen.
- Uns selber innerlich und äusserlich schützen.
- Mit einem guten Gewissen Nein sagen, wenn dies nötig oder sinnvoll ist.

- Uns auf die Dinge fokussieren, die wir beeinflussen können, und Dinge loslassen, die nicht in unserer Macht liegen.
- Bewusst Dinge tun, die uns guttun, uns stärken und nähren, und Dinge nicht oder seltener tun, die uns nicht guttun, uns schwächen oder Energie rauben.

Eng verknüpft mit der Selbstfürsorge sind die Selbstführung (vgl. nächster Absatz) und der Umgang mit Stress und Druck (vgl. S. 310).

Selbstführung

Bei der Selbstführung geht es im Kern darum, zu beobachten und zu verstehen, wie wir ticken und welches unsere Automatismen und Muster sind; dadurch können wir Verantwortung für uns übernehmen, ohne dauernd zuerst die Umstände oder die anderen für unsere inneren Zustände verantwortlich zu machen. Ich erinnere mich an einen meiner Söhne, der mir in der Pubertät sagte: «Die macht mich wahnsinnig!» Ich fragte, wer denn «die» sei. «Mama», war die Antwort. Ich sagte ihm, er soll mit diesem Quatsch aufhören. Die Mama wolle etwas von ihm, das ihm nicht passe, oder er wolle etwas von ihr, dass sie ihm nicht geben wolle. Solche Meinungsverschiedenheiten kämen zwischen Sohn und Mutter vor. Das gelte es auszuhalten. Wenn er wegen eines Konflikts mit seiner Mutter «wahnsinnig» werde, dann sei das sein Entscheid und nicht die Verantwortung seiner Mutter.

Um innerlich frei zu werden, müssen wir uns selber aushalten, wie Michael Bordt in seinem Büchlein «Die Kunst, sich selber auszuhalten. Der Weg zur inneren Freiheit» eindrücklich beschreibt. Es sind nicht die anderen Menschen, die es auszuhalten gilt, sondern die Spannungen, die andere Menschen in uns auslösen. Der erste Schritt zum Aushalten unserer Spannungen ist, dass wir lernen, unsere Gefühle, Gedanken und Handlungsimpulse wie ein Beobachter von aussen zu betrachten.

Viele denken nämlich, das Leben sei ein 2-Schritte-Tanz:

1. Etwas passiert.
2. Ich bin genervt.

Tatsächlich ist das Leben aber ein 3-Schritte-Tanz:

1. Etwas passiert.
2. Ich interpretiere das, was passiert.
3. Ich bin genervt.

In Wirklichkeit bin ich durch meine Meinung über das, was passiert, also durch meine Interpretation des Vorgefallenen genervt – auch wenn ich glaube, die Ursache liege im Äusseren. Zur Selbstführung gehört, dass ich diesen Grundmechanismus durchschaue. Erst dann bin ich wirklich frei oder souverän. Ohne Selbstführung oder neudeutsch «Selbstmanagement»/«Selfleadership» schaffen wir es nicht, uns durch den bewegten Seegang einer beruflichen Veränderung zu navigieren.

Ein anderes Buch von Michael Bordt trägt den Titel «Die Kunst, die Eltern zu enttäuschen». Man kann es nicht allen recht machen – vor allem seinen Eltern nicht! Wer sich beruflich zu neuen Ufern bewegen will, wird unweigerlich mit den Erwartungen der anderen konfrontiert. Dabei sind die Erwartungen der Eltern wahrscheinlich der Kernpunkt, denn selbst wenn unsere Eltern nicht mehr leben, haben wir ihre Werte doch verinnerlicht. Manchmal müssen wir andere Menschen enttäuschen, weil ihre Vorstellungen von unserem Leben einfach nicht zu uns passen – bei aller Liebe nicht. Nur so können wir unser Leben finden. Dabei ist die Kunst, die Eltern zu enttäuschen, wohl die grösste Hürde. «Wer mit den Eltern unversöhnt ist, der wird sich immer wieder an ihnen abarbeiten. An ihren Schwächen, Prinzipien, Werten, an ihrer Lebenshaltung; ihrer politischen Einstellung, ihren Zu- oder Abneigungen. Und solange ich mich noch an den Eltern abarbeite, habe ich noch nicht ins eigene Leben gefunden», schreibt Michael Bordt. Wer sich hingegen getraut, für sich und seine Entscheidungen einzustehen, der erfährt, wie entlastend es sein kann, andere zu enttäuschen. Denn man wird dadurch besser sichtbar und nimmt, ganz buchstäblich, eine Täuschung weg. Der Neuropsychologe Gerald Hüther hat darauf hingewiesen, dass es zu jeder Entwicklung gehört, sich aus den Erwartungen und Vereinnahmungen anderer «herauszuwickeln».

Unter *www.aussteigen-umsteigen.ch* finden Sie das Audiofile «Desidentifizierung – Autoidentifizierung», das Ihnen zeigt, wie Sie Ihre Gedanken, Gefühle und Ideen zwar wahrnehmen, sie aber aus Distanz betrachten können, ohne sich mit ihnen zu identifizieren, ganz nach dem Motto «Ich habe Gefühle, aber ich bin nicht meine Gefühle». Das ist ein erster Schritt zur Selbstführung.

Zugang zu meinen Ressourcen

Schreiben Sie die Dinge auf, die Ihnen bisher halfen, Ihr Leben zu leben, zu meistern und sich zu stabilisieren. Notieren Sie alles, was Sie gestärkt, ruhiger gemacht oder beflügelt hat, Sie sicher fühlen liess oder Ihnen heute Tatendrang, Motivation und Schwung gibt, Ihr Leben hier und heute zu leben und die Gegenwart zu geniessen oder erträglich zu machen.

1. Meine Talente, Begabungen, Fähigkeiten etc.:
   - In welchen Situationen, bei welchen Tätigkeiten fühle ich mich ganz wohl, in meinem Element, wie ein Fisch im Wasser?
   - Was fällt mir leicht?
   - Bei welchen Tätigkeiten vergesse ich die Zeit?
   - Welche Dinge, Aktivitäten wurden mir gewissermassen in den Schoss gelegt, geschenkt oder sind mir schon immer leicht gefallen?
   - An welche Momente des Erfolgs, des Glücks, der Überwindung alter Grenzen und an welche Erfahrungen des Gelingens erinnere ich mich?
   - Wann entwickle ich besondere Ausdauer, wo ich andere mit meiner Begeisterung oder Energie anstecken kann?
   - Wofür wurde/werde ich gelobt, bekam/bekomme ich Anerkennung?
   - Was schätzen andere an mir?
   - Gibt es den einen oder anderen Moment in meinem Leben, auf den ich stolz sein kann? Bin ich in einer gefährlichen Situation mutig gewesen? Habe ich vielleicht gar Mut oder Zivilcourage bewiesen?
   - Ist mal ein Wunder geschehen? Habe ich (vielleicht sogar unverdientes) Glück genossen?

   ....

   ....

2. Welche Personen haben mir auf meinem Weg geholfen, zu dem/der zu werden, der/die ich heute bin? Wie habe ich dazu beigetragen?

   ....

   ....

3. Welche weiteren Aktivitäten, Interessen, Bereiche, Themen (Musik, Natur, Essen, Sport, Hobbys, Reisen, Landschaften, Lieder, Kunst, Spiritualität, Bücher etc.) haben mir geholfen, den Weg aus schwierigen Situationen heraus zu finden? …………………………………………………………………… ……………………………………………………………………
4. Kenne ich einen Ort, wo ich mich sicher und geborgen fühle? Wo ist heute ein solcher Ort? Hatte ich früher einen solchen Ort? Kenne ich Sicherheit? …………………………………………………………………… ……………………………………………………………………
5. Wie schaffe ich es, mich im Alltag funktions- und beziehungsfähig zu machen und mich zu stabilisieren (Rituale, Gewohnheiten, Aktivitäten, Eigenheiten etc.)? …………………………………………………………………… ……………………………………………………………………
6. Kenne ich weitere innere Ressourcen, Stärken oder Energiequellen, auf die ich mich verlassen kann? …………………………………………………………………… ……………………………………………………………………
7. Welche Rolle spielen Bewegung und Körperkontakt in meinem Leben für meine Ressourcierung? …………………………………………………………………… ……………………………………………………………………

(ERGÄNZT UND ADAPTIERT NACH JOHANNES B. SCHMIDT, WWW.APTITUDE-ACADEMY.COM; UNTER WWW.AUSSTEIGEN-UMSTEIGEN.CH FINDEN SIE EINE DRUCKVORLAGE)

Umgang mit Stress und Druck

Unter Druck und Stress übernimmt unser Reptilienhirn die Steuerung unseres Verhaltens und wir geraten unweigerlich in altbekannte Muster unseres Überlebensmodus; das gilt auch dann, wenn eine Situation objektiv nicht gefährlich ist. Es reicht, dass unser internes Warnsystem sie als gefährlich einstuft. Da die Einstufung gefährlich/ungefährlich entlang der Unterscheidung bekannt/unbekannt verläuft, ist klar, dass unser inneres System bei einer beruflichen Neuorientierung sehr schnell auf Gefahr und damit auf Autopilot schaltet und uns auf Flucht/Angriff oder Totstellen ausrichtet.

Deshalb gehört es zu einem guten Umgang mit sich selber, dass wir diese Funktionsweise verstehen und in der Lage sind, bewusst Gegensteuer zu geben und den Automatismus zu durchbrechen. Bei diesem Unterfangen helfen drei Schritte (sie entstammen dem Zürcher Ressourcen Modell «ZRM»):

1. Wahrnehmen

Zuerst müssen wir überhaupt realisieren, dass wir unter Druck oder Stress sind. Dies merken wir zuerst körperlich, weil unser Körper den Druck/Stress bereits registriert hat, bevor die Information in unser Bewusstsein dringt. Deshalb ist es wichtig, dass wir unsere individuellen körperlichen Frühwarnsignale für Stress kennen (sogenannte somatische Marker) und bewusst wahrnehmen: Das können ein Druck im Unterleib, im Bereich des Solarplexus, in der Brust sein sowie verspannte Schultern, oft auch flacher Atem, Schwitzen, Nervosität, häufiger Harndrang oder anderes. Stellen Sie sich dabei vor, dass ein Vogel oder ein Eichhörnchen auf Ihrer Schulter sitzt und Sie liebevoll darauf hinweist: «Hey, Du bist gestresst!»

2. STOP

Als Zweites gilt es, den Automatismus zu unterbrechen, also dem Handlungsimpuls, dem wir normalerweise folgen würden, eben gerade nicht reflexartig nachzugeben, sondern erstmal zu verlangsamen, etwa indem wir auf zehn zählen, die Atmung bewusst wahrnehmen oder uns draussen die Beine vertreten. Jedes Telefongespräch können Sie unter einem Vorwand unterbrechen und vereinbaren, dass Sie später zurückrufen. Wenn Sie während einer Sitzung in Stress geraten, gehen Sie schnell auf die Toilette. Das gibt Ihnen eine Verschnaufpause und erlaubt Ihnen, Distanz zu gewinnen.

3. Ressourcen

Wenn wir unser inneres System auch nur geringfügig beruhigen, besteht die Chance, dass die Informationen, welche unser Reptiliengehirn auf

Alarm geschaltet haben, auch in die höheren Bereiche unseres Gehirns gelangen, insbesondere in den präfrontalen Kortex. Dieser ist viel kreativer als unser schematisch reagierendes Reptilienhirn und hat entsprechend viel mehr Handlungsmöglichkeiten zur Verfügung. Sobald wir uns etwas beruhigt haben, fallen uns plötzlich wieder Möglichkeiten ein, die im Überlebensmodus unvorstellbar gewesen wären.

Hilfreich ist, wenn wir uns in einer ruhigen Minute auf einem Kärtchen im Sinne eines persönlichen Nothilfekits ein paar Möglichkeiten aufschreiben, die uns in Stresssituationen helfen können: B anrufen, mit C sprechen, kurz spazieren gehen, wichtige Entscheidungen überschlafen oder Ähnliches. Hilfreich sind auch Erlaubnissätze wie «Ich darf mir die Zeit nehmen, die ich brauche» oder «Ein Schritt nach dem andern», «Niemand ist perfekt». Nicht jede Massnahme hilft in jeder Situation. Es geht darum, dass wir ein Repertoire griffbereit haben und situativ auswählen können, was hilfreich ist. Sie können das Kärtchen im Portemonnaie aufbewahren, damit Sie es in Stresssituationen immer zur Hand haben.

Glaubenssätze

Welches sind Ihre negativen Glaubenssätze? Diese können sich auf Sie selber beziehen, auf Ihr eigenes Potenzial, Ihr Leben, dann auch auf bestimmte Menschen oder die Menschen schlechthin, aber auch auf Themen wie Arbeit, Erfolg, Misserfolg, die (Un-)Veränderbarkeit von Situationen und vieles mehr. Glaubenssätze enthalten oft Worte wie die folgenden:

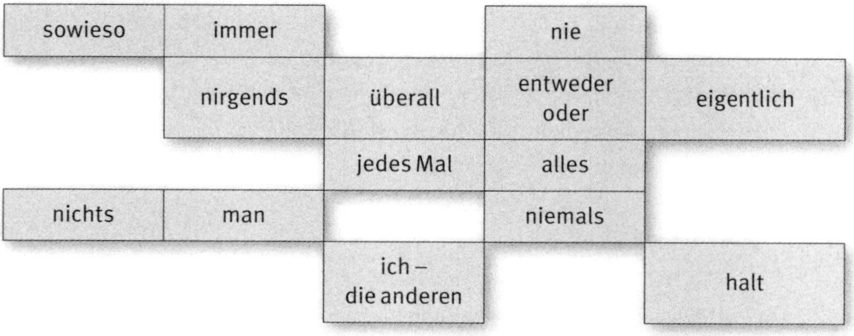

Ob du glaubst, dass du etwas kannst
oder glaubst es nicht zu können –
du hast immer recht!

CHINESISCHES SPRICHWORT

Glaubenssätze sind meistens Verallgemeinerungen und Rundumschläge. Weil wir sie schon so oft gehört haben, tönen sie für uns aber so selbstverständlich und «natürlich», dass wir sie als Wahrheiten sehen. Wir sind dann wie in Trance. Oft kommen sie in der Gestalt einer Pseudo-Logik daher, die dann die Oberhand über unser Denken und Fühlen gewinnt:

Egal was ich tue, es reicht nie.

Glück ist nicht für mich da, nur für die anderen.

Arbeit ist sowieso mühsam.

Ich muss etwas leisten, damit man mich mag.

Mich nimmt man nicht wahr. Ich werde immer übergangen.

Ich kann nichts.

Alles steht und fällt mit den Noten und dem lückenlosen Lebenslauf.

Mir gelingt nichts.

Ich finde niemals einen Job, der mir entspricht.

Ich bin sowieso zu alt.

Ich kann eigentlich nichts richtig.

Anderen geht es noch schlechter als mir.

Ich bin halt bequem.

Wie können wir vorgehen, um einschränkende Glaubenssätze durch fördernde Glaubenssätze zu ersetzen? Nehmen Sie die auf Seite 312 genannten einzelnen Wörter (wie z. B. «sowieso») und schreiben Sie ausgehend davon Sätze auf, die Ihnen einfallen. Vielleicht auch ähnliche Sätze, die diese Worte nicht enthalten. Notieren Sie sofort, spontan, ohne nachzudenken. Nehmen Sie innerlich wahr, welchen Einfluss diese Glaubenssätze auf Sie im Alltag haben und wie einschränkend diese Pseudo-Logik ist. Wie und wann erkennen Sie, dass Sie einem dieser Glaubenssätze auf den Leim gegangen sind? Wie wirken diese, wenn Sie sie von aussen betrachten? In welchen Alltagssituationen funktionieren Sie nach dieser Logik? Welche Gefühle tauchen dabei auf? Welche Gefühle oder Ideen könnten die Blockade in Ihnen aufweichen und andere Lösungen ermöglichen? Welche Menschen fallen Ihnen ein, für die diese Pseudo-Logik offenbar keine Wirkung hat? Was würden wohl diese Menschen dazu sagen? Welche neuen Lösungen können Sie sich in diesen Alltagssituationen vorstellen? Was spricht dafür? Was dagegen? Wie könnte aus heutiger Sicht eine Neubeurteilung aussehen?

> *Wer nicht wagt, aus der Rolle zu fallen, wird auch nicht aus der Falle rollen!*
> LUISA FRANCIA

Zu den Glaubenssätzen gehören auch «Zaubersprüche» in der Art von «Ich kann einfach nicht anders», «Aller Anfang ist schwer», «Ich fühle mich klein, schwach und hilflos wie ein Kind», «Ich frage mich manchmal, was das alles mit mir zu tun hat». Schreiben Sie Ihre eigenen Zaubersprüche auf. Zu Zaubersprüchen gibt es immer auch einen Gegenzauber. Zum Beispiel zu den obgenannten Zaubersprüchen: «Heute kann ich mal ganz anders», «Jedem Anfang wohnt ein Zauber inne», «Heute bin ich erwachsen und habe ganz andere Möglichkeiten als damals» oder «Dies hier ist ein so guter Film, dass nur ich ihn erfunden haben kann». Schreiben Sie jetzt Ihre eigenen Zaubersprüche auf. Nehmen Sie sich dann Zeit und suchen Sie nach dem wirksamen Gegenzauber. Schreiben Sie diesen auf! Wenn Sie nicht weiterkommen, können Sie eine «innere Ideenkonferenz» einberufen (siehe S. 296).

Antreiber

Antreiber sind innere Programme, mit denen wir unter Stress unweigerlich vom Regen in die Traufe geraten. Ausgebildet haben wir sie, um von unseren Eltern und anderen Personen, von denen wir abhängig waren, geschätzt und geliebt zu werden. Die fünf wichtigsten sind:

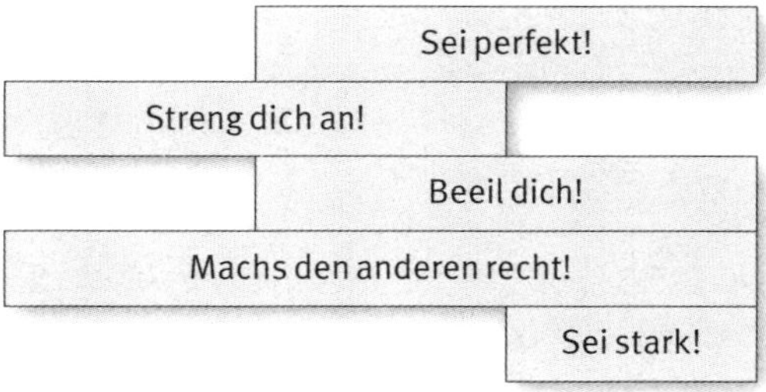

Welche dieser Antreiber klingen in Ihnen an? Machen Sie eine Selbsteinschätzung: Welcher dieser Antreiber ist bei Ihnen sehr stark, stark, schwach, sehr schwach ausgebildet?

> *Eine Person, die nie einen Fehler gemacht hat, hat nie etwas Neues probiert.*
> ALBERT EINSTEIN

Formulieren Sie nun für die Antreibersätze, die bei Ihnen sehr stark oder stark ausgebildet sind, Erlaubnissätze. Das sind Gegenprogramme, die ähnlich wirken wie ein Gegenzauber gegen einen Zauberspruch. Sobald wir sie zu uns sagen und sie innerlich wirken lassen, entspannen wir uns. Das ist die Voraussetzung dafür, dass wir wieder mehr Handlungsmöglichkeiten sehen, als wenn wir uns in der Problemtrance befinden. Erlaubnissätze beginnen mit «Ich darf…» und enthalten eine positive Formulierung, die inhaltlich und emotional stimmig ist. Für einen Perfektionisten ist deshalb «Ich darf auch Fehler machen» als Erlaubnissatz ungeeignet. Besser passen «Ich darf den Fünfer grad sein lassen» oder «Ich darf auch mal einen Punkt machen». Für den Antreiber «Machs den anderen recht» könnte ein Erlaubnissatz lauten: «Ich darf auch meine Bedürfnisse und Wünsche wahrnehmen und äussern.» Oder «Ich darf darauf schauen, dass es auch für mich stimmt.» Wichtig ist, solange zu suchen, bis Sie die Formulierung finden, die für Sie hundertprozentig stimmt. Schreiben Sie sich Ihre Erlaubnissätze auf und kleben Sie sie als Erinnerungsstütze beispielswese an den PC-Bildschirm oder auf das Telefon (vgl. Nothilfekit S. 312).

Es ist egal, wenn du
eine falsche Note gespielt hast.
Es ist die nächste Note,
die darüber entscheidet,
ob sich das Spiel zum Guten
oder zum Schlechten wendet.
MILES DAVIS

Perspektivenwechsel

Passiert es Ihnen, dass Sie Entscheide lange vor sich herschieben, auch wenn Sie sowohl Pro als auch Kontra sorgfältig abgewogen haben? Folgende Übung kann Ihnen zu Klarheit verhelfen. Allerdings braucht es eine Fragestellung, die klar mit Ja oder Nein beantwortet werden kann. Soll ich das Job-Angebot annehmen? Soll ich meinen Job kündigen? Soll ich meine Meinung klar äussern? Soll ich das Haus kaufen? Wenn Sie die Fragestellung formuliert haben, beantworten Sie folgende Fragen (nach *Suzy Welch*):

- Welche Auswirkung hat mein Entscheid auf die nächsten 10 Minuten?
- Wie wirkt sich mein Entscheid auf die nächsten 10 Monate aus?
- Welche Konsequenzen hat mein Entscheid für die nächsten 10 Jahre?

Schreiben Sie Ihre Antworten auf ein Blatt Papier und registrieren Sie die Gedanken, Ideen und Gefühle, welche die Fragen und Ihre Antworten in Ihnen wachgerufen haben. Notieren Sie auch diese.

Willenskraft

Gehören Sie zu den Leuten, die sich sagen, dass sie schon wüssten, was sie möchten, dass ihnen aber der Wille dazu fehlt? Vielleicht kennen Sie Menschen, die Sie für willensstark halten, sich selber halten Sie aber für willensschwach. Der Wille hat viele Aspekte. Es kann gut sein, dass einige Aspekte bei Ihnen schwach entwickelt sind. Meist ist es aber so, dass andere Aspekte dafür umso stärker ausgeprägt sind, nur sind diese uns nicht bewusst. Der italienische Psychotherapeut Roberto Assagioli hat die verschiedenen Teilaspekte des Willens mit vielen anschaulichen Beispielen beschrieben (vgl. ‹Buchhinweis› auf S. 319):

Überlegen Sie sich, indem Sie für jeden Aspekt eine Skala von 1 bis 10 zeichnen, wie stark bei Ihnen die einzelnen Aspekte entwickelt sind, wobei 1 praktisch inexistent und 10 sehr stark und sichtbar bedeuten. Sie werden vermutlich mit Staunen feststellen, dass das Bild Ihres Willens viel differenzierter ist, als Sie erwartet haben. Das bedeutet auch, dass Sie die schwächer ausgebildeten mit den stärker entwickelten Aspekten ausgleichen können.

Sich belohnen

Es tut gut, sich ab und zu selber zu belohnen, sei es, wenn Ihnen etwas gelungen ist, sei es, wenn Sie etwas durchgezogen haben, manchmal aber ganz einfach so, ohne speziellen Grund. Wer sich im Leben etwas gönnt, wer kleinere und grössere Erfolge auch feiern kann, akzeptiert sich, so wie er ist und kräftigt sich dadurch.

Sie finden eine Belohnungsliste mit vielen Ideen, die Sie persönlich ergänzen können, auf ***www.aussteigen-umsteigen.ch.***

Weiterführende Informationen

Bücher

- Roberto Assagioli, ‹Die Schulung des Willens›, Junfermann
- Michael Bordt SJ, ‹Die Kunst, sich selbst auszuhalten›, Ein Weg zur inneren Freiheit, ZS-Verlag
- Thomas Diener, ‹Essenz der Arbeit› – die Alchemie der Berufsnavigation, Arbor
- Tom Diesbrock, ‹Jetzt mal Butter bei die Fische!› – Das Selbstcoaching-Programm für Ihre berufliche Neuorientierung, Campus
- Anne Dufourmantelle, ‹Lob des Risikos›, Ein Plädoyer für das Ungewisse, Aufbau-Verlag
- Tim Gallwey, ‹Inner Game Coaching›, Warum Erfahrungen der beste Lehrmeister sind, allesimfluss
- Gerhard Huhn/Hendrik Backerra, ‹Selbstmotivation›, Flow – statt Stress oder Langweile, Hanser
- Gerald Hüther, ‹Bedienungsanleitung für ein menschliches Gehirn›, Vandenhoek & Ruprecht
- Gerald Hüther, ‹Die Macht der inneren Bilder› – Wie Visionen das Gehirn, den Menschen und die Welt verändern, Vandenhoek & Ruprecht
- Sebastian Kernbach, Martin J. Eppler, ‹Life Design›, Mit Design Thinking, Positiver Psychologie und Life Loops mehr von sich in das eigene Leben bringen, Schäffer-Poeschel
- Fredmund Malik, ‹Führen, Leisten, Leben›, Campus
- Mathias Morgenthaler, ‹Beruf und Berufung›, Interviews, Zytglogge
- Mathias Morgenthaler, ‹Out of the Box›, Vom Glück, die eigene Berufung zu finden, Zytglogge
- Fritz Riemann, ‹Grundformen der Angst›, Reinhardt
- Reinhard K. Sprenger, ‹Die Entscheidung liegt bei Dir!›, Wege aus der alltäglichen Unzufriedenheit, Campus
- Paul Watzlawick, ‹Anleitung zum Unglücklichsein›, Piper

Weitere Übungen sowie Audiofiles, Druckvorlagen, Internetlinks sowie Hinweise auf weitere Bücher und auf professionelle Unterstützung, auch zu Umgang mit Stress und Burn-out, finden Sie unter: ***www.aussteigen-umsteigen.ch.***